의사의 번아웃

의사의 번아웃

D E T E R M I N E D

제임스 터너 지음 | 강명신 옮김

**의사의 번아웃은 누구의 책임이며
어떻게 극복할 수 있는가?**

저자 일러두기

이 책에 등장하는 모든 고객의 이름과 이야기는 개인정보 보호를 위해 바꾸었음을 일러둡니다 (다만, 살아 있는 전설 폴^{Paul}의 이름은 예외입니다). 그러나 모든 이야기의 중요 포인트와 세부사항은 그대로입니다.

편집자 일러두기

1. 역주는 각주 처리했습니다.
2. 정확한 의미 전달을 위해 필요한 경우 한문이나 영어를 병기했습니다.
3. 책의 제목은 《》로 표시하고, 신문·잡지·방송·영화 등의 제목은 〈〉로 표시했습니다.
4. 문맥상 저자가 강조한 부분은 ' ', 인용한 부분은 " "로 표시했습니다.
5. 흔히 쓰이는 보건의료 분야의 용어들 일부에 대해서는 띄어쓰기 원칙을 엄격하게 적용하지 않았습니다.

'E-N'과 'I-N'에게 이 책을 바칩니다.

크리스틴Kristen(E-N)[1]

당신의 사랑과 지지가 없었다면 이 꿈은 실현되지 못했을 거예요.

나의 반석이자 훨씬 더 나은 나의 반쪽인 당신,

나를 늘 십자가 쪽으로 이끌어줘서 고마워요.

크리스틴Kristin(I-N)[2]

당신의 책임감과 체계적인 성격, 격려가 있었기에

팟캐스트 '의사철학자'가 발전할 수 있었어요.

당신이 아닌 다른 사람과 이 사업을 한다는 건 상상할 수 없어요.

---

[1] 저자의 아내.

[2] 저자의 누나.

서론

감방에서 그는 푸른 하늘과 지평선을 볼 수 있었다. 로벤 섬에 남은 유일한 구원이었다. 길이 2.5미터, 너비 2미터 크기의 감방은 배관이 없었고 늘 눅눅했다. 그는 이 방에서 밤을 지냈다. 낮에는 석회암 작업을 했는데, 작열하는 태양에 영구적인 시력 손상을 입었다. 그는 정치범으로 감방생활을 한 27년 중 18년을 이 로벤 섬에서 보냈다. 여기서 결핵에 걸렸다. 외부와의 서신 교환은 6개월에 단 한 번만 허용되었으며, 투옥 중이던 1969년에는 아들이 차 사고로 죽었는데도 장례식에 참석하지 못했다. 투옥 기간 내내 신체적, 정서적 학대도 당했다. 남아프리카공화국의 아파르트헤이트[3]에 반대하여

---

3 과거 남아프리카공화국의 인종차별 정책과 제도.

흑인도 백인과 평등한 권리를 누릴 자격이 있다는 신념을 굽히지 않은 것이 이유였다.

넬슨 만델라의 신체적, 정서적 건강은 나빠졌지만 정신력만큼은 굳건했다. 그는 자신을 구속한 자들에게 굴복하지 않았다. 그들은 만델라의 옷을 빼앗을 수 있었고, 강제 노동을 시킬 수도 있었으며, 정서적으로나 육체적으로 학대할 수도 있었다. 그러나 만델라의 정신은 오직 그 자신만이 통제할 수 있었다. 그는 거의 모든 사람이 무너질 수 있는 상황에서 피해자가 되기를 거부했다. 만델라는 가장 중요한 자기 의지의 통제권만은 포기하지 않았다.

넬슨 만델라는 공부를 계속했다. 그리고 배운 것들을 다른 사람들에게 가르쳤다. 그는 수감 기간 내내 반아파르트헤이트 사명에만 몰두했다. 27년간의 정치범 생활 끝에 만델라는 1990년에 석방되었다. 이후 그는 아파르트헤이트의 종식을 위해 아프리카민족회의 African National Congress[4]와의 협상을 이끌었고, 3년 후 노벨평화상을 수상했다. 1994년에는 사상 최초로 실시한 다인종 선거에서 2천만 명이 넘는 남아프리카공화국 국민이 투표에 참여했는데, 넬슨 만델라가 압도적인 득표율로 남아공 최초의 유색인 대통령에 당선되어 1994

---

[4] 남아프리카공화국 백인 정권의 인종차별 정책에 대항해 온 흑인해방운동 조직.

년부터 1999년까지 대통령직을 수행했다.

열악한 상황에 놓이면 대다수는 피해자가 된다. 고문하는 자들이 우리의 정서적, 신체적 건강 외에도 많은 것을 통제하게 내버려둘 수밖에 없기 때문이다. 정신의 통제권마저 내어준다. 더 이상은 자율적인 존재이기를 멈추는 것이다. 그러나 우리가 처한 현실을 어떻게 바라볼지 선택하는 것은 신이 우리에게 주신 권리라는 사실을 넬슨 만델라는 알고 있었다.

이에 대해, 악명 높은 스탠퍼드 감옥 실험에서 확인된 사실이 있다. 이 실험에서 학생들은 시나리오대로 죄수와 간수 역할을 하도록 무작위로 배정되었다. 그런데 얼마 지나지 않아 간수들이 죄수들을 학대하기 시작했고, 죄수 역할에 배정된 학생 피험자들도 이내 피해자 마인드를 가지게 되었다. 단지 역할 실험이었는데 자기들의 현실을 그렇게 바라보게 된 것이다. 간수들이 죄수들에게 피해를 입혔기 때문에 이 실험은 중단해야 했다.

반면, 만델라는 자신을 구속한 자들이 자신의 정신과 관점을 통제하도록 내버려두지 않았다. 현실의 감옥 환경에서 만델라는 평화로운 다인종 남아프리카공화국을 만들기 위해 모든 방면에서 인종차별을 종식시키겠다는 자신의 어젠다를 놓지 않았다. 감옥을 떠나면서 그는 이런 회고의 말을 남겼다. "나를 자유로 이끌어줄 문을 향해 감방 문을 열고 나오면서 깨달았습니다. 비통함과 억울함, 증오심을 여기에 남기지 않는 한, 나는 여전히 감옥에 있게 될 거란 사실을 말입니다." 실험에 참여한 스탠퍼드 죄수들은 하지 못했던 것을 만델라는 어떻게 실제 감옥에서 할 수 있었을까? 그 차이는 바로 현실을 바라보는 관점에 있다.

거기에는 '거기'가 없다

버뮤다 런 컨트리클럽에 있는 웨스트 골프코스의 두 번째 홀 페어웨이에 서 있을 때, 그 일이 일어났다. 그날 친구 마이크와 나인 홀만 치고 오자고 급히 나갔다. 그즈음에 일이 바빴고 집에 가서도 아이들을 돌보느라 정신없던 삶에서 잠시 휴식을 갖고자 나갔던 것이다. 당시 나는 번아웃에서 벗어나고자 애쓰고 있었다. 그러나 안타깝게도 그런 일은 일어나지 않았다.

사실 그날 아침부터 일이 벌어지고 있었다. 당시 나는 프로프라놀롤이라는 처방약을 복용하고 있었다. 의대 3학년 때 요추천자를 하던 나를 본 신경내과 레지던트가 본태성 진전(떨림)Essential Tremor[5] 진

---

5 특별한 원인 없이 몸의 일부분이 떨리는 증상으로, 주로 손에서 많이 발생한다. 알코올에 의해서 일시적으로 증상이 완화되기도 한다.

단을 내린 이후부터다. 그날 아침 약병 뚜껑을 열다가, 약을 다시 처방받았어야 했다는 사실을 잊었다는 걸 깨달았다. "의사가 최악의 환자다."라는 말 그대로였다. 그때 난 이렇게 생각했다. 별일 아니야. 처방전은 나중에 받으면 되고, 일단 오늘은 골프를 치자. 아, 진짜 오늘 별로겠네. 그런데 뭐, 손 좀 떤다고 누가 신경이나 쓰겠어? 맥주 한두 산이면 다 괜찮을 거야.

그 생각은 적중했다. 프로프라놀롤을 빠뜨린 건 대수롭지도 않은 일이었다. 적어도 처음에는 그랬다. 마이크와 내가 두 번째 홀 페어웨이에 서 있었을 때 우리 뒤에서 치던 그룹이 티샷을 하고 있었다. 뭔가 소리가 나서 돌아봤는데, 시속 160킬로미터 정도로 공이 내 머리를 지나쳐 날아가는 게 보였다. 바로 그때 일이 생긴 것이다. 갑자기 두근거렸다. 심장이 목구멍에 걸린 것처럼 두근거림이 느껴졌고, 얼굴이 확 달아올랐다. 경험한 것 중 최악의 투쟁-도피 반응[6]이었다. 온몸이 내가 치명적인 위험에 처했음을 말하고 있었다. 첫 공황 발작이었다.

골프 초심자에게, 드라이브샷으로 친 골프공이 닿을 거리 내에 사람이 있으면 티샷은 절대 '금지'다. 시속 160킬로미터 정도로 날아

---

[6] 신체의 스트레스 반응.

가는 골프공은 유리창을 깨뜨리는 정도를 훨씬 상회할 정도로 강하기 때문이다. 또한 골프공의 진로에 있는 사람에게 큰 손상을 야기할 수 있다. 그렇기 때문에 페어웨이에 누가 서 있으면 절대로 티오프를 해서는 안 된다. 이는 마치 총을 쏘면서 앞에 있는 누군가가 맞지 않기를 바라는 것과 같은 이치다.

그 공이 굴러서 천천히 멈출 때 감정이 폭발했다. 그때 마이크에게 말했다. "사람들이 이쪽으로 오면 자네가 좀 알아서 해줘. 지금 난 감정이 통제가 안 되네."

별일 없으면 난 사실 냉정하고 차분하며 침착한 편이다. 스트레스가 특히 심한 상황에서도 잘 참는다. 이런 성격이 의사 일에 도움이 된다. 스트레스 상황에서 냉정함을 유지하지 못하는 마취과 의사는 아무도 좋아하지 않는다. 그래서 아주 작고 하얀 둥근 물체 때문에, 심지어 나를 치지도 않은 그것 때문에 내 몸이 데프콘1[Defense Readiness Condition1, DEFCON1][7]에 빠졌을 때 뭔가 단단히 잘못되었다는 걸 즉시 알아차렸다.

---

7   미군의 경계상태 중 최고로 심각한 단계.

다 스트레스 때문이죠, 그렇죠?

조금 뒤로 물러서서 이 모든 걸 하나의 장면에 담아보자. 그런 다음, 번아웃을 겪은 과정을 넓은 시야에서 바라보고 점들을 다 이어붙이면 결국 버뮤다 런 골프코스의 두 번째 홀 사건에까지 거슬러 올라간다.

내가 처음 번아웃된 의사들의 코치가 되었을 때 누군가 애니어그램 성격 검사를 추천해주었다. 이 검사의 타당성은 논란이 되고 있지만 개인적으로는 도움이 되었다. 검사를 해보니 나는 '성취자Achiever' 또는 '매력적인 사람Charmer'에 해당하는, 2번 날개[8]를 가진 3번 유형이었다. 나 같은 유형에게 삶이란 생산성과 성취의 문제다. 다시 말해, 성취해야 행복해지는 사람이란 뜻이다.

3번 유형은 결단력 있고 자신감이 넘치며 야망을 추구한다. 일반적으로 이 유형은 "이 모든 걸 다 어떻게 해낸 거야?"라는 질문을 평소에 자주 듣는 사람이다. 이들은 다른 사람의 생각에 매우 신경을 쓰는데, 이는 우리의 가치가 성취, 칭찬, 업적에서 비롯되기 때문에 문제가 될 수 있다.

---

8 애니어그램의 9가지 유형은 본능적 유형 외에도 양쪽 옆에 위치한 유형들을 보조적인 삶의 전략(성격)으로 취하며 변형되는데, 이를 '날개(w)'라고 한다.

검사를 하자마자 내 인생에서 끝을 모르던 성취욕이 떠올랐다. 대학 시절 나는 수백 명의 고등학생이 참여하는 엄격한 수일간의 일대일 면접 과정을 거쳐 사우스캐롤라이나주의 어스킨 대학^{Erskine} College에서 제공하는 두 개의 전액 장학금 중 하나를 수상했고, 그에 더해 E. B. 케네디 장학생으로도 선정되었다. 웨이크 포레스트 의대 재학 중에는 학년 총대를 거쳐 학생회장으로 선출되었고, 전공의 시절에는 두 명의 수석 레지던트 중 한 명이었다.

전문의가 된 후 연 50만 달러를 벌었고 기록적인 방법으로 교육상도 수상했다. 주치의 첫 해에는 무작위대조군 임상시험으로 동료심사 논문도 여러 편 게재했다. 그뿐만 아니라 여섯 자리 수[9] 비즈니스도 성공적으로 경영하고 있었으며, 별 다섯 개(팟캐스트 최고 등급)를 받은 팟캐스트를 두 개나 진행하고 있었다('의사철학자^{The Physician Philosopher}'와 '돈과 의학의 만남^{Money Meets Medicine}'으로, 전에는 친구 라이언 인만과 함께 진행했다). 게다가 의사들에게 개인 재정을 가르치는 성공적인 책도 저술했으며, 강의 평가도 매우 좋았고 꽤 괜찮은 의사이기도 했다.

---

9 six-figure, 십만 단위가 넘는 수를 가리키는 것으로 고소득의 상징으로 쓰이는 표현이다.

애니어그램 3번 유형에 해당하는 모든 항목이 나에 대해 설명하고 있었다. 전공의 시절에는 민주적으로 여러 직책에 선출되었고 그 모든 직책에서 큰 상까지 받았다. 겉으로는 이 모든 것을 잘 해낸 것처럼 보였다. 그렇지만 솔직히 말해 난 완전히 지쳐 있었고, 내적으로는 사실상 불행했다.

이 모든 것을 이루었는데, 왜 그 여정의 끝에서 더 행복해지지 않는지 의아했다. 의사가 되려고 그토록 긴 시간을 일하고 잠 못 이루는 밤을 보냈건만, 이게 다란 말인가? 답을 얻지 못한 채로 자기처방을 시작했다. 코카인이나 헤로인, 엑스터시, LSD^{Lysergic Acid Diethylamide, 리세르그산 디에틸아미드}, 마리화나 등으로 자가치료를 한 건 아니다. 하버드에서 공부한 심리학자 탈 벤 샤하르^{Tal Ben-Shahar}가 만든 개념인 '도착오류^{Arrival Fallacy}'라는 심리적 현상에 스스로 중독되는 방법으로 자가치료를 했다. 탈 벤 샤하르는 〈뉴욕 타임스〉에 낸 기사를 통해 '도착오류' 현상에 대해 정의하기를 "우리의 목적을 달성하거나 목적지에 도착하기만 하면 행복이 지속될 거라고 생각하는 일종의 착각"[10]이라고 했다.

---

10 A. C. Shilton, "You Accomplish Something Great. So Now What?," The New York Times, May 28, 2019, https:// www.nytimes.com/2019/05/28/smarter-living/you-accomplished-something-great-so-now-what.html.

자신이 '도착 오류'에 빠진 적이 있는지 혹시 불확실하다면, 다음 질문들 중 뭔가 익숙하게 들리는 게 없는지 한번 생각해보라.

- 전공의가 되면 의대생 시절보다는 나을 거라고 생각했는데, 결국 전공의 시절에 번아웃 되었는가?
- 주치의가 되고 의사로서 수입이 생기면 전공의 시절에 얻은 번아웃에서 벗어날 수 있을 거라고 생각했는가?
- 그런데 또 그게 아니라는 것을 알았을 때도 혹시 파트너 의사로 승진하거나 학문적으로 진전을 이루면 상황이 나아질 거라고 생각했는가?

'도착 오류'로 고통받는 사람들은 새로운 걸 성취할 때마다 잠깐 동안의 만족감을 느낀다. 그러나 안타깝게도 이러한 만족감은 절대로 지속되지 않는 것 같아 보인다. 그래서 그 불만을 해소하려는 욕구가 지속된다. 의사라면 마땅히 살아야 할 것 같은 저택이나 더 멋진 자동차, 값비싼 장비와 장치 또는 디자이너 의류나 가방, 꿈에 그리던 휴가를 결정한다. 이 모든 것에 돈을 들이는 행동은 빠져나가는 것처럼 보이는 행복을 지속하려는 시도였다. 당신 역시 나처럼 행복을 경험하긴 하지만 모두 덧없다는 것을 알 것이다. 무지개의 끝에 있을 거라고 희망했던 황금 항아리는 거기에 없었다. 약속의 땅은 생각만큼 그렇게 유망하지 않았던 것이다.

이 모든 것에서 행복을 찾아봤지만 의사로서의 인생도 전부가 아님을 알았다면, 당신 역시 '도착 오류'를 겪고 있을 가능성이 높다. '도착 오류'는 이유 있는 오류다. 거트루드 스타인이 "거기에는 거기가 없다."라고 말한 적이 있는데, 그 말이 맞았다. 퇴근 시간에 대한 자율성이 줄어들면서, 팀원으로서의 소속감이 줄어들면서, 병원에서 심오한 목적의식과 멀어지면서, 많은 의사들처럼 전형적인 가면 증후군Imposter Syndrome을 겪게 되면서…… 나는 빠르게 번아웃에 빠졌고, 그나마 내 머리를 수면 위로 띄워주는 것은 '도착 오류'들뿐이었다. 그런데 이런 루틴이 계속되는 것은 문제가 있었다. '도착 오류'는 장기적인 해결책이 전혀 아니기 때문이다.

일단 업적, 성취, 구매에 도달하면 단기적인 도파민 분출이 일어나지만 우리가 원하는 장기적이고 지속적인 만족감은 얻지 못한다. 이는 마치 쾌락적인 트레드밀 위에서 고강도 인터벌 운동을 하는 격이다. 각 인터벌을 가능한 한 빠르게 뛰는 동안에는 인터벌을 마칠 때마다 노력에 대한 짧은 휴식 시간을 벌긴 하지만 곧바로 다음 스프린트를 위해 끝없이 이어지는 트레드밀에 다시 올라가야 한다. 단기적인 행복과 장기적인 성취감이 같지 않다는 것을 알아차리는 데에 오래 걸리진 않았다. 내 모든 업적은 결국 스트레스와 번아웃에 빠지지 않으려고 의존했던 약물 같은 것이었다. 주치의로 일한 지 2년 만에 번아웃이 왔을 때, 그로부터 피하기 위해 '도착 오류'에 의존했다. 그야말로 난 '도착 오류' 중독자였다.

그런데 어느 날, 그렇게 이어지던 '도착'도 공급이 끊겼다. 성취가 빨리 와주질 않았다. 의사가 살 만한 집을 구매해도 도움이 안 되었고 자연흡기 엔진도, 8기통 엔진 수동기어 세단을 사도 도움이 안 되었다(그래도 소리 하나는 끝내줬다!). 업적에 대한 중독 그리고 그 업적에 매달린 자존감과 성취감으로 지내오던 내가 물에 빠지는 데에는 그리 오래 걸리지 않았다. 4개의 APD^{Assistant Program Director} 자리가 생겼는데, 자격도 갖추고 관심을 표명했음에도 임명받지 못한 일이 계기였다. 나중에 내가 그 역할에 거론되었다는 사실을 알았지만, 문제는 부서 경영진에 의해서 4명이 선임되었고 그중 두 명은 전공의 시절을 같이 보낸 친한 친구였다는 사실이었다. 물론 새로 임명된 4명의 APD는 모두 훌륭한 사람들이었지만, 그 당시 충격적이었다는 말은 엄청 절제된 표현일 정도였다. 수년 동안 전공의 프로그램의 리더가 되는 것이 내 커리어의 지향점이라고 생각했는데 그 문이 내 면전에서 닫혀버린 것이다. 한 번도 아니고 네 번이나 말이다.

드디어 내 '도착'의 연쇄가 갑자기 잔인하게 끊기자 악령이 나타나 괴롭혔다. '도착 오류' 금단증상이었다. 내 커리어에 대한 직업적인 자율성을 빼앗긴 기분이었다. 또한 인정받지 못하고 있다는 기분을 확실히 느꼈다. 나는 번아웃이었다. 그로부터 증상이 나타나기 시작했다. 아니면 그렇게 느껴지기 시작했다. 처음에는 두통이었다.

그다음으로는 본태성 진전 증상도 악화되기 시작했다. 방들도 다 사우나처럼 느껴졌다. 전에는 그런 일이 없었는데, 아내 크리스틴과 논쟁이 과열되는 경우가 잦았다. 내 직업에 분개하기 시작했다. 잠도 못 잤다. 그 당시 나는 12개월 동안 10일에서 20일 정도 밤새도록 잠을 못 이루었다는 것을 깨달았다. 매일 밤 서너 번씩 흥분 상태로 잠에서 깨어났고, 제대로 잠에 들 수가 없었다.

친구와 가족들은 내가 해야 할 일이 너무 많은 게 화근이라고 지적했다. *알고 보니 이것이 내가 4개의 APD 자리 중 어느 것에도 선임되지 못한 이유 중 하나였다. 그 외에 개인 재정이나 번아웃 같은 금기시되는 주제에 관해서 강한 의견으로 치닫는 내 성향도 한몫했다.* 그러나 난 별 어려움 없이 맡은 일을 하나도 빠짐없이 해내고 있었다. 그러다 결국 뭔가 일이 터지게 된 것이다. 프로프라놀롤이 다 떨어진 그 운명의 날에 버뮤다 런 골프코스 2번 홀에서 공황발작이 일어나면서 말이다.

그 조그맣고 하얀 공 때문에 기분이 상한 일이 터진 날 이후, 주치의에게 가서 상황이 대체 어떻게 된 것인지 정리를 해봤다. 다행히 그녀가 할 일을 알아서 해주었다. 갑상선자극호르몬 검사를 진행했는데 수치가 바닥이었다(<0.1 mU/ml). 그로부터 몇 주 후, 내분비내과 의사가 그레이브스병이라는 진단을 내렸다. 당시에는 그레이브스병 때문에 번아웃이 된 건지, 아니면 그 자가면역질환에 가려져

서 번아웃된 걸 몰랐던 것인지 갈피를 잡을 수 없었다. 닭이 먼저였을까, 달걀이 먼저였을까. 지금으로서는 후자라고 믿고 있다. 그리고 이건 나 혼자만의 생각이 아니다.

2018년 미국의사협회저널 〈JAMA〉에 실린 관찰 연구에서 송 박사와 동료들은 스트레스 또는 스트레스 관련 이상이 있는 10만 명의 개인을 선정하여, 이런 이상이 없는 100만 명 이상의 개인들과 대조했다.[11] 연구팀은 또한 이 데이터를 스트레스나 스트레스 관련 이상을 경험하지 않은 코호트의 형제자매 12만 5천여 명과 비교했다. 그들은 지속적인 스트레스를 경험한 사람들에게서 그레이브스병 같은 자가면역질환이 발병할 확률에 대한 답을 찾고 있었다. 연구 결과 스트레스 또는 스트레스 관련 이상이 있는 환자들에게서 자가면역질환, 특히 갑상선질환의 발병 확률이 그렇지 않은 사람에 비해 월등히 높다는 사실을 발견했다.

번아웃으로 인한 스트레스가 그레이브스병과 관련이 있을까, 아니면 그 반대일까? 단일사례(N=1)인 나만의 실험에서 나는 메티마졸 Methimazole을 쓰기 시작하고 연구팀과 비슷한 결론에 도달했다. 치료로 증상은 호전되었다. 병리검사 소견으로는 갑상선 기능도 정상이

---

11   Huan Song, Fang Fang, Gunnar Tomasson et al., "Association of Stress-Related Disorders With Subsequent Autoimmune Disease," JAMA 319 no. 23(2018):2388-2400, https://doi.org/10.1001/jama.2018.7028.

었다. 그러나 치료를 계속해도 번아웃은 나아지지 않았다. '도착 오류' 중독도 나아지지 않았다. 사실 둘 다 더 악화되었다. 내게 직업적 자율성이 있다고 느껴지지도 않았다. APD가 되기 위해 걸어온 길이 종점에 다다랐다. 나는 가면증후군 문제도 느끼기 시작했다. *아마 난 마취과 리더가 되기에는 부족한 사람인지도 몰라.*

개인적 자율성도 침해받는다고 느끼고 있었다. 매일 내 시간이나 퇴근 시간에 대한 통제권이 없었기 때문이다. 계속 늘어나는 업무 목록에 따라 삶이 통제당하는 기분이었다. 더 많은 것을 성취했을 때도 기분은 일시적으로만 나아졌다. 내 '도착 오류'가 나를 물에 빠뜨리지 않고 수면 위에 떠 있게 하려면 일을 더 해야만 하는데 그럴 시간이 충분하지 않았다. 남편이자 아버지로서, 의사로서 그리고 기업가로서 날마다 버티느라 분투 중이었다. 무언가를 해내고 일시적으로 도파민이 올라가도 그 시간은 짧았다. 나는 번아웃의 모든 증상으로 고통받고 있었다.

번아웃에 수반되는 불안감과 우울감이 진짜라고 느껴진 것은 그때부터였다. 번아웃에 익사하려고 할 때 주치의가 때마침 에스시탈로프람Escitalopram이라는 구명장비로 구급처치를 해주었다. 상황이 조금 나아지긴 했지만 사람들 눈에 보이는 내 삶은 부서진 기차 같았다. 번아웃을 절절히 느꼈고 완전히 균형을 잃었다. 더 무서웠던 건 나를 사랑하는 사람들에 둘러싸여 있어도 소속감을 느끼지 못했던 것이다. 에스시탈로프람, 치료, 정상적인 갑상선 기능은 모두 도움이 되었지만 이런 것들로는 번아웃을 치료하지 못했다. 정작 번아웃을 극복하는 데 도움이 된 것은 따로 있었다. 코칭에 대한 관점을 바꾼 것이었다. 사실 이전에는 의사들을 코칭해보려는 사람들의 조언을 회의적인 관점으로 무시했다.

마침내 코칭을 받아보기로 결심했을 때 코칭은 나의 인생을 바꿔 줄 시점에 도달해 있었다. 결국 시간과 돈을 들여서 공인 코치 자격을 갖추고 의사들을 위한 코칭 사업을 시작했다. 코칭 프로그램은 알파코칭익스피리언스Alpha Coaching Experience 또는 약칭 에이스ACE라는 멋진 이름으로 불렸다. 우리는 이 프로그램을 통해 수백 명의 의사가 번아웃을 극복하고 스스로 사랑하는 삶을 만들어 나가도록 도왔다. 내가 이 책을 쓴 것도 바로 이것 때문이다. 에이스에서 고객들을 이끌었던 개념을 당신에게도 알려주고 싶다. 나는 코칭에 맞서 싸웠던 오랜 경력이 있다. 이 글을 쓰고 있는 지금, 당신 역시 지난 날의 나처럼 코칭에 대해 회의적인 생각을 할 수도 있다는 생각이 든다.

내가 겪었던 번아웃은 내 잘못이 아니다. 그렇지 않은가? 내 문제를 야기한 근저에는 고장 난 의료시스템이 있었다. 다른 많은 의사들처럼 나 역시 내가 번아웃의 원인이 아니라 번아웃의 피해자라고 생각했다. 팟캐스트 '의사철학자' 초창기에 여러 차례의 인터뷰에서 사람들이 내게 이것에 대해 물었고, 그들에게 번아웃의 '피해자 비난하기Blaming the Victim'는 근거 없는 해로운 일이라고 답했던 기억이 난다. 고쳐야 할 것은 시스템이지, 의사가 아니라고 생각했다. '나'를 고쳐야 하는 게 아니라면 최선의 행동은 무조건 외부 여건을 바꾸는 것이다. 적어도 당시에는 그렇게 생각했다.

외부 여건 바꾸기

번아웃에 직면했을 때 대부분의 의사는 변화를 생각한다. 직장을 옮기거나, 파트타임으로 바꾸거나, 진료 외의 수입원을 찾을 생각을 한다. 모든 게 현재 상황으로부터 자유롭고자 하는 시도다. 2020년에 MD링스MDLinx가 1,200명이 넘는 의사들을 대상으로 실시한 설문조사에 따르면 응답자의 48%가 경력 변화를 고려하고 있다고 답했다.[12] 여기에는 진료 환경 변화를 고려하는 의사가 34%, 은퇴, 진료 중단, 클리닉 폐쇄 또는 의료계 일을 그만두고 다른 커리어를 고려

12　 John Murphy, "Nearly Half of Doctors are Rethinking Their Careers, Finds COVID-19 Survey," MDLinx, November 6, 2020, https://www.mdlinx.com/article/nearly-half-of-doctors-are- rethinking-their-careers- finds-covid-19-sur vey/32iphKz3vp3DIR3LuXOBkA.

한다고 말한 의사가 26% 포함되어 있다. 이 의사들은 외부 여건을 바꾸면 고통이 끝나리라고 생각한다. 만일 그게 불가능하면 그들이 할 수 있는 최소한은 다른 데서 일을 함으로써 당장의 나쁜 상황을 잠시 피하는 것이다.

이렇게 한다고 늘 효과가 있는 건 아니다. 생각을 해보자. 직장을 바꾸는 의사들이 다 원하던 행복과 성취감을 얻을까? 아니다. 애틀 랜타에 본부를 둔 리크루트 회사가 수행한 조사에 따르면, 전공의 과정을 마친 후 3~5년 이내에 첫 직장을 떠나겠다고 말한 의사가 전체 응답자의 50%가 넘었다. 처음에는 '좋은 직장'이라고 주변의 모든 사람에게 말했던 그들이 그럴 의향을 내비쳤던 것이다. 신규 의사들만 이렇게 직장을 바꾸거나 아예 의료계를 떠날 생각을 하는 것도 아니다. 〈워싱턴 포스트〉에 실린 한 기사의 인용된 어느 조사 에 따르면, 코로나 팬데믹 이후에 조사 대상 의사의 30%가 대퇴사The Great Resignation의 시류에 동참해서 의료계를 완전히 떠나는 것을 고려 한다고 말했다.[13] 그런데 이런 식으로 여건을 변화시켜서 새로운 직 장으로 간 뒤에도 6개월 안에 번아웃되는 일이 흔하다. 왜 그럴까?

---

13 William Wan, "Burned out by the Pandemic, 3 in 10 Health-Care Workers Consider Leaving the Profession: After a Year of Trauma, Doctors, Nurses and Other Health Workers are Struggling to Cope," The Washington Post, April 22, 2021, https://www.washingtonpost.com/health/2021/04/22/health-workers-covid-quit/.

번아웃된 의사들이 변화를 실행하기 전에 번아웃의 실제 원인이 무엇인지 파악하는 데 시간을 쓰지 않았기 때문이다. 비유하자면, 꼭 필요한 '생각 다스리기Thought Work'는 하지 않은 채로 직장만 옮기는 건 질병 치료가 아니라 증상 치료에 해당하는 것이다.

내가 코칭을 받는 고객이었을 때 여건을 바꾸기 전에 사고하는 방법을 배웠다. 이 책의 전반부에서 문제를 서술한 다음, 먼저 우리의 마인드셋을 바꾸는 방법을 익힐 필요가 있다고 설명한 것은 이때문이다. 의료에서와 마찬가지로 성공적인 치료 계획을 정하기 전에 진단을 내리는 것이 필요하다. 번아웃에 관해서는 '생각 다스리기' 자체만으로도 직장을 바꿀 필요 없이 의사로서의 일을 다시 사랑하게 되는 경우도 많다. '생각 다스리기'를 하면 아무리 열악한 상황이라도 헤쳐 나갈 수가 있다.

넬슨 만델라의 이야기나 스토아 철학자들의 가르침에서 분명한 사실은 외부 상황은 우리가 통제할 수 없다는 것이다. 이런 자각을 하면 많은 이들이 자기연민에 빠지곤 한다. 통제할 수 없는 것에 대해서는 말 그대로 우리가 어찌해볼 도리가 없기 때문에 희망이 모두 사라져버리는 것 같아서다. 하지만 꼭 이렇게 생각할 필요는 없다.

외부 여건이 우리가 가는 길을 가로막도록 내버려둘 필요는 없다. 그리고 지금 이 책을 읽고 있다면, 당신 역시 거기 그 상태로 멈춰 있지 않을 것이다. 왜일까? 더 이상은 그렇게 아프고 지친 상태로 있기도 지겨울 것이기 때문이다. 당신은 용감하고 용기 있는 의사다. 당신은 영혼을 파괴하는 번아웃을 포함하여 인생의 문제를 다르게 바라볼 길을 찾고 있다. 쉽게 포기할 당신이 아니다. 이 책을 읽고 있는 당신은 외부 여건이야 우리가 어떻게 해볼 수 없다 해도, 마음만 먹으면 언제든지 통제할 수 있는 한 가지가 있다는 사실을 알고 있다. 바로 우리의 초점이다.

수감자는 감옥에만 있는 게 아니다

만델라가 가르쳐 준 것은, 망가진 시스템(만델라의 상황에서는 아파르트헤이트였다)을 바꾸기 위한 일을 하면서도 우리 자신은 망가지지 않도록 유지할 수 있다는 사실이다. 다시 말해, 고장 난 시스템이 우리를 통제하도록 내버려두지 않는 '동시에' 고장 난 시스템을 고칠 수 있다. 우리가 반응하는 방식은 우리의 관점, 패러다임, 내러티브에 따라 결정된다.

만델라가 수감 시절에 그러했듯, 의사들에게도 통제하지 못하는 여건과 상황이 있을 수 있다. 전자의무기록EMR의 시스템 문제를 통제할 수 없다든지, 좋은 의도였겠지만 카페인이 번아웃을 해결해줄 것이라고 생각하며 커피를 사주는 병원관리자들도 참을 수 없다. 그런가 하면 환자를 돌보는 데 방해가 되는 보험회사들의 마이크로매니징(지나치게 세세한 관리)에 대해서도 우리가 어떻게 해볼 도리가 없다. 그렇다고 이 시스템의 문제들이 우리를 통제하도록 내버려두어야 하는 것도 아니다. 이 고장 난 기계에 대해서 분노하는 동시에 우리 내면의 반응을 통제할 수 있다. 이를테면 병원관리자와 보험회사 입장에서 우리는 기계의 톱니 정도로 하찮은 일개 구성원일 수 있고, 재무제표의 숫자에 불과한 존재일 수 있다. 그러나 어려운 상황이 생겼을 때 우리가 누구인지, 무엇을 하는지 통제하는 일은 순전히 우리에게 달려 있다.

요점은 이것이다. 불공정하거나 부당하다고 생각되는 외부 상황에 직면했을 때 우리는 두 가지 선택을 할 수 있다. 한 가지는 대부분의 사람들이 하는 대로, 자신을 열악한 상황이나 여건의 피해자로 분류하는 것이다. 우리는 고장 난 의료시스템에 의해서 야기된 패배와 불행 안에서 몸부림칠 수 있다. 버티면서 언젠가 마법처럼 시스템이 바뀌거나 은퇴할 날이 오기를 기다릴 수도 있다. 그게 아니면, 고장 난 상황에서 우리가 주인공이 되기를 선택할 수도 있다.

피해자인가, 주인공인가? 선택은 각자의 몫이다

정말 스스로 피해자이기를 원하는가? 아니, 그렇지 않다. 그리고 그렇게 해서는 우리가 원하는 변화를 이끌 수 없다. 그걸 어떻게 아느냐고? 내가 번아웃일 때 스스로를 피해자라 불렀고, 다른 의사들도 그렇게 하는 것을 수없이 봤기 때문이다. 수개월 동안 계속 의료의 현주소에 대해 아내에게 불평을 쏟아내면서 뒷마당 계단에 주저앉아 맥주를 마신 적이 있다. 모든 것을 외부의 문제라고 불평하면서 위로받는 것이 기분은 좋았지만, 그렇게 스스로를 피해자로 여기면서 동정받는 것은 도움이 되지 않았다. 그 이상 앞으로 나아갈 수가 없었다.

생각해보자. 피해자 역할을 자처한 의사가 정말 도덕적 손상을 이겨낼 수 있을까? 아니다. 시스템이 원하는 것이 바로 그것이다. 왜냐하면 보험회사가 통제권을 쥔 채로 수익을 거두는 동안 의사들은 침묵을 유지하기 때문이다. 이런 양태는 스탠퍼드 감옥 실험에서 간수 역할을 맡은 사람들도 실험 참가자였을 뿐인데, 죄수 역할을 맡았던 사람들이 우울감에 빠지고 무너졌던 것과 마찬가지다.

스탠퍼드 감옥 실험의 죄수들처럼 억울함이나 분노와 패배를 선택할 수 있다. 직장을 바꾸거나, 파트타임으로 일하거나, 의료계를 완전히 떠나는 데 필요한 재정적인 자유를 누리기 위해 노력할 수 있다. 이렇게 하는 건 감옥에서 탈출하기 위해 애쓰는 억울한 피해자의 입장에 서는 것이다. 이게 바로 문제다. 우리가 피해자 역할을 선택한 순간, 매우 중요한 의미에서는 이미 패배한 것이다. 우리는 자신의 생각과 감정뿐만 아니라 세상에 자신을 드러내는 방식에 대한 통제력을 상실했다. 만델라가 우리에게 선택하지 말라고 경고했던 억울함과 분노의 길을 선택한 것이다.

더 나은 방법도 있다. 번아웃 대신 희망을 주는 방법이다. 우리도 만델라처럼 피해자 역할을 자처하는 대신 우리의 이야기에서 주인공이 되는 것을 선택할 수 있다. 코칭을 받으러 오는 많은 의사들은 행복해지기 위해 삶에서 필요한 변화를 만들어내는 방법을 알려주길 기대한다. 아마 그들은 코치들이 더 효율적으로 차트를 작성하는 방법, 돈을 더 많이 버는 방법, 의료계에서 성취감을 얻기 위해 이직하는 방법 등을 알려줄 거라고 생각했을지도 모른다. 그러나 코치들은 그런 일을 하지 않는다. 의사 고객들은 자신의 생각이 만들어내는 내면의 초점을 정복하는 기술을 배우고 나면, 대다수는 직장을 바꾸거나 의료계를 완전히 떠나는 일과는 정반대의 길을 간다. 대부분은 주변의 여건을 전혀 바꾸지 않고도 그들이 원래 일하던 그곳에서 다시 의료계 일과 사랑에 빠진다.

그렇기 때문에 코치들은 항상 의사 고객에게 직장을 바꾸거나, 파트타임으로 전향하거나, 임상진료 외의 일로 소득을 얻기 위한 일을 시작하기 전에 먼저 현 상태에 대한 올바른 진단을 내리기 위해 '생각 다스리기'를 해야 한다고 가르친다. 번아웃의 원인을 파악하는 데에 시간을 들여야 한다. 의사로서 우리가 환자에게 최선의 치료를 처방하려면 그 전에 정확한 진단을 내려야 하듯, 열악한 환경이 만들어낸 희소성이 아니라 올바른 마인드셋의 강점에 기초한 결정을 내려야 한다. 의사로서 우리는 도덕적 손상으로 인해 의료에 갇힌 기분, 의료계의 현실 때문에 우리가 꿈꾸는 삶을 살 수 없다는 기분을 자주 느낀다. 제대로 된 인정을 받지 못한다는 기분, 아무도 우리 이야기를 들어주지 않는다는 기분, 업무가 과중하다는 기분, 병원관리자와 보험회사에 대해서는 우리가 어떤 통제력도 상실한 채 그들이 우리의 세상을 지배하고 있다는 기분을 느낀다. 하지만 몇 번이고 귀가 시간이 늦어질 때, 차트 작성 일이 끝이 없어 보일 때, 빚더미에 눌리고 계약서에 있는 동종업계 이직 금지 조항에 눌릴 때, 이해상충 규정이 불공정해 보일 때……, 그런 상황에서도 우리에게는 선택권이 있다.

우리는 스스로 선택해서 피해자가 되고 있다는 것을 깨달을 수 있다. 당당히 서서 우리는 강하고 똑똑하고 지적이며 회복탄력성이 있다고, 그리고 그것이면 충분하다고 생각할 수 있다. 바로 지금, 우리가 존재하는 그대로의 모습으로.

만일 여정 자체가 목적지라면?

렛이 자라는 동안 아버지는 의사로 일했다. 알코올 의존자였던 아버지는 인생에서 몇 번 잘못된 선택을 한 적도 있다. 렛이 사춘기 일 때 아버지는 직장을 바꾸면서 가족을 데리고 살던 곳을 떠나기로 결정했다. 렛의 아버지는 의사란 직업에 만족을 느끼지 못했다. 그는 그 이유를 알아볼 생각을 하지 않고 대다수 번아웃된 의사들처럼 상황에서 벗어나려고만 했다. 그러나 새 직장에서도 제대로 일하지 못했다. 결국 그는 실직을 당했고, 술병을 찾았다. 렛의 아버지는 실직 이후 알코올 의존증에 걸렸고, 결국 목숨을 잃었다. 렛의 남은 가족은 재정적으로 힘든 시기를 겪었다. 이런 결과를 만든 아버지의 이직 결정은 렛이 의사가 되었을 때까지도 그의 마음에 깊은 인상을 남겼다.

의사 경력 초기에 렛은 재정적 독립-조기은퇴Financial Independence Retire Early, FIRE 커뮤니티를 알게 되었다. (잘 모르는 독자들을 위해 설명하자면 FIRE 운동은 소득 중에 지출을 대폭 줄이고 그 차액을 저축해서 최대한 일찍 재정적 독립을 이루자는 것이다. 이 운동으로 이르면 30, 40대에 이미 은퇴를 하는 의사들도 있었다.)

렛은 되도록 빨리 FIRE를 이루고 의사 일을 그만하겠다는 목표를 세우고 전국 평균을 훨씬 넘는 수입을 벌 수 있는 농촌 지역으로 이사했다. 실제로 수입이 많았고 재정 목표를 향해 잘 나아가고 있었다. 그런데 문제가 있었다. 그 자신도, 그의 가족도 모두 대도시가 아닌 곳에서의 삶이 불행했던 것이다. 그렇지만 렛은 아버지의 전철을 밟기 싫었고, 의사 일이 불행해도 재정 목표를 이룰 때까지 견디리라 결심했다.

렛은 중환자의학 전문의로 일했다. 보수도 좋고, 그렇게 간절히 원했던 재정적인 안정도 누릴 수 있었다. 그런 그가 코칭을 받으러 온 것은 그의 일 때문에 야기된 결혼생활 문제와 가족들의 전반적인 불만족에 대해 의논하기 위해서였다. 한번은 전화 통화를 하다가 렛에게 물었다. 렛 본인도 작은 시골 마을에 사는 것을 좋아하지 않고, 아내는 박사과정까지 중단해야 했고, 가족들도 그곳에서의 생활을 즐기지 못하는데 도대체 왜 그곳에서 일하는지 말이다.

금세 답을 들을 수 있었다. "5년만 더 일하면 FIRE를 달성하고 의료계에서 은퇴할 수 있으니까요. 도시 가까이에 살면 수입도 줄어들고 재정 독립도 그만큼 늦어지거든요." 렛은 아버지의 재정 실패가 현재 자기 가족의 삶까지도 통제하도록 내버려두었던 것이다. 그의 마인드셋은 피해자 마인드였다. 코칭 회기를 몇 번 거치면서 렛이 깨달은 것은, 자기가 어떻게 할 수 없는 과거가 자신의 미래를 지배하도록 내버려두지 않아도 된다는 사실이었다. 미래는 자신이 통제할 수 있는 것이기 때문이다.

렛이 자율성을 되찾기 위해서 필요로 했던 것은 '생각 다스리기'

였다. 나는 그에게 말했다. "렛, 5년 후에 은퇴하기 위해 당신이나 가족 모두가 원하지 않는 곳에서 힘들게 일하면서 그렇게 계속 비참한 기분으로 살 건가요, 아니면 도시 가까이에 있는 직장으로 옮겨 소속감을 느끼면서 일하는 대신 은퇴가 10년 후가 되는 위험을 감수하실래요?"

렛이 깨닫기를 바랐던 건 FIRE에 도달하는 것 역시 '도착 오류'라는 것이었다. 재정 독립을 더 일찍 달성하는 것은 더 행복해지는 답이 아니다. 그곳에 도달하기 위한 여정에서 이미 그는 자신과 가족을 불행하게 만들고 있었다. 만일 그가 목적지에 도착하고 싶지 않을 정도로 여정을 즐기는 법을 배울 수 있다면 어떨까? 유한한 게임 대신 무한한 게임을 즐긴다면? 사실상 여정 자체가 목적지라면 어떨까?

이런 생각을 하면서 그는 은퇴를 5년 앞당기기 위해 본인도 힘들어하는 일을 하면서 자신을 파괴하는 것보다, 가족들도 더 좋아하는 곳에서 본인이 좋아하는 일을 하면서 10년을 더 보내는 것이 낫겠다는 것을 금방 깨달았다. 그렇게 해서 그는 자기결정성이 높은 의사의 자율성, 소속감, 역량을 회복하기 시작했다. 이 책에서 다루려는 주제가 바로 이것이다.

우리가 마지막으로 통화했을 때 렛은 새로 산 BMW 운전석에 앉아 있었다. 오랫동안 사고 싶었지만 재정 독립이 늦어질 거라고 생각해서 구매를 미루고 있던 차종이었다. 렛은 인생의 모든 것을 새롭게 바라보기 시작했다. 전에는 가능한 빨리 의료계를 떠나기 위해 제한하고 있었던 것들이다. 그는 BMW 3시리즈 컨버터블에 앉아서, 오랜 코칭과 아내와의 의논 끝에 친구들과 친척들이 사는 대도시로 이사해서 소속감을 느끼며 살기로 했다는 중대한 소식을 전했다.

아이러니하게도 더 좋아하는 곳에서 일하면 수입이 줄어들 거라고 생각했는데 그건 오판이었다. 새로 얻은 직장에서 그의 전문성을 절실히 필요로 했던 것이다. 결국 렛은 더 많은 비임상 일을 할 시간을 얻었고, 더 많은 돈을 벌게 되었다. 아내도 박사과정을 마치기 위해 필요한 단계를 모두 밟았고, 가족과 친구들도 인근에 살았다. 결과적으로 그는 두 마리 토끼를 다 잡았다. 넬슨 만델라처럼 렛은 자기가 마주한 상황의 피해자가 되기를 거부했다. 그리고 동시에 그자신과 가족이 필요로 하는 변화를 위해 일어섰다.

이 책에서 알게 되는 것

이 책은 번아웃과 싸우는 의사들에게 힘을 실어주기 위한 것이지만, 전반적이고 시스템직인 측면에서도 해야 할 일이 많기 때문에 현존하는 문제들을 간략히 짚고 넘어가려 한다. 사실 이 책의 서두에서 제시한 의료계에서의 번아웃의 여러 시스템적인 원인을 제거하는 문화를 만들어내지 않는 한 의사들이 지금 가지고 있는 문제는 계속 이어질 것이다.

그러나 좋은 소식도 있다. 의료계의 상황이 아무리 나빠도 의사들이 개인적으로 자신의 상황을 개선할 수 있다는 사실이다. 계속해서 자신을 피해자로 명명하고 번아웃된 채로 자기 패배의 늪에서 허우적대기를 선택한다면, 이 책은 당신을 위한 것이 아니다. 그러나 만일 당신 이야기에서 주인공이 되는 법을 배우고자 한다면, 의료전문직업인들을 잘못 대하고 있는 의료시스템을 심하게 비판하기를 원한다면, 번아웃에서 벗어나 당신이 사랑하는 인생의 멋진 보스가 되고자 한다면 함께 가자. 이 책은 그런 당신을 위한 책이다.

이 책은 4개의 부분으로 나뉜다. 1부에서는 의료의 현주소를 짚어보고, 병원이 일선에 있는 의료 직역을 챙기지 않으면서 이윤에만 집중하는 동안 번아웃된 의사들을 괴롭히는 시스템 문제를 살펴본다. 2부에서는 이 시스템 요인들이 개별 의사들에게 미치는 영향을 긴밀히 검토할 것이다. 3부에서는 개별 의사들이 번아웃을 극복하고 자율성을 회복하도록 하기 위해 실제 코칭에서 의사 고객에게 가르치는 도구들에 관해 논의할 것이다. 4부에서는 의료계 내부에서 싸우는 동안 의사들이 활용할 수 있는 몇 가지 강력한 패러다임을 소개할 것이다.

자, 이제 당신에게 묻는다. 당신에겐 어떤 이야기가 있는가? 변화가 필요하다는 걸 알면서도 실행하지 못하도록 발목을 잡고 있는 것은 무엇인가? 혹시 그런 상황에 속수무책이라고 스스로에게 이야기하고 있는 건 아닌가? 자율성을 혹시 다른 이에게 넘겨주고 있는가? 그럴 필요 없다. 당신은 무기력하지 않다. 당신은 충분히 상황을 헤쳐 나갈 만큼 강하고 용감하다. 이제 내가 그 길을 보여줄 것이다.

차례

서론 006

문제를 일으켰던 사고방식으로는
결코 그 문제를 해결할 수가 없다.

- 알베르트 아인슈타인 -

DETERMINED

1부

의료의 문제적 상태

01

자율성

Autonomy

"사람의 선택의 자유, 심지어 잘못된 선택을 할 수 있는 자유마저 빼앗으면 안 된다.
그건 마치 그 사람을 한 인격체가 아니라 꼭두각시로 취급하며 조종하는 것이기 때문이다."

– 매들렌 렝글(Madeleine L'Engle) –

"안 돼, 아빠! 내가 할 거야. 나도 다 컸단 말이에요!"

칫솔을 꺼내 치약을 짠 다음 네 살짜리 딸아이에게 입 좀 벌리라고 했다가 도리어 내 고막이 폭격을 당하고 말았다. 안나 루스에게 내 도움 따위는 필요 없다는 게 분명해졌다. *그리고 그 녀석 말이 맞다. 안나는 자기가 다 컸다고 소리쳤다.*

미운 두 살이나 신경질적인 10대처럼 행동하는 무서운 세 살 아이들이 얄밉다는 생각을 했지만, 네 살짜리도 힘들긴 매한가지였다.

안나 루스는 지구가 태양 주위를 네 번이나 도는 동안 한 가지 사실을 확실히 했다. 주변 사람들이 자기 삶의 소소한 것까지 챙겨주는 것을 싫어한다는 사실이었다. 그 녀석은 자기 인생에서 독립과 자기 통제를 원했다. 설령 혼자서 무언가를 제대로 하지 못하더라도 선택의 자유를 원했다. 그래서 칫솔질도, 신발 신는 것도, 머리를 빗질하는 것도 내 딴에는 도와준다고 생각하며 하려 했지만 루스는 그렇게 생각하지 않았다. 아이의 입장에서는 내가 자율성을 빼앗고 있는 것이었다. 안나 루스는 스스로 선택할 수 있는 능력을 누군가로부터 앗아가는 일은 그 사람을 괴롭히는 가장 확실한 방법이라는 것을 나에게 가르쳐주었다.

소소한 일까지 간섭받고 통제당하며 강제적인 걸 좋아하는 사람은 아무도 없다. 아주 어린 시절부터 그러하다. 적어도 네 살이면 그렇게 된다. 더 나쁜 것은 강제가 우리의 삶과 우리가 진료하는 환자에게 나쁜 결과를 가져온다는 사실이다. 이는 2021년 메드스케이프 Medscape의 연차보고서 〈전국 의사 번아웃 및 자살보고서 National Physician Burnout and Suicide Report〉에서도 드러났다.[14]

---

14 Leslie Kane, "'Death by 1000 Cuts': Medscape National Physician Burnout & Suicide Report 2021," Medscape, January 22, 2021, https://www.medscape.com/slideshow/2011-lifestyle-burnout-6013456.

번아웃은 일반인보다 의사에게 2배 더 많이 발생한다. 유병률이 높다는 사실만이 문제가 아니다. 의료인에게서 번아웃은 그 잠재적인 영향 역시 충격적이다. 번아웃으로 인해 약물 및 알코올 중독률, 우울증 및 자살 발생률이 높아지는 것을 볼 수 있다. 번아웃은 다음 항목들과도 체계적으로 상관이 있다.

- 의사의 이직률 상승
- 환자 진료 및 결과의 악화
- 환자 만족도 감소
- 의료비 상승
- 중대한 의료 에러가 발생할 위험 증가[15]

번아웃은 의사들과 그들의 진료를 받는 환자들에게도 큰 대가를 치르게 한다. 물론 의료 비즈니스에도 번아웃은 비싸다. 최근 추정치에 따르면 번아웃으로 인한 의료시스템의 비용 부담은 연 50억 달러에 달한다. 번아웃으로만 50억 달러다. 다른 추정치는 이보다 크

---

15 Daniel Tawfik et al., "Physician Burnout, Well-Being, and Work Unit Safety Grades in Relationship to Reported Medical Errors," Mayo Clinic Proceedings 93, no. 11 (November 2018): 1571-80, https://doi.org/10.1016/j.mayocp.2018.05.014.

게 상회한다. 번아웃되어 병원을 떠나는 의사를 대체하는 데에만 약 25만 달러에서 100만 달러의 비용이 든다는 점을 감안하면 놀랍지 않은 수치다.[16] 물론 이 수치는 높아 보일 수 있지만 의사의 이직으로 인한 수익 손실을 고려하면 명확해진다. 예를 들어, 의사 한 명이 그만두면 환자 패널도 함께 떠난다. 그 환자들의 치료 계획 내에 예정되었던 시술도 같이 사라진다. 새로 들어온 의사가 사격을 갖추고 속도를 내는 데에 몇 달이 소요된다. 이렇게 병원 가동이 줄어드는 기간 동안 빠르게 수익 손실이 발생한다. 이것이 바로 병원 경영진이 의료계 전반의 번아웃을 해결하기 위해 연 7,600달러를 투자할 가치가 있는 많은 이유 중 하나다. 왜 그럴까? 개인 차원에서 번아웃 비용을 추산했을 때 의사 1인당 7,600달러가 들기 때문이다. 번아웃은 비용이 많이 든다!

이러한 노력에 대한 투자 수익은 다른 비용을 줄인다. 실제로 최근 클리블랜드 클리닉에서 의사들을 위한 동료 기반 코칭과 멘토링 프로그램을 도입한 결과, 의사 인력 유지에 들어가던 병원측 비용을 무려 1억 3300만 달러나 절감한 것으로 추정된다. 이렇게 번아웃은 비용이 많이 들고 번아웃을 줄이기 위한 투자가 도움이 되는데도 왜

---

16 Shasha Han et al., "Estimating the Attributable Cost of Physician Burnout in the United States." Annals of Internal Medicine 170, no. 11 (June 2019): 784-90, https://doi.org/10.7326/M18-1422,

더 많은 투자가 이루어지지 않을까? 이에 대한 답을 찾기 위해 번아웃의 기원과 번아웃의 복잡한 특성을 살펴보자.

번아웃은 틀린 용어인가?

우리가 이 책의 내용으로 깊숙이 들어가기 전에 꺼내 놓고 이야기하지 못했던 문제를 생각해보자. '번아웃'이라는 말 자체가 최근 비판의 대상이 되고 있다. 왜 그럴까? 1970년대 독일 심리학자 허버트 프로이덴버거Herbert Freudenberger가 만든 번아웃은 의사들이 겪는 정신적 고뇌와 트라우마가 번아웃된 의사에 의해 '발생'한다는 의미를 내포하고 있기 때문이다. 다시 말해, 사람들 중에는 '번아웃'이란 단어가 피해자를 비난하는 것이라고 생각하는 이들도 있다는 뜻이다. '피해자 수치스럽게 만들기Victim Shaming'와 '피해자 비난하기Victim Blaming'를 인종차별이나 성차별과 동등하게 취급하는 문화적 분위기가 고조되고 있기 때문에 이러한 내러티브가 왜 문제가 되는지 이해할 수 있을 것이다.

일각에서는 번아웃이라는 용어를 '도덕적 손상'이라는 용어로 대체할 것을 제안하기도 했다. '손상'이라는 말을 쓰면 의사가 자신을 괴롭히는 것이 아니라 의사가 손상을 입는다는 뜻이 되기 때문이다.

의료인이 환자를 도울 능력과 지식과 노하우가 있음에도 시스템상
의 실패로 인해 치료가 이뤄지지 못하는 상황에서 도덕적 손상이 발
생한다. 즉, 도덕적 손상은 시스템이 환자들과 의사들에게 해를 일
으키고 의사 본인이 이 상황을 막을 수 없다고 느낄 때 발생한다. 이
현상으로 인해 도덕적인 혼란과 정서적인 트라우마가 유발된다. 그
리고 이것은 번아웃과는 확연히 구별된다. 이런 이유로 이 책의 첫
장에서 다음과 같은 사실을 분명하게 짚고자 한다.

'기본적으로 번아웃과 도덕적 손상의 원인은 본질적으로 체제적
systemic, 시스템 전체에 영향을 미치는 것이며 체계적systematic, 모종의 시스템을 따르는 것, 즉
일정한 패턴이 있는 것이다. 로벤 섬의 정치범 감옥에서 만델라에게
가해진 처우가 만델라에게 일어났고 이것이 만델라 때문이 아닌 것
처럼, 번아웃의 원인들은 의사들에게 발생하는 것이지 그들 때문에
발생하는 것이 아니다.'

의료시스템이 무너졌다. 국립의학아카데미National Academy of Medicine에
서 다양한 이해관계 당사자들과 관련 구성원들을 모아서 '임상의
사의 웰빙과 회복탄력성에 대한 공동 협력활동Action Collaborative on Clinician
Well-Being and Resilience'을 만들었다는 사실로도 알 수 있다. 이를 통해 공
동 연구팀은 의사의 웰빙과 회복탄력성에 기여하는 70개 이상의 요
인을 확인하고 정리했다(그런데 '회복탄력성'이라는 단어 역시 피해자를 의미하
기 때문에 의사들 사이에서는 좀 무례하다고 느끼는 단어다). 다시 읽어보자. 의

사의 웰빙에 영향을 미치는 요인이 70개가 넘는다. 이것들은 번아웃과 도덕적 손상을 일으키는 등 웰빙에 반하는 영향을 준다. 이 70개 항목의 모형에는 소송 위험, 보험자 배상, 관료주의, 스트레스 대응 기술, 직장 안전 및 문화, 리더십, 전자의무기록시스템, 관리 책임 등이 포함되어 있다. 이건 단지 몇 가지 예시일 뿐이다.

　이로써 우리가 알 수 있는 것은 임상의사의 웰빙과 번아웃이 복잡하고 다각적인 요인에 의해 발생한다는 사실이다. 의료계는 완전히 혼란스러운 상황이다. 하지만 굳이 이것을 독자들에게 설득할 필요는 없으리라 생각한다. 상상할 수 있듯이 이 목록에 항목이 70여 개가 되다보니 그중 가장 중요한 몇 가지를 추려내는 것도 어렵다. 그러나 걱정할 것은 없다. 펜실베이니아주립대 허시메디컬센터에서 소개한 것과 같이 번아웃의 다각적 특성을 단순화하는 데 도움이 되는 여러 가지 모형이 제안되었다. 매슬로우의 필요(욕구) 위계를 응용한 이 모형은 '의료인의 웰니스 위계Health Professional Wellness Hierarchy'라고도 불리는데 다음과 같다[그림 1].[17]

　피라미드 모양의 이 모형의 기본(맨 아래층)은 의사가 다른 어떤 것

17　Daniel Shapiro et al., "Beyond Burnout: A Physician Wellness Hierarchy Designed to Prioritize Interventions at the Systems Level," The American Journal of Medicine 132, no. 5 (May 2019): 556-63, https://doi.org/10.1016/j.amjmed.2018.11.028.

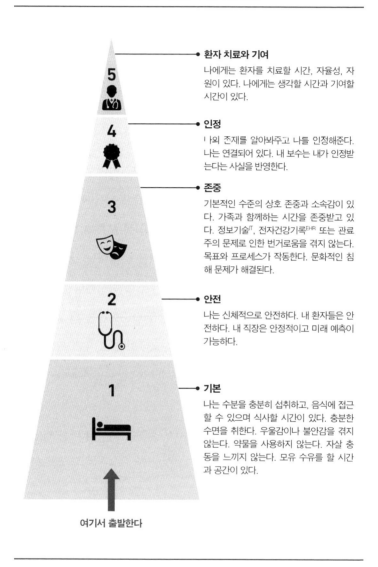

5

환자 치료와 기여

나에게는 환자를 치료할 시간, 자율성, 자원이 있다. 나에게는 생각할 시간과 기여할 시간이 있다.

4

인정

ㅣ 나외 존재를 알아봐주고 나를 인정해준다. 나는 연결되어 있다. 내 보수는 내가 인정받는다는 사실을 반영한다.

3

존중

기본적인 수준의 상호 존중과 소속감이 있다. 가족과 함께하는 시간을 존중받고 있다. 정보기술ᴵᵀ, 전자건강기록ᴱᴴᴿ 또는 관료주의 문제로 인한 번거로움을 겪지 않는다. 목표와 프로세스가 작동한다. 문화적인 침해 문제가 해결된다.

2

안전

나는 신체적으로 안전하다. 내 환자들은 안전하다. 내 직장은 안정적이고 미래 예측이 가능하다.

1

기본

나는 수분을 충분히 섭취하고, 음식에 접근할 수 있으며 식사할 시간이 있다. 충분한 수면을 취한다. 우울감이나 불안감을 겪지 않는다. 약물을 사용하지 않는다. 자살 충동을 느끼지 않는다. 모유 수유를 할 시간과 공간이 있다.

여기서 출발한다

보다 우선적으로 신체적, 정신적 건강 욕구를 충족해야 한다는 것이다. 이것이 충족되어야만 존중, 인정, 의미 있는 기여를 할 수 있는 능력과 같은 더 높은 욕구로 올라갈 수 있다. 우선적으로 충족되어야 하는 기본적인 욕구에는 어떤 것들이 있을까? 충분한 수면 취하기, 수유할 시간 가지기, 균형 잡힌 식사하기, 규칙적인 화장실 이용 시간 갖기 등이다.

이런 생각이 든다. 의료계의 상황이 너무나 열악한 나머지, 우리에게는 의사의 안녕을 최우선으로 하는 모형을 생각해낼 리더가 필요해졌다. 의사도 사람이라는 사실을 확실히 하기 위해서다. 그들도 먹고, 마시고, 잠을 자고, 가족을 돌보고, 소변 볼 시간이 있어야 한다. 우리 자신을 돌보는 것이 중요하다고 말해줄 기관과 싱크탱크가 필요한 상황까지 왔다. 어쩌다 이렇게 되었을까?

무너진 시스템에서 일하다 보니 이런 지경에 이르게 된 것이다. 의료시스템은 변화가 절실히 필요하다. 그러나 시스템적인 변화라는 목표는 의사가 번아웃을 이겨내고 그가 사랑하는 삶을 영위하도록 돕는 일과 상호배타적이지 않다는 것을 확실히 알 필요가 있다. 두 가지 다 해낼 수 있고, 또 해내야 한다. 의료시스템의 변화가 필요하다는 것은 누구나 인식하고 있는데, 그중 한 사람으로서 나는 번아웃된 의사들이 도움을 필요로 하는 동안 이 시스템이 언젠가 바뀌기를 기다리며 가만히 앉아 있을 수만은 없다.

세인트루이스에서 태어난 훌륭한 저술가인 마야 안젤루^{Maya Angelou}는 이렇게 말한다.

> "당신은 분노해야 한다. 그러나 억울해서는 안 된다. 억울함은 암과 같다. 숙주를 먹어 치운다. 억울함은 그러한 불쾌감을 유발하는 것에 대해 어떤 작용도 하지 않는다. 그러니 분노를 사용하라. 분노를 글로 써라. 분노를 그려라. 분노를 춤추라. 분노를 행진하라. 분노를 투표하라. 할 수 있는 모든 것을 하라. 분노를 말하라. 말하기를 그치지 말라."[18]

우리의 무너진 의료시스템에 분노해야 한다. 그러나 그것 때문에 억울함과 무너짐, 번아웃을 느끼도록 내버려두지는 말아야 한다. 이에 대해 만델라와 안젤루도 동의한다. 번아웃과 도덕적 손상 사이의 잘못된 이분법은 필요하지 않다. 도덕적으로 손상을 입히는 의료시스템을 고치는 동시에 그것으로 인해 번아웃된 의사들을 돕는 일로 나아가자.

---

18 Maya Angelou, "You should be angry…," Twitter, April 15, 2021, 11:30 a.m., https://twitter.com/drmayaangelou/status/1382717886385561603?lang=en.

번아웃의 세 기둥

앞서 언급한 대로 '번아웃'은 독일의 심리학자 허버트 프로이덴버거가 처음 쓴 말이다. 프로이덴버거는 1981년《번아웃: 높은 성취의 높은 대가Burnout: The High Cost of High Achievement》라는 책에서 번아웃의 세 가지 핵심요소를 설명한다.[19] 정서적 소진emotional exhaustion, 탈인격화depersonalization(원래 냉소주의cynicism라고 되어 있음), 성취감 부족lack of perceived achievement이다. 그는 이 세 가지 요소를 경험하면 결국 "동기나 의지의 상실"에 이른다고 말했다. 정서적 소진, 탈인격화, 성취감 부족이 내적 동기를 상실하게 하는 번아웃의 증상들이라면 그 원인은 무엇일까? 다시 안나 루스의 칫솔질 이야기로 돌아가보자.

안나 루스의 치아 문제는 아니다. 번아웃에는 여러 가지 원인이 있다. 매년 수천 명이 넘는 의사들이 참여하는 메드스케이프 조사에서 의사들에게 일련의 질문을 던져서 번아웃의 구성요소 중 가장 빈도가 높은 것들을 알아본다. 2021년 조사에서는 의사들이 자신의 번아웃을 유발하는 상위 5가지 이유를 다음과 같이 선택하였다.

---

19   Herbert Freudenberger, Burnout: The High Cost of Achievement, (Garden City, NY: Anchor Press, 1980).

- 행정 업무가 너무 많다. **(58%)**

- 직장에서 보내는 시간이 지나치게 많다. **(37%)**

- 관리자/고용주, 동료 및 스태프로부터 존중받지 못한다고 느낀다. **(37%)**

- 보상/상환이 충분하지 않다. **(32%)**

- 통제성/자율성의 결여 **(28%)**

응답 목록에는 있지만 상위 5위 안에 들지 못한 기타 요인으로는 전자의무기록시스템, 환자로부터의 존중 결여, 정부의 규제 등이 있다. 응답 목록에서 흥미롭고 눈에 띄는 것은 다섯 번째 이유인 '통제성/자율성의 결여'다. 응답한 의사들 가운데 28%가 자율성의 부족을 지적했고, 안나 루스처럼 이 세상 100%의 어린이가 자율성이 부족하다고 외치고 있다. 이 책을 읽는 의사들이라면, 의료에서의 자율성이란 외부의 힘이나 영향력에 좌우되지 않고 환자를 진료할 수 있는 역량이라는 것을 잘 알 것이다. 물론 메드스케이프 조사에서도 이런 뜻으로 '자율성'이란 용어를 사용했다.

그러나 자율성이란 개념은 더 넓은 뜻으로 정의할 수 있다. 그리고 더 넓게 정의하면, 자율성 결여가 실제 번아웃된 의사들이 경험하는 정서적 소진의 가장 중요한 주제라고 주장하고 싶다. 다시 말해, 자율성 결여가 질병이라면 정서적 소진은 그 질병의 증상이라는 것이다. 자율성에 대한 더 넓은 정의는 이를 명확하게 해준다. 생각해보자. 응답 목록의 다른 항목을 보면 번아웃을 유발하는 두 번째 원인으로 직장에서 보내는 시간이 너무 많다고 답했는데, 이는 의사들에게 퇴근 시간을 결정할 수 있는 자율성이 부족하다는 것을 반영한다. 병원에서 보내는 시간이 너무 많다는 것은 다시 말해 개인의 삶에서 자율성이나 독립성이 결여되었다는 뜻이다. 1위 응답은 관료주의적인 업무가 너무 많다는 것인데, 이는 의사들이 자신의 전문적인 업무에 대해서도 통제권이 없다는 것을 의미한다.

만약 자율성을 전문직 종사자로서의 직업적 자율성과 개인적 자율성을 다 포함하도록 정의한다면, 메드스케이프 조사에서 나타난 정서적 소진의 압도적인 원인은 바로 '자율성 결여'가 된다. 당신이 의료 분야에서 일하고 있다면 굳이 내가 이걸 증명해 보일 필요도 없을 것이다. 자율성 결여가 번아웃된 의사들에게서 나타나는 정서적 소진의 가장 중요한 원인이라는 사실을 여전히 믿지 않는 사람들을 위해 다른 근거를 찾을 필요도 없을 것이다. 동일한 메드스케이프 조사에서 번아웃을 개선할 수 있는 방법을 묻는 질문에 번아웃된 의사들은 다음과 같이 답했다.

- 보수가 인상되어서 재정적 스트레스가 줄어야 한다. (45%)
- 더 많은 업무와 일정을 스스로 조정할 수 있어야 한다. (42%)
- 관리자/고용주, 동료, 스태프로부터 더 존중받을 수 있어야 한다. (39%)

• 통제/자율성이 증가되어야 한다. (35%)

주제가 보일 것이다. 이 잠재적인 해결책들은 의사들이 개인적으로나 전문적으로 더 많은 자율성을 만들어내기 위한 방법이다. 또한 이것은 프로이덴버거가 번아웃에 대해 처음 기술한 내용과도 겹친다. 그는 번아웃을 "전문 직업인으로서의 삶으로 인한 정신적, 신체적 소진 상태"라고 했다. 이러한 정의를 통해 프로이덴버거는 번아웃의 원인은 지금 번아웃과 분투 중인 개인에게 있는 것이 아니라, 그들이 일하는 억압적이고 파괴적인 환경에 있다는 점을 분명히 했다. 번아웃된 의사들은 안나 루스를 포함해 모든 인간이 필요로 하는 기본적인 욕구, 즉 자율성이 결여되어 있다. 우리 의사들은 스스로 결정해서 일하기를 원한다. 의사가 환자를 진료하는 방법이나 집에 가는 시간을 통제하지 못하는 날이 계속되면 결국 정서적 소진으로 이어진다.

티볼과 축구 경기, 연주회, 결혼식, 장례식을 놓친 의사들이 얼마나 많은가? 행복하게 살려고 '사둔' 삶을 감당할 여유가 없어 휴가나 휴식 시간을 갖지 못할 것 같다고 느끼는 의사가 얼마나 많은가? 전자의무기록 작성이 가족과의 시간을 훔치고 있는 상황은 또 어떠한가? 번아웃된 의사가 환자를 위해 무엇을 해야 하는지 알지만 전자의무기록, 보험회사, 병원 규정, 병원관리자 때문에 못하는 경우는 또 얼마나 많은가?

행복을 찾기 위해 번아웃된 많은 의사들은 직장을 옮기거나 부업을 시작하여 재정적인 자유를 얻으려 한다. 이미 병원에서 주 60시간을 일하면서도 말이다. 코로나19 팬데믹 기간 동안 번아웃된 다른 의사들도 대퇴사The Great Resignation에 동참했다. 일부는 의료계를 완전히 떠남으로써 마침내 통제권을 찾았다. 또 다른 일부는 추가 교육이나 연수를 통해 다른 분야로 이직할까 고려하고 있다.

이 모든 것은 의사들이 나름대로 자율성을 향상시키기 위해 시도하는 것들이다. 거의 10만 명에 달하는 의사들이 의사 부업에 대해 배우는 의사 페이스북 그룹이 있는 것은 놀랄 일도 아니다. 간단히 말해, 의사들은 자기 배의 선장처럼 느끼지 않는다. 요점은 번아웃된 의사들이 경험하는 정서적 소진은 자율성의 결여에서 비롯된다는 것이다. 그러나 이것도 이야기의 1/3 정도에 지나지 않는다. 번아웃일 때는 탈인격화와 성취감 저하도 겪는다는 사실을 기억하라.

탈인격화의 핵심은 연민의 상실이다. 연민Compassion이란 말은 '아픔'이라는 뜻의 pati와 '함께'라는 뜻의 com에서 온 말이다. 그래서 연민은 '아픔을 함께한다'라는 뜻이다. 이것은 의료계의 탈인격화에 대한 적절한 말이다. 요점은 의사가 환자나 동료와 아픔을 함께하는 능력을 상실했다는 말이다. 여러 가지 면에서 탈인격화는 인류 공동체에 대한 소속감의 결여를 의미한다. 번아웃된 의사가 환자와 동료를 '타인'으로 간주할 때 이런 일이 발생하는 것이다.

프로이덴버거의 정의에 따르면, 연민의 상실은 열악한 문화와 환경으로 인해 발생한다. 알파코칭익스피리언스에서 번아웃된 의사들과 이야기 나눌 때 주로 나오는 주제는, 이들은 경영자들이 자신의 이야기를 들어주길 원한다는 사실이다. 의사들은 팀의 일원으로서 자기 말을 들어주고 살펴봐주며 가치를 인정받길 원한다. 소속감에 대한 깊은 욕구가 우리 모두에게 있다.

고마워하고, 가치를 인정해주고, 존중받는 팀의 구성원이길 바라는 건 인간이라면 누구나 느끼는 본질적인 욕구다. 우리는 직장에서도 이러한 소속감을 느끼고 싶어 한다. 의사들이 자기가 일하는 공동체의 일부로 존중받는다는 생각을 하지 못하거나 존중받는다는 믿음을 갖지 못하면 탈인격화가 발생한다. 이러한 사실은 의사들이 메드스케이프 설문 조사에서 경영진이나 환자들로부터 더욱 존중받기를 원한다고 응답한 사실에서도 나타난다. 조사에 참여한 의사의 절반에 가까운 수가 그렇게 답했다.

하지만 소속감은 팀원으로서 존중받는다는 느낌 이상의 의미를 가진다. 우리가 일하는 더 깊은 목적이나 사명에 연결되어 있다는 느낌까지 포함하기 때문이다. 우리는 우리 자신보다 더 큰 무언가의 일부가 되기를 원한다. 이처럼 깊은 목적과의 연결은 소명Vocation/Calling을 직업Occupation/job과 구별하는 가장 큰 차이점이다. 이 깊은 목적의식을 상실하면 의사는 의료를 그저 하나의 직업으로 여기게 되고, 그 결과 동료와 환자에 대한 연민을 잃는다. 번아웃을 경험한 의사들에게 병원 출근은 그저 도시락 가방을 들고 왔다가 다시 들고 집으로 가는 것을 의미할 뿐이다. 누가 이들을 비난할 수 있겠는가? 더 깊은 목적에 연결되어 있다는 의식이 사라져버린 탓이다.

정서적 소진, 탈인격화 외에 의사들의 번아웃을 구성하는 세 번째 요소는 '성취감 부족'이다. 고도로 숙련된 의사들이 왜 이런 현상을 겪게 되는지 의아하지 않은가? 의사들 중 최대 60%가 '가면증후군' 또는 역량 부족을 느끼는 것으로 나타났다.[20] 이 때문에 2019년에 고틀립과 동료들이 의사 가면증후군의 잠재적 원인을 조사했는데 연구 결과, 낮은 자존감(즉, 자신감)과 열악한 조직 문화가 원인으로 드러났다. 반면 '사회적 지지, 성공에 대한 인정, 긍정확언, 개인적인 성찰과 성찰의 공유' 등은 가면증후군에서 보이는 자신감 저하를 예방하는 것으로 나타났다.

결론적으로 번아웃이 자율성과 소속감과 역량 부족으로 인해 발생한다면, 번아웃을 해결하는 방법은 그 반대가 될 것이다. 즉, 의사들이 자율성을 되찾고, 소속감을 깊이 느낄 수 있고, 역량 인식

---

20 Michael Gottlieb et al., "Imposter Syndrome among Physicians and Physicians in Training: A Scoping Review," Medical Education 54, no. 2(February 2020): 116-24, https://doi.org/10.1111/medu.13956.

을 높일 수 있는 환경을 만드는 것이다. 다행히 자율성과 소속감, 역량을 찾은 의사들의 이름이 있다. 바로 자기결정성이 높은 의사^{Self-Determined Physician}다.

02

자기결정성의
ABC

The ABCs of Self-Determined Physicians

"통제는 순응으로 이어지고 자율성은 참여로 이어진다."

– 다니엘 핑크(Daniel H. Pink) –

1970년대에 에어뉴질랜드에서 남극 여행 상품을 출시했다. 결과는 대히트였다. 왕복 항공권은 오늘날의 시세로 하면 1인당 약 400달러에서 2,000달러 정도였다. 퍼스트클래스 항공권을 사면 이전에는 결코 경험할 수 없었던 경치를 감상할 수 있었다. 남극에 인접한 큰 해역인 맥머도만McMurdo Sound의 상공을 비행하면서 뉴질랜드 해안선과 남극의 설경까지 볼 수 있었다. 제일 좋은 부분은 남극의 극한을 감당할 필요 없이 그저 럭셔리한 좌석에 앉아 편안하게 이 모든 것을 즐길 수가 있다는 사실이었다.

1979년 11월 28일, 짐 콜린스Jim Collins 기장이 에어뉴질랜드 901편 항공기에 올라 오클랜드를 이륙하여 역사상 가장 유명한 에어뉴질랜드 남극 여행을 떠났다. 그날따라 구름대가 상공을 뒤덮고 있었다. 이륙 후 4시간쯤 지났을 때, 샴페인 잔을 손에 든 승객들에게 최고의 경치를 선사하기 위해서 콜린스 기장이 하강 비행을 시작하자 승객들은 일제히 환성을 질렀다. 901편은 맥머도만 상공을 두 차례 크게 선회하였다. 승객들이 숨죽인 채 기다리는 동안 마침내 구름이 걷히기 시작했다. 곧 보게 될 광경에 대한 승객들의 흥분이 공중에서도 느껴질 정도였다.

최상의 시야를 확보하기 위해 항공기가 2,000피트를 하강 비행하던 바로 그때, 901편 조종석에서 지상근접경고시스템Ground Proximity Warning System, GPWS이 울리기 시작했다. 짐 콜린스 기장과 그레그 카씨Greg Cassi 부기장은 당황했다. 맥머도만 상공 2,000피트에 있는데, 왜 지상근접경보가 울리는 것일까? 하지만 GPWS는 계속 울려댔다.

비행기록장치The flight recorder에 충돌의 순간이 고스란히 기록되었다. 그리고 이내 고요함이 이어졌다.

1979년 이 운명의 날에 901편 항공기에 탑승했던 총 237명의 승객과 20명의 승무원이 전원 사망했다. GPWS가 울리고 비행기가 해발 12,500피트 높이의 에러버스 산과 충돌하기까지 걸린 시간은 불과 6초였다. 흥분과 재앙 사이의 시간은 단 6초였다.

많은 이들이 그러했듯, 어떻게 이런 일이 일어났는지 궁금할 것이다. 에어뉴질랜드는 2년 넘게 아무런 사고 없이 운항하고 있었는데, 하필 그날 257명이 사망하게 된 원인은 무엇이었을까? 승무원들은 맥머도만의 아름다운 경관을 향해 가고 있다고 기대했을 텐데, 어떻게 목적지에서 동쪽으로 27마일(약 43km)이나 떨어진 활화산에 충돌할 수 있었을까?

답은 당일 아침의 좌표 변경에 있었다. 비행기술관이 시스템에 보였던 타이핑 오류를 수정하기 위해 좌표를 수정했던 것이다. 그렇게 해서 생긴 좌표의 차이는 사실상 미미했다. 그러나 결과는 참혹했다. 비행기술에는 '60대 1'이라는 유명한 규칙이 있다. 항공기가 의도한 좌표에서 1도 벗어나면, 60마일(약 96.5km)을 비행할 때마다 목표 지점에서 1마일(약 1.6km)씩 벗어난다는 규칙이다. 예를 들어 로스앤젤레스국제공항^{LAX공항}에서 존F.케네디국제공항^{뉴욕의 JFK공항}으로 가는 비행의 경우, 목표 좌표를 단 1도만 변경해도 원래 의도한 목표 지점에서 40마일 이상 멀어진다는 뜻이다(두 공항 간 비행거리는 3950km로 약 2454마일이다). 빅애플^{Big Apple, 뉴욕시 별명} 대신 슬리피홀로^{Sleepy Hollow, 뉴욕주 도시}나 코네티컷주의 그리니치에 착륙할 생각이라면 크게 문제될 건 없다.

에어뉴질랜드 901편 항공기의 목표 지점이 의도한 항로에서 약간 벗어났기 때문에 항공기는 4시간 후 결국 원래 가려던 목표 지점에서 27마일 떨어진 동쪽에 있었다. 1979년 11월 28일 짙은 구름으로 인해, 비행기가 원래 있어야 할 곳에 있었다면 존재하지 않았을 화산을 볼 수 없게 되었다. 그러나 그들은 원래 있어야 할 곳에 있지 않았고, 그들의 시야는 완전히 가려져 있었다. 승객들이 랜드마크를 더 잘 볼 수 있도록 비행기가 하강했을 때 그곳은 기대했던 맥머도만 해역의 상공이 아니었다. 대신 그로부터 27마일 떨어져 있는 동쪽이었고, 거기에 에레버스 산이 있었던 것이다. 에레버스 산에서 일어난 이 사고는 뉴질랜드 역사상 최악의 평시 비극이었다.

여기서 배워야 할 교훈이 있다. 의도한 경로에서 조금만 벗어나면 심각한 결과를 초래할 수 있다는 것이다. 선한 의도라도 단기적으로 표적을 조금만 이탈하면 장기적으로는 막대한 대가를 치를 수 있다. 처음에는 그 차이가 작아 보여도 그 상황이 계속되면 치명적인 결과를 초래할 수 있다. 의료계 역시, 관리자들의 선의로 시작한 일이 초점을 벗어나면 장기적으로 그렇게 된다는 같은 교훈을 학습한 상태다. 우리는 지금 분수령에 서 있다. 경보가 울리고 있다. 이제 의료계의 에레버스산을 피하기 위한 선택의 순간에 직면해 있다.

동기의 소멸

수년 동안 대다수 의료기관의 초점은 수익을 유지하는 데 맞춰져 있다. 실제로 경영자들이 공통적으로 인용하는 말은 "수익이 없으면 사명도 없다!"라는 말이다. 이것은 리더들이 수익 우선 모델을 옹호하기 위해 자주 활용하는 논리다. *우리가 영업 이익을 내지 못하면 의료 직역의 종사자들이 행복하든 말든 누가 신경을 쓰겠는가? 그리고 일자리가 없어지면 불행해지는 것 아닌가?*

닭이 먼저인가, 달걀이 먼저인가? 의료에서 수익을 내는 데 초점을 맞춰야 사람들도 신경 쓸 수 있는 것인가? 아니면 그와는 반대로, 일선의 의료종사자들을 신경 써주면 그 결과로 수익이 따라오는 것인가? 사소한 일에 지나치게 몰두하는 것처럼 보일 수 있겠지만 901편 항공기 사례에서 알 수 있듯이 목적지를 정확히 하지 않으면 치명적인 결과를 초래할 수 있다. 의료계에서 사람보다 이익을 중시하다 보니 의사의 50%가 동기를 완전히 상실하는 데까지 이르렀다. 또한 우리는 하루 평균 1명의 의사가 자살로 생을 마감하는 등 의료계에 우울증과 자살 발생률이 전에 없이 높아진 것을 목도하고 있다.[21]

---

21   Claudia Center et al., "Confronting Depression and Suicide in Physicians: A Consensus Statement," JAMA 289, no. 23(June, 2003): 3161-66, https://doi. org/10.1001/jama.289.23.3161.

번아웃을 처음 명명한 프로이덴버거는 번아웃을 "동기와 인센티브의 상실"이라고 정의한 바 있다. 번아웃의 결과가 동기 상실이라면 애초에 동기가 어디에서 오는지 파악해보는 것도 의미가 있겠다. 동기를 이해하려면 동기의 두 가지 유형, 즉 외적 동기와 내적 동기에 대해 살펴볼 필요가 있다.

의료 분야에서는 목적을 달성하면 인센티브가 주어지고 그렇지 않으면 그에 상응하는 결과가 따른다. 외적 동기 중에서 당근에 해당하는 것은 급여 인상을 통한 보상이라든지, 고용주나 근무기관이 제시한 지표를 달성하였을 때 주어지는 인센티브 제도나 보너스 제도를 통한 보상이 있다. 그 외에 포상, 칭찬 또는 대중적 인지도 상승이 있다. 마케팅에서 당근의 예는 하나 사면 하나를 얹어주는 '1+1^{Buy One Get One, BOGO}' 판매다. 또는 최신 자동차나 트럭에 TV 스크린을 달아서 생산자 권장 가격의 10%를 할인해주는 판매 등이 있다. 스포츠와 엔터테인먼트 산업에서 당근의 예는 트로피나 플래티넘 레코드 같은 것이다.

보상, 보너스, 대중적 인기가 외적 동기 가운데 당근의 역할을 한다면 부정적인 외적 동기는 채찍 역할을 한다. 제시된 지표를 충족시키지 못했을 때 의료서비스의 질관리 점수가 깎이는 것도 여기에 해당된다. 또한 CMS^{Centers for Medicare&Medicaid Services}에서 의무기록에 관해 질의하고 일부에서 기준 미달사항을 발견하였을 때 손실되는 돈도 해당된다. 일부 병원 문화에 있는 것처럼 일정한 목표가 달성되지 못했을 때 공개적으로 수치심을 유발하거나 실직의 위협을 가하는 것도 이에 해당한다.

이와 반대로 내적 동기는 우리로 하여금 일을 잘하라고 추진시키는 동기로서 내면에서 우러나는 것이다. 내적 동기는 일종의 참여로서 병원관리자 편에서도 바라 마지않는 것인데 실제로는 이걸 줄이는 경향성을 끝없이 보여주고 있다. 《드라이브Drive[22]》의 저자 다니엘 핑크는 내적 동기에 대해 이런 말을 했다. "인간에게는 자율적이고, 자기결정적이며, 서로 연결되고자 하는 인간 본연의 내적 추동이 있다. 이것이 해방되면 더 많은 것을 성취하고 더 풍요로운 삶을 살게 된다."

프로이덴버거가 동기의 상실을 야기하는 것으로 번아웃을 언급했을 때, 그 역시 다니엘 핑크가 설명한 내적 동기의 상실을 의미했을 것이다. 《드라이브》 책에서 핑크의 요점은 에드워드 데시와 리차드 라이언이 1970년대에 수행한 연구에 근거하고 있다. 이 연구에서, 오늘날 자기결정성 이론Self-Determination Theory으로 알려진 이 이론을

22　다니엘 핑크, 《Drive 드라이브: 창조적인 사람들을 움직이는 자발적 동기부여의 힘》, 청림출판(2011).

처음 설명하였다.[23] 자기결정성 이론의 핵심요소는 자율성autonomy, 관계성relatedness(나는 이것을 소속감belonging이라 하겠다), 역량(competence, 유능함) 이 세 가지다. 자기결정성 이론의 ABC라고 생각하면 된다[그림 2]. 하나씩 차례로 살펴보자.

〔그림 2〕 자기결정성 이론의 ABC

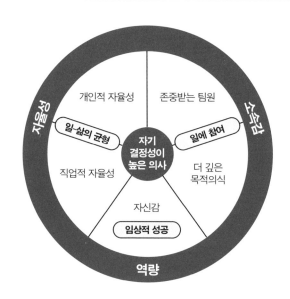

---

23 자기결정성 이론(Self-Determination Theory, SDT)에 대해 자세히 알아보려면 다니엘 핑크의 책을 참고하거나 https://selfdeterminationtheory.org/를 방문하기를 권한다.

자율성

개인의 자율성은 부당한 영향이나 강압 없이 자신의 삶을 살아가는 방식을 선택할 수 있는 자유다. 이러한 자율성의 정의는 삶에서 계획과 운명에 대한 통제권을 우리가 가진다는 것을 의미한다. 이를테면, 티볼 게임이나 연주회에 가고 싶으면 그렇게 할 수 있다. 또한 배우자와 데이트 약속이 있을 때, 병원이나 클리닉에서 일하다 매번 늦어서 47번째로 지각하는 일도 없다.

그런데 이 자율성은 환자 진료로도 확장된다. 이 경우 직업적인 자율성이란 관리자나 보험회사 또는 시스템 문제 때문에 방해받지 않고 우리가 생각하는 최선의 진료를 환자에게 할 수 있는 것이다. 유일하게 영향을 줄 수 있는 사람은 환자이며, 환자 역시 보호받아야 할 자율성을 가진다.

이 렌즈를 통해 상황을 바라보면 번아웃된 의사들이 왜 내적 동기의 상실을 경험하는지 쉽게 알 수 있다. 퇴근해서 집에 갈 시간을 정해둘 수 없음은 물론이고 보험회사에 급여를 받기 위해 청구할 때 반드시 체크해야 하는 항목까지, 일선 의사들이 스스로 알아서 할 수 있는 일이 거의 없는 게 현실이다. 이뿐만 아니라 환자에게 필요한 진단이나 치료를 제공하려면 그 전에 보험회사나 약제과의 직원 또는 관리자와 실랑이를 벌여가며 사전 승인 및 허가를 받아야 한다. 여기에 더해 EMR로 인해 생기는 수많은 시스템상의 제한사항까지 있다.

흥미롭게도 연구에 따르면 당근과 채찍에 속하는 외적 동기유발 요인과 자율성 사이에는 연관성이 있는 것으로 밝혀졌다. 외적 보상이나 처벌을 받는 경우, 우리는 옳은 일을 하려는 내적 추동에 의해서 움직이지 않고 그 보상 때문에 뭔가를 하거나 하지 않게 되는 기분을 느끼게 된다. 달리 말하면, 외적 동기유발 요인은 자율성을 떨어뜨린다. 이는 금전적인 보상에 대해서도 마찬가지다. 일단 적정 수준의 임금을 받고 있으면 그 이상의 금전적 보상이 자율적인 참여나 내적 동기의 개선을 끌어내지 못한다. 행동경제학 연구에 따르면 급여가 인상된다고 해서 장기적인 만족도나 행복감이 높아지지는 않는다. 정당한 임금을 받고 있다면 추가로 금전적인 당근과 채찍류의 동기유발을 시도해도 실제 참여도는 떨어진다. 그 이유는 보상을 받을 수 있는 기준이 개인의 내적인 자율적 목적이 아니라 외부의 권위에 의해서 책정된 것이기 때문이다.

안나 루스처럼 우리도 다 큰 성인으로서 스스로 알아서 하도록 맡겨주기를 원하는 것이다. 자율성에 대한 인간 본연의 욕구를 연구한 분야는 다양하다. 학술지 〈백신Vaccine〉에 6,000명 이상을 대상으로 한 것과 8,000명 이상을 대상으로 한 두 개의 대규모 연구가 실렸는데 이 연구들이 밝힌 바로는, 자율성 부족이 저조한 코로나19 백신 접종률과 상관성이 있었다.[24] 백신 접종 의무화에 반대한다는 뜻은 물론 아니다. 다른 사람에게 뭘 해야 한다고 말하면 이 말이 자율성에 대한 공격이 된다는 뜻이다. 그러니 사람들이 좀 머뭇거린다고 해서 놀라지 말자. 인간은 본질적으로 누가 시키는 대로 하는 것을 싫어한다.

의학 분야에서도 자율성의 결여와 의사의 웰빙 사이의 관계 역시 정립되어 있다. 미국의학협회American Medical Association, AMA 의사 마스터 파일Physician Masterfile을 활용해서 2,000명이 넘는 의사들을 조사한 연구가 학술지 〈의료서비스연구 및 검토Medical Care Research and Review〉에 발표되었다.[25] 일리노이 대학교 소속 연구자들은 자율성 감소가 번아웃과 우울증 그리고 의료계를 완전히 떠나려는 의도의 증가와 관련이 있다고 밝혔다. 반면에 자율성의 증가는 직장에서의 웰빙 증가와 관련이 있었다. 내적 동기부여는 직업적 건강 악화를 예방하는 효과가 있는 것으로 나타났다. 즉, 의사에게 자율성이 많을수록 건강이 더 좋아질 가능성이 높아진다.

24 Mathias Schmitz et al., "Predicting vaccine uptake during COVID-19 crisis: A motivational approach," Vaccine 40, no. 2(January 2021): 288-97, https://doi.org/10.1016/j.vaccine.2021.11.068.

25 Arlen Moller et al., "Motivational Mechanisms Underlying Physicians' Occupational Health: A Self-Determination Theory Perspective," Medical Care Research and Review 79, no. 2(April 2021): 255-66, https://doi.org/10.1177/10775587211007748.

소속감(관계성)

지금은 악명 높은 밀그램 실험에서 예일대학교의 심리학자 스탠리 밀그램은 복종과 심리의 연관성을 연구했다. 제2차 세계대전을 염두에 두고 실시한 1963년 밀그램의 연구는, 다른 면에서는 정상적으로 보이는 독일 시민이 어떻게 유대인 학살에 연루될 수 있는지에 대해 조사한 것으로, 다시 말해 선량해 보이는 사람들이 왜 그런 잔혹한 짓을 했는지 연구한 것이다.

밀그램 연구의 참여자들은 모자 속에서 이름을 뽑아 자기가 학습자 역할을 할지, 교사 역할을 할지 정했다. 이들에게 미리 알리지는 않았지만 확률은 정해져 있었다. 학습자 역할은 연구팀에서 미리 정한 구성원 또는 배우가 연기하기로 되어 있었고, 연구 참여자는 밀그램 연구에서 모두 교사로 예정된 상태였다. 참여에 대한 보상으로 4달러 50센트를 지급한다는 약속을 받은 상태였고, 이는 오늘날의 가치로 20달러 정도의 액수다.

이후 학습자와 분리된 공간에서 교사들에게 일련의 스위치가 달려 있는 배전반을 사용하는 방법을 교육했는데, 이는 학습자에게 부착한 납을 통해 전기충격이 가해지게 되어 있었다. 첫 번째 스위치는 15볼트였으며 '약한 충격'이라고 표시되어 있었다. 스위치는 전압이 갈수록 강해져서 중간 스위치는 375볼트로 '강한 충격'이라고 표시되어 있었다. 마지막 스위치는 450볼트에 'XXX'라고 표시되어 있었는데, 이는 치명적인 전압임을 나타냈다.

실험에는 제3자도 참여했는데, 흰색 가운을 입고 있었다. 밀그램의 연구에서 학습자들은 특정 단어를 기억하도록 지시받았고, 참여자들은 학습자가 실수하면 충격을 가하도록 미리 교육받았다. 학습자가 틀린 답을 말할 때마다 점점 강한 전기충격을 받도록 되어 있었다. 참여자가 더 이상 학습자에게 충격을 주지 못하겠다고 하면, 제3자인 흰 가운을 입은 권위자가 사전에 계획된 말로 참여자를 자극하게 되어 있었다. 참여자가 처음 실험 중단 의사를 표하면 "계속하세요."라고 답한다. 두 번째, 세 번째, 네 번째 중단 시도에 대해서는 각각 "당신이 계속해야만 실험을 할 수 있습니다." "무조건 계속해야 합니다." "당신에게는 이것 외의 다른 선택지가 없으니 계속하세요."라고 답한다.

참여자들은 시작할 때 어떤 시점에서든 중단할 수 있다는 교육을 받았다. 또한 흰 가운을 입은 연구원이 스위치를 대신 누르는 일도 없을 거라는 말도 들었다. 하지만 자신이 선량한 사람이라고 생각하며 실험을 시작한 참여자의 65%가 20달러의 돈을 대가로 받는 이 실험에서 계속 전기충격을 주라는 권위자의 말에 450볼트의 치명적인 전기충격을 주려고 하는 자신을 발견했다. 놀랍지 않은가?

연구 설계를 변경해서 이번 논의와 더 관련이 있는 밀그램의 두 번째 실험에서는 참여자들을 다양한 장소에 배치하여 동일한 실험을 수행했다. 첫 번째 실험에서는 권위자의 영향력에 주목했는데, 이 변형 실험에서는 충격을 받는 개인과의 근접성도 변수로 두었다. 즉, 물리적 거리에 따라서 치명적인 충격을 가하려는 의향에 영향을 미치는가?

원래 실험에서 교사(참여자)는 학습자와 분리된 공간에 있었다. 이 환경에서 참여자의 65%가 치명적인 충격을 가했다. 새로운 실험에서는 참여자들이 학습자와 같은 공간에 있도록 하여 충격을 받은 학습자들의 비명 소리를 들을 수 있었다. 학습자와 가까이 위치한 경우에는 치명적인 전기충격을 가하려는 참여자의 비율이 65%에서 40%로 감소했다. 최고치의 근접성 사례에서는 참여자에게 상대방의 손을 전기충격판에 놓으라는 지시가 내려졌다. 그리고 학습자가 시험을 치를 동안 참여자도 같은 공간에 머물렀다. 이처럼 더 가까워진 환경에서는 실험을 완료하는 비율이 더욱 감소했다. 치명적인 충격을 가하려는 의도를 보이는 참여자의 비율이 65%에서 그 절반 이하인 30%까지 감소했던 것이다.

밀그램의 실험은 단돈 20달러에 다른 사람을 기꺼이 살해할 의도가 생길 수 있다는 사실을 사람들에게 가르쳤다는 점에서 논란의 여지가 큰 비윤리적인 실험이라 여겨지지만, 여기서 몇 가지 중요한 사실을 기억해야 한다. 첫째, 선량한 사람도 열악한 문화에 속하게 되면 치명적인 충격을 가하는 등 나쁜 일을 할 수 있다는 것이다. 이를 윤리적 퇴색Ethical Fading이라고 부르는데, 이런 일이 생기면 사람들은 자신을 선량한 사람이라고 믿으면서도 자기가 인지하는 도덕 규칙에 반하는 행동을 한다. 이것은 나쁜 문화에서 일어나는 일이다. 특히 권위주의적인 인물의 지시를 받았을 때 더욱 그렇게 한다. 권위주의적인 인물이 자신의 행위주체성을 빼앗아 가는 걸 허용하게 되면, 빼앗긴 사람은 자율적인 존재가 아니라 그 시스템의 대리인이 된다. 그래서 제2차 세계대전 당시의 독일 시민들처럼 집단학살에 연루될 가능성이 생기는 것이다.

밀그램 실험에서 기억할 두 번째 사실은 함께 일하는 사람들과 거리가 멀어질수록 상대방에게 해를 끼치려는 의도를 가질 가능성이 더 높아진다는 것이다. 즉, 누군가와 물리적으로나 정서적으로 가까울수록 그들에게 해를 가하게 될 가능성이 줄어든다. 이는 의료 관리자들이 원래는 선량한 사람들인데도 자신이 이끄는 의료인들에게 큰 해를 끼칠 가능성이 있음을 설명한다. 의료계 리더들이 일선에서 일하는 번아웃된 의사들과의 근접성을 결여할수록 한때 있었던 연결성을 더 이상 느낄 수 없게 되는 것이다.

이런 선례도 있다. 2015년에 밸리언트제약Valeant Pharmaceuticals(현재 *Bausch Health*)은 환자들에게 바가지를 씌우다가 곤욕을 치렀다. 당시 밸리언트는 당뇨치료제 글루메트자Glumetza를 포함해서 약가를 인상했다가 적발되었다. 또한 주문배송 제약업체mail-order pharmacy를 설립하고 소규모 제약회사를 인수한 후 약가를 터무니없이 인상하여 투자자들을 호도했다. 예를 들어, 밸리언트는 이수프렐주Isuprel 및 나이트로프레스주Nitropress와 같은 심장질환치료제의 제조사인 마라톤 파마슈티컬스Marathon Pharmaceuticals를 사들이고 이 약의 가격을 각각 500%, 200%씩 인상했다. 환자들의 의학적 문제를 돕기 위해 시작했던 회사는 CEO였던 마이클 피어슨이 환자들과 너무 멀리 떨어지는 바람에 윤리적 퇴색이 두드러졌다. 이는 결국 수많은 환자들이 필요한 약을 살 수 없게 만드는 악한 행위로 이어졌다.

미국 증권거래위원회Securities and Exchange Commission, SEC로부터 제재를 받고 의회에 불려나간 피어슨은 약가를 부적절하게 인상한 것과 자기들이 만든 주문배송 제약업체와의 커넥션을 공개하지 않은 것에 대해 사죄했다. 결국 이 일로 인해 밸리언트는 4500만 달러의 손해를 입었다. 제약회사 규모에 비하면 솜방망이 처벌에 불과하다. 피어슨은 증권거래위원회에 25만 달러의 벌금을, 밸리언트에 45만 달러의 벌금을 납부해야 했다.

의료계의 CEO와 리더가 의료인이나 환자들과 거리가 멀어지는 상황이기 때문에 밀그램의 실험은 60여 년이 지난 지금까지도 유의미하다.

나쁜 문화와 근접성의 결여는 자기결정성 이론의 두 번째 요소인 소속감에 부정적인 영향을 끼친다. '소속감'은 심리학 문헌에서는 '관계성'으로 불리는데, 비전을 공유한 사람들과 통합하려는 자연스러운 경향성을 이른다. 그리고 이것은 두 부분으로 되어 있는데 하나는 팀의 구성원이 되는 것이고 다른 하나는 더 깊은 비전을 공유하는 것이다.

팀의 구성원이 된다는 것은, 우리의 가치를 인정하고 알아봐주는 사람들과의 관계 안에서 서로 신경 써주고 있다고 느끼는 것이다. 즉, 소속감은 걱정과 우려를 공유해도 안전하다고 느끼는 환경과 문화가 조성되어 있을 때 형성된다. 이러한 환경에서는 우리가 내는 목소리를 들어준다. 팀의 구성원으로 존중받으며, 우리 역시도 의미 있는 방식으로 팀에 기여하고 있다고 느낀다. 우리는 안전하며, 우리를 이끄는 사람들과 가까이 있다.

팀의 일원이 되어야 할 필요성은 스포츠 문헌에서도 잘 드러나는데, 여기서 소속감은 팀 동료들과의 관계뿐 아니라 팀 리더인 코치와의 관계에 따라서도 좌우된다.[26] 앞에서 언급한 의사의 자율성에 관한 일리노이 대학교의 연구에서 몰러와 동료들의 주장도 의사는

---

26 Tsz Lun Chu and Tao Zhang, "The Roles of Coaches, Peers, and Parents in Athletes' Basic Psychological Needs: A Mixed-Studies Review," International Journal of Sports Science and Coaching 14, no. 4 (July 2019), https://doi.org/10.1177/1747954119858458.

환자와 의료시스템과 같은 팀이 될 필요가 있다는 것이었다. 미국에서는 환자들이 보험을 상실하는 일이 의사의 웰빙에도 해를 끼치는데, 이는 의사들이 환자와 같은 팀이 아니라는 생각이 들기 때문이라는 것이다. 의사는 최선의 진료를 제공하기를 원하는데 보험이 없는 환자는 비용 걱정을 하는 경우가 적지 않다. 이처럼 보험환경이 열악하기 때문에 가치관이 서로 맞지 않는 것이다. 우리가 배운 대로, 선량한 사람들이 그러한 환경에 있다 보면 나쁜 일을 할 수 있다. 이처럼 소속감의 결여는 번아웃된 의사들에게서 볼 수 있는 탈인격화에 큰 영향을 미친다.

소속감의 정의에서 두 번째 부분을 생각해보자. 소속감이란 우리가 사는 세상에서 더 깊은 목적의식과 연결되어야 할 심리적 필요도 포함한다. 즉, 소속감은 세상에 변화를 가져오고자 하는 필요이기도 하다. 사람들은 자신을 포함해서 어떤 개인보다 팀의 사명이 더 중요하다고 생각한다. 가장 성공적인 군부대는 이를 잘 간파하고 있다. 네이비 실Navy Seals부터 육군 레인저Army Rangers까지 이 특수부대는 모두 전우와 형제자매 같은 깊은 소속감을 가지고 있다. 그들은 함께 먹고, 함께 생활하고, 함께 싸우면서 그들 중 어느 한 사람보다 더 큰 목적을 성취하기 위해 노력한다. 즉, 이들은 서로 가까이 있을 뿐 아니라 목적도 공유하고 있는 것이다.

여기서 이런 질문을 할 수 있다. 일하고 있는 사무실, 클리닉 또는 병원에서 더 깊은 목적의식이란 무엇인가? 팀이 함께 추구하는, 팀 전체를 아우르는 그 목적은 무엇인가? 부서장, CEO 또는 그 외 리더가 명시적으로 비전을 표명하고 어떻게 그 비전에 다가갈 것인지 밝힌 적이 있는가? 갈고닦은 능력, 에너지, 재능으로 그 목표를 달성할 자율성이 주어졌는가? 혹시 멈추고 싶을 때에도 "계속해야 한다."는 지시만 받고 있는 것은 아닌가?

리더가 비전을 전혀 제시한 적이 없다는 대답이 나오지 않는가? 설령 비전을 제시한다고 해도, 그들이 하는 말은 일선에서 일하는 의사로서 우리가 보는 행동과 완전히 대조를 이루고 있지는 않은가? 의사들이 관리자나 리더와 깊은 연대의식을 갖지 못하는 이유가 바로 그것이다. 이렇게 되면 공유한 비전은 없는 것만도 못하다. 그뿐만 아니라 우리를 이끄는 리더와의 단절은 비용도 많이 든다. 밀그램 실험에서 물리적 거리가 큰 해악을 가져온 것처럼 말이다.

의사들이 거리에서 만나도, 솔직히 말해, 자기들을 알아보지도 못할 CEO, CMO, COO, C……O가 있는 팀에 소속감을 느끼지 못하는 이유가 분명해졌다. 근접성이 없기 때문이다. 네이비 실이나 육군 레인저 같은 특수부대와 달리 우리의 리더들은 자신이 보호해야 할 의사들과 참호에 같이 있어본 적이 없다. 이따금 방문하더라도, 관리자들이 우리 세상에 들어왔을 때 하는 경험은 큐레이션된 경험일 뿐이다. 이렇게 물리적, 정서적으로 리더들과 분리되면 커다란 불협화음이 일어난다. 그래서 그들은 의사들이 모든 문제로 비난하기 쉬운 표적이 된다. 밀그램 실험에서도 보았듯이 더욱 염려되는 점은 의사와 리더 사이의 거리감으로 인해 선량한 관리자가 치명적인 분위기를 만들어서 그렇잖아도 부족한 의사들의 자율성과 소속감을 더 약화시키는 상황으로 몰고 갈 수 있다는 것이다. 사실 이런일은 오늘날 이미 너무 많이 경험하고 있다.

필독할 만한 책인《리더는 마지막에 먹는다Leaders Eat Last[27]》의 저자이자 사상가인 사이먼 시넥은 이렇게 지적한다.

> "리더들이 자신의 위치에서 위계상의 과시적인 요소를 누릴 수 있다면 우리는 그 반대급부로 우리를 보호해 주리라는 기대를 하게 된다. 문제는 고액 연봉을 받는 리더들이 (우리가 알다시피) 돈과 비금전적인 여러 혜택은 (취하면서도) 자기 사람들을 (보호하지 않는다)는 사실이다. 심지어 때로 그들은 자신의 이익을 지키고 늘리기 위해 자기 사람들을 희생시키기도 한다. 우리를 감정적으로 해치는 것이 바로 그런 것이다. 우리 (피고용인들)은 리더들이 '리더란 무엇인가'라는 바로 그 정의 자체를 어기고 있다고 느낄 때 그들의 탐욕과 지나침을 비

---

27   사이먼 시넥, 《리더는 마지막에 먹는다》, 36. 5 (2014).

난하는 것이지 다른 게 아니다."

번아웃된 의사들이 소속감의 결핍을 경험하는 것은 바로 시넥이 지적한 소속감과 보호의 부재 때문이다. 의사들은 존중받고 가치를 인정받는 팀원이 된 기분을 느끼는 대신, 밀그램 실험에서 전기충격을 받는 학습자 같은 기분을 느끼는 것이다. 길을 선도하고 지도하라고 급여를 받는 리더들과 공통의 비전을 공유하지 못하고 있음이 틀림없다.

역량 인식 perceived competence

지금까지 자기결정성 이론의 요소 중 자율성과 소속감을 논의했다. 세 번째 요소는 '역량'이다. 역량은 전문직에 속한 기술의 습득 정도라고 할 수 있다. 우리가 이 기술을 숙달했다고 인식할 때(즉, 임상적 자신감) 이것은 내적 동기의 강력한 추동으로 작용한다.

그렇다면 의료에서 역량을 인식하는 경우는 의사로서 환자를 진료하는 기술과 과학을 모두 숙달했다고 느끼는 때가 될 것이다. 의료 환경이 계속 변화하는 점을 감안하면 우리 중 누구도 완전히 숙달하는 일은 없겠지만(그래서 의료를 'practice' 한다고 말하는 게 아닐까) 자신감과 역량은 자기결정성이 높은 의사가 되는 데 중요한 요소다.

자기결정성은 의학 문헌에서도 나름 논의가 되고 있는데 의학교육자들은 수련 중인 의사 지망생들이 자율성, 소속감, 역량을 배양하는 길을 찾아주어야 할 과제를 안고 있다. 학술지 〈메디컬 티처 Medical Teacher〉에 게재된 제임스 와그너의 논문에서 와그너와 동료들이 입증한 사실에 따르면, 의과대학의 학습 공동체에서 만족을 가져오는 두 가지 요인이 있다.[28] 첫 번째는 공동체 의식의 향상이라고 할 수 있는 '캠퍼스 참여Campus Engagement'로, 이는 앞서 논의한 소속감과도 연관된다. 와그너가 말하는 두 번째 요소는 '기술 개발'을 포함한다. 이것을 통해 학습자는 더 나은 의사가 되고 있다고 느낀다. 즉, 일이 요구하는 역량 측면에서 스스로가 유능하다고 느낄 때 이것은 참여engagement로 이어진다. 참여를 통해 우리는 의과대학의 적극적인 교수 환경teaching environment에서 지속적으로 배움으로써 좋은 의사가 되어가는 것이다.

의료 영역에서도 역량에 자신감을 가지는 것과 정반대 상황인 가면증후군을 볼 수 있다. 가면증후군이란 객관적인 증거로는 그렇지 않음에도 자신이 다른 사람보다 못하다고 믿으며 자신감이 부족한

---

28 James Michael Wagner et al., "Benefits to Faculty Involved in Medical School Learning Communities," Medical Teacher 37, no. 5 (May 2015): 476-81, https://doi.org/10.3109/0142159X.2014.947940.

상태다. 특히 경력이 얼마 되지 않았거나 리더십 역할을 처음 맡은 의사들은 이 가면증후군으로 인해 일을 즐기지 못하는 경우가 많다. 이런 상태가 되면 환자의 결과가 좋지 않은 경우, 그 결과가 자신의 판단이나 진료와는 전혀 무관한데도 자신의 탓으로 돌릴 가능성이 높다. 코미디언인 드미트리 마틴Demetri Martin이 지적하듯이, 장례식장만 아니면 "미안합니다."라는 말과 "제가 잘못했습니다."라는 말은 같은 뜻이다. 안타깝게도 가면증후군으로 고통받는 의사들에게 이 말은 전혀 웃긴 소리가 아니다. 자기결정성을 높이려면 의사도 자신의 임상 능력에 대한 자신감을 가져야 한다. 자신감과 역량의 결합이 자기결정성의 마지막 세 번째 요소인 역량 인식을 만들어내는 것이다.

번아웃과 자기결정성

번아웃된 의사는 개인적 자율성과 직업적 자율성, 둘 다의 부족으로 인해 정서적 소진을 경험한다는 것을 확인했다. 그러나 자기결정성이 높은 의사는 두 영역에서 충분히 자율적이다. 번아웃된 의사는 소속감과 연민의 상실로 인한 탈인격화depersonalization를 겪는다. 자기결정성이 높은 의사는 자신의 팀과 이러한 공동체 안에서의 더 깊은 목적의식, 이 두 가지 측면 모두에서 의미 있는 소속감을 가지고 있다. 마지막으로 번아웃된 의사는 성취감이나 역량 인식을 다 상실한 상태인 반면, 자기결정성이 높은 의사는 자신감이 넘치고 일에서도 역량을 발휘한다.

이와 같이 번아웃된 의사와 자기결정성이 높은 의사는 스펙트럼의 양극단에 있다는 것을 알 수 있다. 번아웃이 질병이라면 가장 건강한 것은 자기결정성이 높은 상태다. 그렇다면 우리의 목적은 의료 분야에서 자율성, 소속감, 역량을 경험하는 자기결정성이 높은 의사를 양성하는 시스템과 문화를 만들어가는 것이다.

그런데 이 일은 제도적인 차원에서나 개인적인 차원에서 다 같이 일어나야 한다. 그래야만 의료 분야에서 의사의 번아웃을 일으키는 전반적이고 체계적인 요인을 무너뜨릴 수 있기 때문이다. 이를 위해서는 의료계의 지향점도 이윤을 우선시하는 모형에서 벗어나 이윤보다 사람의 가치를 우선하는 문화와 환경으로 나아가야 한다.

03

이윤보다
사람

People over Profit

> "충분히 중요한 일이라면
> 가능성이 당신 편에 있지 않더라도 그 일을 하라."
>
> – 일론 머스크(Elon Musk) –

1912년 4월 14일에 태어난 제임스 블레이크는 1943년 육군에 징집되었다. 복무를 마치고 제대한 블레이크는 앨라배마주 몽고메리에서 버스 기사로 1950년대를 보낸다. 당시 몽고메리 버스 기사는 두 목적지 사이를 오가면서 승객을 실어 나르는 일만 하는 게 아니었다. 이들은 경찰력을 부여받아 지역의 법과 정책을 집행하는 일까지 했다.

블레이크는 버스 운전을 하던 중 세탁소를 가던 흑인 여성 루실

타임스의 차를 여러 차례 길에서 비켜나게 만든 사건으로 처음 파문을 일으켰다. 블레이크는 실랑이를 벌이다가 결국에는 타임스의 차를 가로막아 움직이지 못하게 했다. 버스에서 내린 블레이크는 잔뜩 흥분해서 "이 개자식 같은 검둥이"라고 부르며 타임스에게 소리를 질렀다. 그러자 타임스도 블레이크를 "이 개자식 같은 흰둥이"라고 부르며 이내 한바탕 싸움이 벌어졌다. 오토바이를 탄 경찰관 두 명이 현장에 나타날 때까지 싸움은 계속되었다. 이때 경찰관 중 한 명이 그녀에게 "겁도 없이 백인 남자와 싸움을 하다니, 당신이 남자이기만 했어도 내가 당신의 머리통을 박살 내주었을 거요!"라고 말했다.[29]

블레이크와 타임스의 이날 언쟁은 흑인 인권운동의 도화선이 되었고, 결국에는 블레이크가 로자 파크스와 만나는 더 유명한 사건으로 이어진다.[30] 1955년 12월 1일, 로자 파크스는 힘든 하루 일과를 마치고 블레이크의 몽고메리 버스에 탑승해 '유색인종' 구역에 자리를 잡았다. 그날따라 버스는 혼잡했다. 다음 정류장에서 한 백인 남성이 탔을 때는 백인 좌석이 이미 다 차 있는 상태였다. 그때 블레이

29 "Lucille Times obituary," The New York Times, August 22, 2021, https://www.nytimes.com/2021/08/22/obituaries/lucille-times-dead.html.

30 "Rosa Parks," History.com, January 19, 2022, https://www.history.com/topics/black-history/rosa-parks.

크는 '유색인종' 구역의 좌석 한 줄은 백인 승객을 위해 비워야겠다는 결정을 내린다.

블레이크는 유색인종 구역의 첫 줄에 앉아 있던 네 명의 흑인 승객에게 자리에서 일어나 버스 뒤쪽으로 이동하라고 요구했다. 몽고메리에서는 흑인 승객들이 이런 인종분리 정책을 익히 경험하던 터였기에 새로울 것도 없는 상황이었다. 그날 흑인 승객들은 굳이 맞서 싸울 가치가 없다고 생각했다. 그래서 자리에서 일어나 버스 뒤쪽으로 갔다. 그러나 한 사람은 예외였다.

로자 파크스도 같은 줄에 앉아 있었지만 움직이지 않았다. 그녀는 이미 충분히 당했다고 생각했다. 세 명의 흑인 승객은 블레이크의 말대로 움직였지만 로자는 그러지 않은 것이다. 전미 유색인 지위 향상 협회National Association for the Advancement of Colored People, NAACP의 서기였던 그녀는 당시 몽고메리 버스 노선에서 이런 일이 자주 발생한다는 것을 알고 있었으며, 블레이크와 루실 타임스와의 이전 언쟁도 알고 있었다. 이런 일에 그녀는 진력이 났다. 로자는 그동안 수많은 친구와 가족이 가지고 있던 피해자 마인드셋victim mindset을 청산할 때가 되었다고 판단했다.

파크스에게는 피해자 마인드 대신에 옳다고 여기는 것을 위해 버틸 용기와 힘이 있었다. 그래서 그 결과도 감내할 수 있었다. 더 이상 참을 수 없는 것은 인종차별적인 환경이 계속되는 것이었다. 짐

크로 분리 시대Jim Crow segregation era는 그녀와 그녀의 친구들에게 고통 말고는 가져다주는 게 없었다.

1955년 그날, 로자 파크스는 외부 환경의 피해자가 되기를 거부하는 동시에 우리 이야기의 주인공이 되어주었다. 로자 파크스는 무기력을 느끼지 않기로 결단했다. 그녀는 자신에게 불리한 상황에서 두 자율성을 되찾았다. 로자 파크스에게 대다수 사람들이 압박에 굴하는 모습을 보고도 냉정하고 차분할 수 있는 초능력 같은 힘이 있었던 걸까? 아니다. 그녀는 많은 사람들이 우리에게 가르쳐준 것이 무엇인지 알고 있었다. 그건 바로, 외부 상황이 우리 내면에 해악을 일으키게 두지 않고 자율성을 위해 싸울 수 있다는 사실이었다.

로자 파크스의 사례에서 번아웃된 의사들이 배울 수 있는 것은 무엇일까? 의료시스템이 의료인들을 계속 우선순위의 맨 뒤에 둔다고 해서, 그렇게 내버려둘 필요가 없다는 사실이다. 우리 말고 다른 것이 더 중요하다는 말을 들으면서 버스 뒷자리로 가라는 말을 따라야 할 필요가 없다. 온라인 모듈, 보험 청구를 위한 사전 승인, 전자 의무기록 작성 조건, 관리자와 보험회사 등과 싸움을 벌이면서도 냉정하고 침착하며 차분할 수 있다. 바로 로자처럼 말이다.

임상의사 대다수는 "환자가 우선이다."라는 말을 믿지만, 나는 이 말이 의료계에서 가장 구태의연한 믿음 중 하나라고 생각한다. 의료에서 의사 외의 다른 모든 사람을 최우선으로 하면 실제로 최선의 환자 진료가 이루어질까? 아니, 그렇지 않다. 의사 외의 모든 것을 우선시하기 위해 의사들을 지치게 하고 의료시스템 버스의 뒷자리로 가라고 한다면 사실은 큰 해악이 유발되는 것이다.

비행기를 탈 때마다 항공업계에서 우리에게 항상 가르쳐주는 것과 같다. 그들은 다른 사람에게 도움을 주기 전에 먼저 자신의 산소 마스크를 써야 한다고 말한다. 왜 그럴까? 마스크를 쓰지 않아 저산소증으로 쓰러지면 아무도 도울 수 없기 때문이다. 의료에서도 마찬가지다. 빈 컵에서 무언가를 따라낼 수는 없는 법이다. 열심히 진료하는 의사로서 환자에게 최상의 진료를 제공하려면 먼저 우리 자신을 돌봐야 한다. 이것이 바로 다음에 논의할 '사람이 우선People First'이란 틀이 우리에게 가르쳐주는 것이다. 소속되어 있는 의료기관에서 하든 안 하든 의사 개인적으로는 이 틀에 초점을 맞출 수 있다.

무너진 시스템에서 피해자가 되길 거부하는 방법을 배우는 것은 중요한 일이다. 그런데 로자 파크스의 교훈을 통해 우리가 옳다고 생각하는 변화를 위해서 힘을 쓰고 일어설 수 있다는 것을 배우는 것도 중요하다. 의사들이 필요로 하는 변화를 위해서 말이다. 기억할 것은 우리 자신을 위해서만이 아니라는 것이다. 우리는 환자를 위해서도 일어서야 한다.

그러려면 무너진 시스템에 맞서 싸우는 방법을 배워야 한다. 우리도 로자 파크스처럼 열악한 환경에서도 나무랄 데 없는 삶을 사는 데 필요한 내적 '생각 다스리기'를 할 수 있다. 그리고 외부 상황에 맞서 싸울 때가 언제인지를 깨달을 수 있다. 로자 파크스는 희소성이 아닌 힘의 자리에서 그렇게 했다. 의사들도 그렇게 해야 한다.

전환점

미국에서 간호 인력 부족 현상은 2030년대까지 이어질 것으로 예측된다.[31] 코로나19 팬데믹으로 인해 추계된 부족분보다 더욱 악화되었다. 환자 수가 증가하고 간호 인력이 극적으로 감소하면서 병원 시스템에 중대한 문제가 발생했다. 수지타산을 엄중히 따지는 영리병원들은 출장 간호사들에게 급여를 주면서 정규 간호 인력의 부족을 빠르게 메웠다. 2021년 웹사이트 자문위원회Advisory Board에 게시된 기사에 따르면 인력기관 중에는 팬데믹이 시작된 지 2년 후에 출장 간호사 수요가 284%까지 증가할 것이라 추정했다.[32]

팬데믹 기간의 수요와 공급의 차이로 인한 경제적인 압박으로 일

---

31 Edward Mehdaova, "Strategies to Overcome the Nursing Shortage," (doctoral dissertation, Walden University, 2017), https://scholarworks.waldenu.edu/cgi/viewcontent.cgi?article=5933&context=dissertations.

32 "Helpful or Hurtful? The 'Double-Edged Sword' of Travel Nursing," Advisory Board, September 2021, https://www.advisory.com/daily-briefing/2021/09/20/travel-nurses.

부 출장 간호사의 급여가 주급 네 자리, 때로는 다섯 자리까지 올라가기도 했다. 예를 들어, 2021년 12월에 간호 인력기관 비비안Vivian은 주당 60시간 근무에 9,125달러(한화 약 1238만 원)를 지급하는 일자리를 제안했다. 이 정도 주급이면 출장 간호사 1명이 연간 26주만 일하고 20만 달러 이상을 번다는 계산이 나온다.

주 60시간 근무는 간호계의 표준 근무시간보다 훨씬 많지만 대다수 의사들의 평균 근무시간과 비슷한 수준이다. 그렇지만 연 20만 달러가 넘는 급여는 몇몇 전문의들의 수준과 같거나 오히려 상대적으로 높다. 연봉 20만 달러는 간호사 중에서도 전문간호사Nurse Practitioners, NP와 마취전문간호사CRNA를 비롯해서 아주 심화된 간호 기반 학위들과 경쟁해도 상회하는 수준이다. 그러나 더 큰 문제는 이런 급여 수준은 입찰 경쟁으로 이어졌고 결국 병원 문화를 분열시켰다는 것이다. 독자적으로 계약을 체결한 출장 간호사가 병원에서 일하고 있는 고용 간호사보다 훨씬 높은 급여를 받으면 불만이 생기는 것은 당연한 일이다. 즉, 똑같은 자격요건으로 같은 일을 하는데 누구는 출장 간호사라서 엄청 높은 급여를 받고 바로 옆에서 일하는 간호사는 훨씬 못한 급여를 받으니 이 상황은 그대로 지속되기 불가능해진 것이다. 똑같이 존중받고 인정을 받아야 하는 대상을 직접 모욕하는 결과이기 때문이다. 결국 이 병원 간호사들은 깊은 소속감을 더 이상 느끼지 못할 것이다.

사실 많은 병원에서 출장 간호사를 채용하는 것은 단기적인 필요를 충족시키긴 하지만 장기적으로는 매우 큰 비용이 발생한다. 고용된 간호사들이 같은 일을 하면서도 소속 기관에서 더 적은 급여를 받자 많은 간호사가 변화를 결심했다. 일부는 급여를 더 받기 위해 이직을 했다. 또 일부는 이 같은 형평성에 어긋나는 상황을 인식하고는 출장 간호사가 되었다가 다시 복직하기도 했다. 그런 다음 동일한 고용주 밑에서, 동일한 자리에서, 동일한 업무를 수행하면서 이전에 받던 급여의 3~4배를 더 받았다.

실제로 병원에서는 같은 사람이 같은 간호 업무를 하는데도 실질적으로 훨씬 더 많은 비용을 지불하는 경우가 많아졌다. 이것은 대차대조표에서 고용 인력이 숫자 하나인 병원 차원에서는 지나칠 수도 있는 부분이다. 출장 간호사가 단기적으로는 인력 부족을 완화시켜 주지만, 이런 임시 의료인들에게 실질적으로 더 많은 급여를 지급함으로 인해서 장기적으로는 문화를 파괴할 잠재성도 있다. 병원 관리자들은 다른 대안이 없다는 이유를 들어 출장 간호사 혹은 단기 근무자를 고용하는 결정을 정당화한다. 환자 진료가 줄어들어서 새는 돈을 지키려다가 외래와 중환자실 병동을 돌리려고 출장 간호사에게 돈을 지불하게 된 것이다. 하지만 장기적으로 봤을 때, 의도한 대로 되었는가? 임시직을 고용한 병원들이 새는 돈도 막고 장기적으로 이윤도 창출했는가?

이에 대한 답은 대개 부정적이다. 수익을 유지하려고 간호 인력을 임시방편으로 메운 병원들은 입찰 경쟁에 내몰리는 경우가 많았다. 간호사에게 의사 급여를 지속적으로 지급하는 건 불가능하다. 이 일은 심화된 진료를 제공하는 직역과 의사의 가치를 파괴하는 결과로까지 영향을 미쳤다. 이 모든 것은 장기적인 문화보다 단기적인 이윤에 주목한 결과다.

이윤에 초점을 맞추면 단기적인 수치를 개선할 수는 있겠지만 장기적으로는 재난과도 같은 결과를 초래할 수 있다는 교훈을 얻을 수 있다. 예정된 항로에서 그리 멀지 않은 곳에서 출발했지만 시간이 지날수록 코스를 점점 벗어나다가 결국에는 화산과 충돌한 에어뉴질랜드 901편을 생각해보자. 의료계도 장기적인 문화 대신 단기적인 이윤에 초점을 맞추면서 재난적인 상황을 향해 가고 있다. 피고용인의 자율성, 소속감, 역량에 초점을 맞추는 장기적인 게임 대신 분기별 또는 연간 대차대조표에 초점을 맞추는 조직은 결국 무너지고 말 것이다.

간호 인력의 부족으로 결국 자기결정의 ABC(자율성, 소속감, 역량)는 직접적인 타격을 입었다. 마취전문간호사가 예정에도 없이 갑자기 교대 일을 떠맡아야 하거나 평소보다 늦게까지 일해야 하는 상황이 되면서, 세 번째 유모를 고용해야만 하는 지치는 상황에 놓이게 된다. 삶에서 개인적 자율성을 갖지 못하는 것이다. 병원이 자율성에 대한 관심을 멈추면 의료인들은 떠난다. 만일 우리가 이 의료인들을 톱니바퀴 속의 톱니처럼 바라본다면 팀의 구성원으로서 그들이 요구하는 가치와 전쟁을 벌이는 격이 된다. 사람이 그저 대차대조표의 숫자에 불과할 때 단기적으로는 답이 쉬워 보일 수 있다. 간호사야 언제든 더 구할 수 있다고 말한다. 적어도 수술실은 돌아가고 있다고 말하나. 맞는 말이다. 돌아갈 때까지는 돌아간다. 그들의 자율성도 소속감도 다 파괴해서 그들이 다 떠나기 전까지는 돌아간다.

간호 인력 부족 사례는 간호사에 주목했지만 다른 의료인에 대해서도 같은 논리가 적용된다. 밀그램 실험에서와 마찬가지로 이윤 중심의 병원에서 일하는 관리자는 원래 나쁜 사람이 아니다. 문제는 관리자들이 일선에서 일하는 의료인들과의 근접성이 거의 없을 때 발생한다. 월별 손익계산서에 초점을 맞추면 조직은 분기별 예산을 편성할 수 있고, 연간 재무목표를 달성할 수도 있다. 그러나 이런 틀이 가진 부수적인 피해는 연이어 나타난다. 왜냐하면 의료인들의 번아웃에서 파급되는 영향 때문이다. 의사, 간호사, 또 다른 의료제공자가 이직하거나 파트타임으로 일하거나 의료계를 완전히 떠난다면 환자는 누가 돌보겠는가? 환자 수는 느는데 이들을 진료할 수가 없을 때 이윤은 어떻게 되겠는가? 직원을 구하지 못해 수술실 운영을 멈춰야 한다면? 제로로 치닫는 이 경주는 모두에게 패배를 안기는 게임이다. 이렇게 되면 기존의 의사 인력 부족과 간호 인력 부족을 악화시킬 뿐이고, 결국에는 비용이 상승하고 기관의 이윤은 감소한다.

[그림 3] 사람보다 이윤

의료문화연속선

초점을 두는 가치가 중요하다. 에어뉴질랜드 901편이 우리에게 가르쳐주었다. 이윤에 초점을 맞출 것인지 아니면 사람에 초점을 맞출 것인지 의료계 리더들이 선택하는 것이다. 랜덤화 임상시험에서처럼 본페로니 교정Bonferroni correction[33]의 대가를 치르고 싶지 않다면, 리더는 하나의 일차적인 결과만 택할 수 있다. 통계에서조차 두 개의 일차적 결과는 그 대가가 따른다는 사실을 일깨워주고 있다. 다른 결과들이 중요할 수 있어도 그것들은 다 이차적이다. 안타깝게도 대다수의 조직은 일차적인 결과로 이윤을 택한다. 사이먼 시넥이 그의 저서 《인피니트 게임The Infinite Game[34]》에서 지적했듯이 이윤을 최우선시하는 것은 새로운 일이 아니다. 밀턴 프리드먼이 쓴 1970년대의 획기적인 논문에서 시넥은 사람보다 이윤을 우선하는, 오늘날 널리 퍼져 있는 생각을 탐색한다.

실제로 프리드먼은 비즈니스의 사회적 책임은 단 하나라고 주장했다. 게임의 규칙 안에서 이윤을 늘리기 위한 활동에 자원을 운용하고 참

---

[33] 본페로니 교정: 다중비교에서 발생하는 오류를 보정하는 방법.
[34] 사이먼 시넥, 《인피니트 게임: 세상에 없던 판도를 만든 사람들의 5가지 무한 원칙》, 세계사(2022).

여하는 것이다. 즉, 프리드먼에 따르면 비즈니스의 유일한 목적은 돈을 버는 것이고 그 돈은 주주들의 것이다.

피고용인들이 일하는 문화에 초점을 맞추는 대신 이윤 증대에 초점을 맞추면 아이러니하게도 장기적으로는 이윤 감소로 이어진다. 마치 마라톤을 출발하고 처음 1마일을 전속력으로 달리는 것과 같다. 첫 1마일까지는 1위를 할 수 있겠지만 결국 다른 선수들보다 뒤처지고, 심지어 완주를 못 할 수도 있다. 달리기에서는 이를 '날다가 죽기Fly and Die'라고 부른다. 탄탄한 직장 문화를 만들기 위해 장기적으로 일관되게 직원에 초점을 맞추지 않고 이윤에만 초점을 맞춘 의료기관에서도 흔히 발생하는 일이다. 마라톤 경기에서처럼 그런 의료기관은 날다가 인수합병 거래에서 죽는다. 그리고 그 과정에서 모두를 번아웃되게 한다.

이윤에 집중하는 이유는 생각보다 자명하다. 의료계 리더도 다른 비즈니스 리더와 다르지 않다. 관리자는 손익계산서, 대차대조표, 지표, 설문조사 등 측정 가능한 것을 좋아하는 법이다. 리더는 사람보다 이윤이 더 구체적이고 객관적이기 때문에 '이윤보다 사람'이라는 틀보다는 '사람보다 이윤'이라는 틀을 선택한다. 더욱이 리더는 계획한 예산과 이익률profit margin, 이익 마진을 맞추기를 요구하는 시스템에서 일하고 있으며, 이를 맞추지 못하면 실직할 위험도 있다. 그러니까 그들이 사람이 아닌 이유에 초점을 맞추는 것은 나쁜 사람이어서가 아니다.

　의료기관이 인식하든 인식하지 못하든 모든 의료기관에는 선택권이 있다. 리더가 내리는 모든 결정은 사람에 초점을 맞추거나 이윤에 초점을 맞춘다. 리더가 어떤 결정에 표를 던지든지, 그것은 결국 (내가) '의료문화연속선'이라고 부르는 스펙트럼에서 어느 한쪽으로 조직을 밀어붙인다. 이윤에 표를 던질 때마다 리더는 의료문화연속선상에서 왼쪽으로, 그래서 번아웃된 의사를 더 많이 배출한다. 직원의 자율성, 소속감, 역량을 중시하는 표를 던지면 의료계의 리더는 의료문화연속선상을 오른쪽으로, 그래서 자기결정성이 높은 의사들을 배출하면서 조직을 이끈다. 그 어떤 조직도 모든 결정을 올바르게 할 수는 없지만 표가 하나씩 한쪽 방향으로 쌓여서 결국 하나의 문화가 만들어진다. 번아웃 때문에 의사들의 내적 동기를 소멸시키는 문화가 만들어질 수도 있고, 아니면 더 이상적으로는 의사들이 일과 삶의 균형, 업무에 적극적인 참여, 일을 잘하기 위해 더 열심히 일해야겠다는 내적 동기를 경험하는 문화가 만들어질 수도 있다.

문화 바꾸기

추상적인 것을 구체화하는 노력으로 어떻게 하면 의료문화연속선상에서 문화를 왼쪽이나 오른쪽으로 바꿀 수 있는지 질문할 수 있다. 답은 이미 당신에게 있다. 이윤에 집중하거나 사람에 집중하면 된다. 이러한 선택이 어떤 결과를 초래하는지 알아보기 쉽도록 시각적으로 표현한 내용에서 확인할 수 있다[그림 4].

왼쪽은 대다수 병원에서 사용하는 '사람보다 이윤Profit over People'이란 틀로, 의료문화연속선상에서 번아웃 방향으로 이끄는 조직이다. 장기적인 결과는 고려하지 않은 채 출장 간호사의 인건비를 써가면서 단기전을 할 때 사용하는 모형이다. "병원에 불을 계속 켜지 못하면 직원들에게 급여를 줄 수 없다."라고 말하는 병원이다. 이윤 모형 쪽으로 표를 던질 때마다 자율성, 소속감, 역량을 필연적으로 감소시키는 문화가 만들어지고 이 치명적인 3중의 최종적 결과는 번아웃된 의사들과 간호사들이다. 그렇게 되면 번아웃으로 인해 적극적인 업무 참여가 줄어들고 의사 턴오버가 늘어나며 의료기관의 비용이 증가한다. 문화를 번아웃 방향으로 틀다보면 원래 이 모형이 추구하던 바로 그 이윤마저 줄어드는 결과가 되는 것이다.

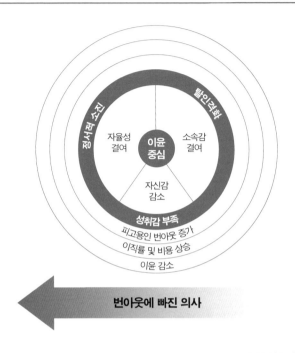

사람보다 이윤(이윤이 없으면 사명도 없다)

[그림 4] 의료문화연속선(Healthcare Culture Continuum)
© 제임스 터너, 2022 *The Physician Philosopher*[35]

---

35 위에 표시된 의료문화연속선은 의사 중심으로 되어 있으나 간호사, 직원 등 모든 의료인에게 적용이 가능하다. '의료 제공자'라는 단어는 리더 직책이 아닌 의사들이 다 싫어하는 용어이긴 하지만, 연속선상에 이 용어를 써서 한쪽에는 번아웃에 빠진 의료 제공자, 다른 한쪽에는 자기결정성이 높은 의료 제공자라고 해도 될 것이다.

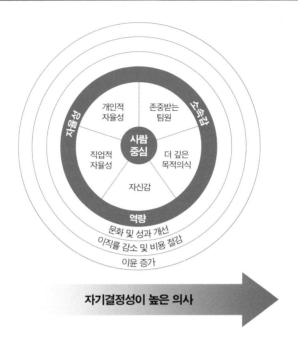

오른쪽은 '사람이 먼저People First'란 틀로, 의료문화연속선상에서 자기결정성이 높은 방향으로 이끄는 조직이다. 의료의 문화를 바꾸고 개별 의사들에게 권한을 위임하는 열쇠를 가진 모형이다. 직원에 집중하는 틀을 운용함으로써 리더는 자기결정성의 세 가지 가치에 집중하게 된다. 그렇게 함으로써 문화와 환자의 치료 결과가 개선되고, 의사 이직률 및 비용이 감소하며, 궁극적으로는 의료 리더들이 그토록 원하던 이윤 증가가 따른다. 이윤 증가는 사람 우선 정책의 당연한 부산물이다.

옥스퍼드 사전에서는 '초점'을 관심 또는 활동의 중심으로 정의한다. 각 병원마다 하나의 보편적인 초점이 있다. 이윤에 초점을 두는 병원이 있는가 하면 사람에 초점을 두는 병원도 있다. 그러니 두 가지 모두에 초점을 맞출 수는 없다. 러시아 속담에서 말해주듯 "두 마리 토끼를 잡으려다가 한 마리도 못 잡는다." 모든 의료기관의 목표는 직장 문화를 연속체의 오른쪽으로, 즉 자기결정성이 높은 직원을 만드는 방향으로 바꾸는 것이어야 한다. 이를 위해 조직은 직원들이 신뢰하는 문화를 조성하는 데에 면밀하게 초점을 맞추어야 한다. 이런 것에 가치를 둔다고 말하는 것과 이를 실현하는 것은 별개의 문제라는 것을 알 것이다.

의료기관이 어디를 목표로 가고 있는지 모른다면 어떻게 목표를 달성할 수 있겠는가? 회의에 모인 많은 병원관리자들에게 눈을 감고 손가락으로 북쪽을 가리켜보라고 하는 것과 마찬가지로, 나중에 눈을 떴을 때 강당에 있는 다른 사람들이 완전히 다른 방향을 가리키고 있더라도 놀라서는 안 된다. 실수로 문화를 오른쪽으로 바꾸는 목표를 일관되게 달성할 수는 없다. 의도적인 초점이 필요하다. 리더들이 자신을 위해 일하는 의료종사자들에게 의도적으로 시선을 고정한다면, 그들은 마치 바넘PT. Barnum36처럼 태양을 향해 발사했는데 별들 사이에 착륙한 것 같은 기분을 느끼게 될 것이다.

'사람이 우선' 틀은 기관 차원에서나 개인 차원 양쪽에 모두 적용할 수 있다. 기관 차원에서 직원에 초점을 맞추는 마인드셋은 자율성과 소속감, 역량을 고취하는 문화와 시스템을 구축하는 것을 목표로 한다. 이처럼 의사의 웰빙에 초점을 맞추면 이 틀의 주요 부분을 둘러싼 동심원에 의해 보이는 파급 효과가 만들어진다. 자율성, 소속감, 역량을 경험하는 의사가 많아질 때 자기결정성이 높은 의사들이 더욱 많아진다. 자기결정성이 높은 의사는 더 나은 웰빙과 더욱 적극적인 업무 참여를 경험한다. 이것은 다시 개선된 문화와 성과로 이어진다. 결과적으로 조직은 새로운 교수진을 임용하거나 높은 급여를 받는 출장 간호사를 고용할 필요성을 줄임으로써 이직률을 낮추고 비용을 절감할 수 있다. 최종 결과는 어떻게 되겠는가? 바로 이윤 상승이다. 이상적인 틀에 대해 좀 더 자세히 검토해보자[그림 5].

일선의 의료인37들에게 초점을 맞춘다면 그들은 환자에게 최선을 다할 것이고 조직의 자원을 가장 잘 관리하는 사람이 될 것이다. 이렇게 되면 고객 소개가 늘어나는 동시에 비용이 절감되어 자연스

---

36   피니어스 테일러 바넘: 미 의회 하원의원을 지낸 엔터테이너.
37   이 책 전체에서 의료인은 우리나라 의료법상의 의료인이 아니라 모든 직역의 의료 관련 종사자를 뜻한다.

럽게 이윤이 증가할 것이다. 이렇게 수익이 늘어나면 중역들도 그들이 원하던 것을 얻었으니 더 기분 좋고, 그렇게 모두가 행복해지는 것이다.

이 모든 것은 의료계 리더(및 개별 의사)가 이윤보다 사람을 우선하는 모형의 다섯 가지 요소에 집중할 때 달성된다. 처음 두 가지 요소는 ABC 중 'A', 즉 자율성에 해당되는데 이는 개인적 자율성과 직업적 자율성으로 나뉜다. 이 두 영역을 향상시키는 결정은 일과 삶의 균형을 더 좋게 하고, 자기결정성이 높은 의사 인력을 늘리는 결과로 이어진다. 세 번째와 네 번째 요소는 ABC의 'B'에 해당하는 것으로, 소속감을 느끼는 환경을 만드는 것이다. 직원 중심 모형에서 세 번째 요소는 팀 구성원들이 모두 스스로 가치 있다고 느낄 수 있는 환경을 조성하는 것이고, 네 번째 요소는 팀에 속한 모두가 더 깊은 목적을 공유할 수 있도록 하는 것이다. 의료인들이 소속감을 느낄 때 적극적인 업무 참여가 이루어진다. 마지막 다섯 번째 요소는 'C'에 해당하는 것으로, 의사들이 자신감을 가지고 임상적 성공과 역량을 경험하는 문화를 만드는 것이다. 역량이란 업무 현장에서의 임상적인 만족을 생산하는 것이다.

'이윤보다 사람 우선'이라는 틀의 다섯 가지 요소는 장기전을 하는 것들이다. 이 다섯 가지 요소를 늘리는 데 초점을 맞추는 리더라면 최일선에서 환자를 보는 의료종사자들이 행복할 때 다른 모든 것이 잘된다는 것도 안다. 이는 의료 분야 외의 다른 기업에서 괄목할 만한 성공을 거둔 사례에서도 잘 나타난다. 코스트코 같은 회사가 그런 예다. 코스트코는 직원에게 우선 초점을 맞추면 고객들이 행복해지고 이윤이 늘어나며 이사회와 중역들 역시 행복해진다는 점을 익히 알고 있다. 이런 '직원 우선' 초점은 입사 1년 후 94%의 직원 재직률을 자랑하는 이유를 설명한다. 경쟁사인 샘스클럽은 훨씬 더 많은 이윤을 추구하는 모형을 갖고 있지만 입사 1년 후 직원 재직률은 56%에 불과하다.

'이윤보다 사람 우선'이라는 초점은 코스트코 직원들에게 구체적으로 무엇을 해주었을까? 경쟁사들에 비해 직원들의 기본 급여가 평균적으로 높다. 코스트코의 시간제 직원의 시간당 최소 급여는 15달러이다. 또한 절반 이상의 직원이 시간당 25달러 이상의 급여를 받는다. 그러나 앞서 언급했듯이 급여 인상 같은 외적 동기부여는 딱 그만큼의 이점만 제공한다. 다행히도 코스트코에서 일하는 직원들에게는 급여보다 훨씬 더 많은 것이 있었다.

코스트코는 추수감사절 등 공휴일에 영업을 하지 않음으로써 직원들이 가족과 시간을 보낼 수 있도록 한다. 또한 직원들이 받는 혜택 중에는 탄탄한 의료보험과 좋은 퇴직연금 401(k)[38] 프로그램 외에 안과와 치과치료 보장이 포함되어 있다. 〈비즈니스 인사이더Business Insider〉에 난 기사를 보면 한 직원은 "내가 이 직장을 좋아할 만하죠."라고 했고, 다른 직원은 "코스트코는 제게 이상적인 직장이라고 할 수 있죠."라고 했다.[39]

---

[38] 미국 내국세입법(Internal Revenue Code)의 401조 k항에 따른 직장인 퇴직연금.

[39] Áine Cain, "Costco Workers Reveal 33 Things They'd Love to Tell Shoppers, but Can't," Business Insider, September 3, 2019, https://www.businessinsider.com/costco-membership-what-employees-want-to-say-2018-4#dont-make-assumptions-about-employees-happiness-19.

코스트코의 이러한 결정을 이윤 중심 모형에서 바라본다면 단기적으로는 분명 더 많은 비용이 들어갈 것이다. 그러나 큰 그림으로 보면 최종 결과는 더 좋은 문화 조성과 이직으로 인한 비용 감소다. 의사와 마찬가지로 직원이 떠난 자리에 새로운 직원을 고용하는 데에도 비용이 많이 든다. 코스트코는 재직률이 94%나 되기 때문에 이직률로 인한 비용이 거의 들지 않는다. 잠재적인 이윤보다 직원을 우선하는 모형을 일관적으로 시행한 코스트코는 더 좋은 문화로 보상받았고, 그에 따른 자연스러운 부산물로 이윤 상승도 얻어냈다.

그렇다면 더 많은 기업이나 의료기관이 직원에 초점을 두지 않는 이유는 무엇일까? 지역사회에 있는 병원의 CEO나 CFO와 대화를 나눈다고 상상해보자. '사람 우선' 틀을 설명한다면 그들은 "잠깐만요. 의사의 웰빙과 자기결정성의 ABC에 투자하면 이윤이 실제로 증가할 거라는 말입니까?"라고 당장 이야기할 것이다. 그런 다음 대차대조표를 훑어보고 투자비용을 지출 칸에 직접 추가한 다음 이렇게 덧붙일 것이다. "대차대조표를 이렇게 고치니까, 보세요. 지출이 늘잖아요! 비용만 늘고 수익은 준다고요! 보이죠? 절대로 말씀하신 대로 되지 않습니다!"

내가 지금 비꼬는 투로 말하고 있다는 건 인정하지만, 어찌됐든 현실이 그리 멀기만 한 것도 아니다. 하지만 일부 전문가들은 "지미, 당신 지금 너무 세세한 것을 놓고 왈가왈부하는 것처럼 보이는데 말이죠. 우리의 목표가 이윤이고 부산물로 좋은 문화가 따르리라는 희망이 있다면 말입니다. 그건 사람을 우선하고 거기에 부산물로 이윤이 따라오는 것하고 어떻게 다른 거죠?"라고 반문할 수도 있다. 그 질문에 나는 뉴질랜드 항공기 901편에 대해 아직 배울 게 많은 것 같은데 두 마리 토끼는 한 번에 잡을 수 없는 노릇이라고 답할 것이다. 의도한 목표에서 조금이라도 벗어나는 것은 장기적으로는 우리가 생각한 것보다 더 큰 문제가 일어난다는 사실을 배워야 한다고 말할 것이다. 이것은 좀 미묘하고 어렵게 들릴 수 있다. 그러나 사이먼 시넥이 지적한 대로 "리더들이 성과보다 신뢰를 우선할 의지가 있으면 성과는 거의 언제나 뒤따라온다. 그러나 리더들이 다른 무엇보다 성과에만 세세하게 초점을 맞춘다면 문화는 불가피하게 타격을 입을 수밖에 없다."

의료계 리더들이 다른 무엇보다 이윤과 성과에 초점을 두면서 우리 문화는 실패하고 있다. 901편처럼 우리가 화산 쪽을 향하고 있는데 인식하지 못하는 리더들이 많다. 구름은 곧 사라지고, 우리는 추락하게 될 것이다. 경보가 울리고 있다. 결과적으로 번아웃된 의료 종사자들이 수없이 많아질 것이다. 최전선에서 일하는 의사들이 이 상황을 돌이킬 결정을 하지 않는다면 말이다. 지금이 의료계의 중대한 분수령이다. '이윤 우선' 모형이 계속 가도록 내버려둔다면, 이는 번아웃을 초래할 것이다. 그런데 만일 시스템이 '사람 우선'으로 초점을 맞추도록 우리가 노력한다면, 자기결정성이 높은 의사들이 많아질 것이다.

2부

의사 개개인의 분투

의료계가 원하든 원하지 않든 변화는 다가오고 있다. 좋은 직장 문화를 조성하는 조직에서 일하는 의료종사자들은 결과적으로 내적 동기에 의해 업무에 적극 참여하고 성취감도 느낄 것이다. 그리고 의료조직의 소명을 완수하는 데 필요한 이윤도 창출할 것이다. 그러나 이는 이윤보다 사람을 우선하는 곳에서만 일어난다.

그러나 많은 의료기관이 변화를 주저한다. 이로 인해 의료문화연속선의 왼쪽 문화에서 일하는 번아웃된 의사가 양산될 수밖에 없다. 따라서 이 책의 나머지 부분은 번아웃된 의사들이 자신이 직면한 문제를 이해하고 번아웃을 이겨냄으로써 자기가 사랑하는 삶을 만들어내게 도우려는 의도로 구성했다. 당신이 일하고 있는 병원이나 클리닉은 그렇게 하지 못해도, 의사들이 개별적으로 하자는 것이다. 결국 이 책의 목적은 의료진을 번아웃으로 만드는 의료문화를 고쳐서(또는 적어도 의미 있는 발전을 이끌어내서) 이런 책이 더는 필요 없도록 하려는 것이다.

이제부터의 내용은 넬슨 만델라, 마야 안젤루처럼 자기결정성이 높은 사람이 되는 데 도움을 주는 것이다. 번아웃된 수백 명의 의사를 도와 번아웃을 극복하게 하고 의료 안팎으로 자기가 좋아하는 삶을 만들어가게 했던, 나의 산 경험에서 내가 배우고 적용했던 도구들을 알려주려고 한다. 자기결정성이 높은 의사들이 충분히 있으면 나서서 목소리를 내고 의료에 필요한 변화를 요구할 수 있다. 의료문화연속선상에서 문화를 오른쪽으로 바꾸는 것, 바로 이것이 자기결정성이 높은 의사들의 공동 비전이다. 이 비전으로 우리가 뭉친다면 무시할 수 없는 강한 힘을 가지게 될 것이다. 소심한 사람을 위한 여정은 물론 아니다. 그러나 충분히 가치 있는 일이라고 말할 수 있다.

자, 높은 자기결정성을 스스로 경험하는 방법을 배울 준비가 되었는가? 이제 그 많은 의사들이 왜 무기력감에 빠지게 되었는지 먼저 살펴보자.

04

학습된 무기력

Learned Helplessness

"우리가 적을 만나게 된다면, 사실 그 적은 우리 자신이다."

- 월트 캘리(Walt Kelly) -

1967년 미국의 심리학자 마틴 셀리그먼^{Martin Seligman}은 저먼 셰퍼드들을 대상으로 두 가지 실험을 했다. 우선 개를 세 개의 군으로 나누고, 첫 번째 실험에서는 일단 모든 개에게 목줄을 묶었다. 그리고 개들은 다음과 같은 방법으로 풀려날 수 있게 해두었다.

- 1군은 대조군이다. 개들은 목줄에 묶였다가 나중에 풀려났다. 개들이 목줄에 묶여 있을 때는 아무것도 하지 않고 가만히 두었다.

- 2군은 목줄을 통해 전기충격을 주었는데, 개들이 자기가 있는 박스에 달린 레버를 누르면 충격을 멈출 수 있게 해두었다.
- 3군에도 2군과 같은 전기충격을 주긴 했는데, 이번에는 레버를 눌러도 작동하지 않게 했다. 개들이 레버를 계속 눌러도 전기충격은 계속되었다.

예상대로 1군에서는 아무 변화도 없었다. 2군의 개들은 레버를 누르면 충격을 받지 않을 수 있다는 것을 학습했다. 그런데 3군의 개들은 전기충격에 대해 할 수 있는 게 없다는 사실을 금방 학습했다. 즉, 3군의 개들은 자기들에게 자율성이 없다는 것을 학습한 것이다.

두 번째 실험에서는 다른 종류의 박스에 저먼 셰퍼드들을 들어가게 했다. 박스의 바닥에는 작은 칸막이를 두었는데 개가 점프만 하면 쉽게 옆 칸으로 넘어갈 수 있는 높이로 했다. 셀리그먼의 이 연구 박스는 양쪽 칸을 작은 칸막이로 나눠, 한쪽 칸에서는 전기충격을 주고 다른 칸은 주지 않았다. 일단 개를 모두 전기충격이 있는 칸에 배치했다. 거기 있으면 전기충격을 계속 받게 되고, 점프해서 칸막이를 넘어 옆 칸으로 가야 충격을 받지 않을 수 있었다.

결과는 놀라왔다. 박스 안에서 1군과 2군에 속한 개들은 예상대로 움직였다. 칸막이를 뛰어넘기만 하면 불편을 느끼지 않을 수 있다는 사실을 학습한 것이다. 그래서 개들은 뛰어넘었다. 전기충격으로 개들은 고통을 느꼈고, 자기가 할 수 있는 일을 했다. 칸막이를 뛰어넘어 더 이상 충격을 받지 않았다.

그러나 3군에서는 그런 일이 일어나지 않았다. 3군의 개들은 첫 번째 실험에서 자기에게 통제권과 자율성이 없다는 것을 학습한 그룹이다. 첫 번째 실험에서 이 개들이 있었던 박스의 레버는 말을 듣지 않았기에 불편해도 멈출 수 있는 방법이 없다는 것을 알아차렸다. 셀리그먼의 두 번째 상자에 들어간 3군의 개들은 다른 칸으로 넘어가려고 하지 않았다. 실제 3군에 속한 개 중 66%, 즉 세 마리 중두 마리는 누워서 아예 꼼짝도 하지 않은 채 낑낑 소리만 낼 뿐이었다. 점프해서 작은 칸막이를 넘기만 하면 되는데 두 마리는 그렇게 해서 고통을 끝내보려는 시도조차 하지 않았다.

저먼 셰퍼드들을 데리고 진행한 셀리그먼의 이 실험은 '학습된 무기력'이라는 개념으로 이어진다. 옥스퍼드 사전에서는 학습된 무기력을 "충격적인 사건이나 지속적인 실패로 인한 무력감으로 고통받는 상태"라고 정의한다. 학습된 무기력은 학대 관계에서 생기는 것과 똑같은 현상이다. 여기서 학대받는 배우자는 학대를 멈추기 위해 할 수 있는 일이 없다는 것을 학습한 것이다.

이는 번아웃된 많은 의사들이 개인적인 자율성과 직업적인 자율성을 지속적으로 빼앗길 때 경험하는 현상과도 동일하다. 처음에는 파트타임 일자리로 옮기거나, 업무량을 줄이거나, 필요한 변화를 관리자에게 요청하는 시도를 해볼 수 있다. 3군의 저먼 셰퍼드들처럼 박스 안의 레버를 눌러보는 것이다. 제안이 안 먹히거나 변화가 일어나지 않은 다음에는 레버가 고장 났다는 것을 학습한다. 이때 번아웃된 의사들은 3군의 저먼 셰퍼드들처럼 학습된 무기력에 굴복한다. 많은 의사들이 의료문화연속선상의 왼쪽에 있는 번아웃 문화 속에 머물고 있다. 그들은 무기력감을 느낀다. 그래서 그냥 번아웃 박스 안에 가만히 누워 있는다.

그래서인지 번아웃된 의사들이 의료계 상황에 대해 가장 많이 하는 말이 "원래 그런 거야." "우리가 항상 해왔던 방식이야." 같은 말이 아닐까 한다. 의료계 문화를 바꾸기 위해 할 수 있는 일이 없는 것처럼 말한다. 의료계 문화에 필요한 변화를 위해 계속 싸우는 대신, 3군의 의사들은 그저 누워서 충격을 받고 있는 것이다. 저먼 셰퍼드의 주인이자 한 명의 의사로서 셀리그먼의 연구와 그 결과를 생각하면 슬픔이 느껴진다.

'학습된 무기력' 극복하기

다행히도 의사는 저먼 셰퍼드가 아니다. 학습된 무기력은 일종의 조건화(조건반사)이기 때문에 사람은 극복할 수 있다. 학습된 무기력은 우리가 수용한 하나의 패러다임일 뿐이다. 실험에 참여한 저먼 셰퍼드와 달리, 우리는 기존의 사고방식을 익히게 했던 학습을 소거하고 새로운 방식을 재학습해서 역조건화할 수 있다. 바로 이것이 코칭에서 하는 일이다. 번아웃된 의사들은 자신의 생각이 타당한지, 또는 자기 인생에 도움이 되는지 검토할 수 있다. 의사들이 실제로 의료에 갇혀 있는가? 그들은 정말로 1군과 2군에 속한 다른 의사들과 소속감을 느끼고 있는가? 그들이 할 수 있는 일이 없다는 게 정말 사실일까?

사실로부터 이야기 분리하기, 이것은 내가 코칭할 때 자주 하는 중요한 연습이다. 나는 이를 '호기심에 찬 회의주의자 되기'라고 부른다. 회의적이어야 하는 이유는 코칭 일의 특성상 고객의 정신 과정에서 나온 말을 다 믿으면 안 되기 때문이다. 고객은 이미 자기 이야기를 믿고 있으며, 그 이야기는 고객의 삶에서 자기가 원하는 결과를 만들어내지 못하고 있다. 번아웃된 의사를 돕는 코치는 고객의 이야기가 그들 자신에게 도움이 되는지에 대해 호기심을 갖고 질문해서 그들 스스로 생각해보게 만들어야 한다. 다시 말해, 가장 도움이 되는 코치는 고객의 이야기에서 허점을 찾아서 더 명확하게 볼 수 있게 하는 코치다. 고객의 패러다임이 정작 자신에게 도움이 되지 않는다는 것을 알아보게 하는 객관적인 제삼자 역할을 코치가 해줘야 한다. 그래야만 고객의 눈을 가리고 있던 비늘이 떨어지고 마침내 학습된 무기력 역시 필연이 아니라 하나의 선택이었다는 것을 고객 스스로 깨닫는다.

변화가 진짜 시작되는 순간이 있다. 번아웃된 의사가 지금 자신이 학습된 무기력 상태라는 것을 믿기를 거부할 때다. 이 순간 의사들은 자신이 생각보다 무기력한 존재가 아님을 깨닫는다. 이것이 개인적으로나 직업적으로 자율성을 회복하는 첫 단계다. 무기력감을 학습하도록 시스템이 우리를 반복적으로 학대한 것과 마찬가지로, 그 학습을 다른 패러다임이나 다른 관점으로 대체하는 데에도 반복 연습이 필요하다. 그런데 연습하다 보면 정말 완벽해진다.

연습하면 완벽해진다

연습해야 완벽해진다는 건 이미 알고 있다. 인생을 살면서 여러 번 겪었기 때문이다. 예를 들어, 태어나면서부터 자동차를 운전할 줄 아는 사람은 없다(영국 레이싱 선수인 루이스 해밀턴*Lewis Hamilton*은 예외로 하자. 아무래도 이 사람은 태어나면서부터 운전할 줄 알았을 것 같으니). 내가 처음으로 운전하던 때가 생각난다. 밤색-검은색의 89년형 포드 머스탱을 몰았다. 키를 돌려서 시동을 걸고, 기어를 바꿔 후진하고, 다시 기어를 바꿔서 도로변 우체통을 가까스로 피해 빠져나오기까지 순서 하나하나를 다 생각해야만 했다. 그다음 액셀을 밟고 깜빡이를 켜고 차선을 변경하는 법도 배웠다. 사실 처음 운전할 때 정지 신호를 위반하고 미끄러지는 바람에 반대 차선에서 운전한 일이 있었는데 아버지는 아직도 그 일로 충격후스트레스증후군[PTSD][40]을 겪으시는 눈치다. 하여간 운전에서 쉽게 배운 것은 하나도 없다.

그런데 지금은 어떠한가? 너무 자연스러워져서 자동조종장치(오토파일럿)로 자주 운전한다. 이걸 다시 말하면, 스스로를 조건화시켜서 운전 방법을 학습한 것이다. 이전에는 의도를 가지고 힘을 들여야만 했던 일이 이제는 쉬워졌다. 결국 연습해서 완벽해진 것이다. 아마 많은 분이 이런 경험을 했을 거라 믿는다. 물론 나처럼 반대 차선으로 운전한 적은 한 번도 없겠지만.

연습하면 완벽해진다는 생각은 의사결정 연구에 생애를 바친 두명의 이스라엘 심리학자, 대니얼 카너먼[Daniel Kahneman]과 아모스 트버스키[Amos Tversky]의 연구에서도 확인할 수 있다. 카너먼과 트버스키는 수년 동안 연구를 완성한 후 '생각하기 또는 의사결정'을 위해 사용하는 시스템에 이름을 붙였다. 운전을 처음 배울 때처럼 느리고, 방법적이며, 의도적으로 하는 의사결정을 '시스템2'라고 부른다. '시스

---

40 외상이라고 하지 않고 충격이라고 하자는 몇몇 심리학자들의 충고를 반영함, 역자주.

템2로 생각하기'의 다른 예는 '436+259 계산하기' '좁은 공간에서 평행 주차하기' '박사학위 논문 쓰기' 같은 것이다. 대개 이런 활동을 할 땐 천천히 그리고 일부러 신경을 써서 '생각하기'가 필요하다. 자동으로 되지 않는다.

한편 다른 방식의 '생각하기 또는 의사결정'은 빠르고 직관적이며 자동적이다. 이를 테면, '전쟁과 ……'라는 구절을 주고 문장을 완성하라고 하면 당장 '평화'라고 답하고, '2 더하기 2'라고 하면 곧장 '4'라고 답할 것이다. 또한 주간고속도로 interstate, interstate highway[41]에서 차선 변경을 요청하면 이제는 물 흐르듯이 부드럽게 할 수 있을 것이다. 카너먼과 트버스키는 이러한 자연스럽고 자동적으로 이뤄지는 생각하기 프로세스를 '시스템1'이라고 명명했다.

다행히도 운전하는 법을 배우거나 구구단을 외우는 것처럼 시스템2에 속하는 많은 프로세스를 시스템1로 전환할 수 있다. 연습을 통해 이전에는 힘들여서 했던 프로세스를 자동적인 것으로 만들 수 있다. 학습된 무기력에 대해서도 가능하다. "어떻게 해볼 도리가 없다."라는 자동적인 시스템1 사고의 조건화된 상태를 역전해서 소거하면 되는 것이다. 우리가 현재 겪고 있는 의료계의 힘든 상황에 대

---

41 인터스테이트: 주 경계를 넘나드는 고속도로

해서도 우리가 할 수 있는 건 없다든지, 어떻게 해도 소용없다는 식으로 믿을 필요는 없다.

늘 선택의 여지가 있다는 것을 인식함으로써 자동적인 시스템1 사고로 교체할 수 있다. 넬슨 만델라가 우리에게 보여준 것처럼, 우리의 생각으로 무엇을 할지는 우리 자신에게 달려 있다. 우리 앞에 놓인 체크박스에 모두 '예'라고 답할 필요는 없다. 온라인 모듈이나 의무기록의 요건 등 모두 우리에게 선택권이 있는 것이다. 이상하게 들릴지는 모르겠지만 걸어서 출근하는 것조차 자발적인 선택이다. 우리에게 어떤 선택을 강요하는, 보이지 않는 힘은 없다.

하지만 내가 번아웃의 한가운데 있었을 때 늦은 시간 귀가하면서 퇴근 시간 선택권이 없는 것 같은 기분이었다. 아이들의 티볼 게임이나 체조 연습을 못 볼 때도, 병원에서 다 못한 일을 집으로 가져올 때도, 온라인 모듈이나 체크리스트를 완성해야 할 때도, 수술대에서 환자를 잃은 후 CPR을 증명해야 한다는 말을 급여청구 담당자로부터 들었을 때도 그랬다. 한마디로 말해서 난 내가 탄 배의 선장이 아닌 것 같은 기분이었다. 그러나 이것도 바꾸려는 순간이 왔다. 학습된 무기력에서 벗어나 생각의 주인이 되기 위해서는 먼저 당시의 그 생각이 어떻게 내 주인 행세를 하게 되었는지를 알아야 했다.

05

생각이 우리를
지배할 때

When Our Thoughts Master Us

"당신의 생각이 당신을 데리고 온 곳은 오늘이지만,
당신의 생각이 당신을 데리고 갈 곳은 내일이다."

– 제임스 앨런(James Allen) –

어느 미국 투자은행 직원이 멕시코 해안의 어느 작은 마을에서 간절히 원했던 휴가를 보내고 있을 때였다. 작은 보트가 멕시코인 어부 한 명을 태우고 들어왔다. 배에는 커다랗고 싱싱해 보이는 생선 몇 마리가 실려 있었다. 투자은행 직원은 생선의 품질이 너무 좋아 보여서 멕시코인 어부에게 생선을 그만큼 잡아오는 데 시간이 얼마나 걸리는지 물었다. 멕시코인 어부는 "별로 안 걸려요."라고 대답했다.

투자은행 직원은 왜 더 오래 머물면서 더 많은 물고기를 잡지 않는지 물었다. 멕시코인 어부는 가족들이 당장 필요한 건 이 정도면 충분하다고 말했다. 그러자 미국인이 다시 물었다. "아니, 그러면 남는 시간에는 뭘 하시나요?"

"늦게 일어나서 고기 좀 잡다가, 아이들과 놀고 아내와 낮잠을 즐기고, 저녁나절에는 동네로 걸어가서 친구들과 와인을 마시며 기타를 연주합니다. 보세요, 저도 시간을 꽉 채워서 바쁘게 산다니까요." 멕시코인 어부가 대답했다.

투자은행 직원이 비웃듯 말했다. "나는 아이비리그 MBA 출신인데 당신을 도와줄 수 있습니다. 지금보다 낚시에 더 많은 시간을 할애하다 보면 그 수익금으로 더 큰 배도 살 수 있습니다. 그렇게 큰 배로 일하다가 몇 척을 더 사는 겁니다. 그러다 어선 전체를 소유할 수도 있죠. 그러면 더는 중간 상인에게 갖다 팔 것도 없어요. 가공업자가 직거래를 하면 되니까요. 나중에는 아예 통조림 공장도 직접 운영하는 겁니다. 그러면 제품도, 제품 가공도, 판매망도 모두 당신 마음대로 할 수 있어요." 이어서 이렇게 덧붙였다. "물론 이 조그만 해변 마을을 떠나서 사업을 더 키울 수 있는 멕시코시티로 이사를 가야겠네요."

"그런데 그렇게 되려면 얼마나 걸릴까요?" 멕시코인 어부가 물었다.

"한 15년에서 20년 정도 걸리겠죠." 미국인이 답했다.

멕시코인이 물었다. "그리고 그다음엔 뭐가 있나요?"

미국인이 웃으며 답했다. "가장 좋은 일이 남았죠. 때만 잘 만나면 기업공개Initial Public Offering, IPO를 하고 회사를 팔아 완전 부자가 될 수 있어요. 수백만 달러를 벌 수 있어요."

"수백만 달러요? 그리고 그다음에는 뭐가 있나요?"

그 말에 투자은행 직원은 이렇게 답했다. "그다음엔 은퇴하는 거죠. 작은 해안 마을로 가서 늦게까지 자고 고기 좀 잡다가 아이들과 놀고 아내분과 낮잠도 즐기고, 저녁에는 동네로 가서 친구들과 와인도 마시고 기타도 칠 수 있죠."

이 유명한 비유담의 메시지가 강력하지 않은가?[42] 이 이야기의 요지는 물고기를 가지고 뭘 할 수 있는가에 대한 관점의 차이다. 멕시코인 어부의 초점은 '이윤보다 사람'이다. 그는 자율성과 소속감을 충분히 느끼는 삶을 사는 데 필요한 만큼 물고기를 잡는 데에 초점을 두고 있다. 미국의 투자은행 직원은 많은 의료기관이 가지고 있는 목표처럼 '사람보다 이윤'에 초점을 맞추고 있다. 언젠가 우리

42 Faisal Jamshaid, "What You Can Learn From a Mexican Fisherman," Medium, June 7, 2020, https://medium.com/life-lemons/what-you-can-learn-from-a-mexican-fisherman- a8334882204c.

가 원하는 삶을 살 수 있는 돈에 주로 초점을 둔다. 이윤 없이는 사명도 없다. 이 말이 너무 익숙하게 들리지 않는가?

하나의 생각이 만드는 차이가 놀랍지 않은가? 코칭 자격증 취득 과정에서 나는 '맞는' 생각, '틀린' 생각은 없다고 배웠다. 우리 자신에게 도움이 되는 생각과 그렇지 않은 생각이 있을 뿐이다. 절대적인 진리도 몇 가지 있다고 믿지만(예를 들어, 대량 학살은 잘못된 것이다), 여기도 교훈은 있다. 생각은 우리를 도와 원하는 결과로 데려다주기도 하지만, 또 생각에 따라서는 자기결정성이 높은 의사가 되기 위한 여정에서 방해가 되기도 한다. 의도하지 않은 생각 중에서 우리에게 도움이 되지 않는 생각은 가능한 빨리 발견해서 몰아낼수록 우리의 문화연속선을 자기결정성이 높은 의사가 많아지는 방향 쪽으로 끌고 갈 수 있다. 의료기관이야 어떻게 움직이든 상관없이 말이다.

《사운드트랙Soundtracks: The Surprising Solution to Overthinking[43]》의 저자 존 애커프Jon Acuff는 내가 코칭 스쿨에서 배운 것과 비슷한 생각을 가지고 있다. 그는 우리 내면에 단단하게 자리 잡은 생각을 '사운드트랙'이라고 부르는데, 이 사운드트랙이 우리에게 도움이 될 수도 있고 해가 될 수 있다고 말한다. 어떤 생각이 자신에게 도움이 되는지 안 되는

---

43   존 애커프, 《생각도 생각이 필요해: 유쾌하고 과학적인 '엉터리 생각' 퇴치술》, 위너스북(2022)

지 잘 모르면 세 가지 질문으로 판가름하라고 권하고 있다.

"사실인가?" 이것이 첫 번째 질문이다. 이미 우리가 앞에서 논의한 것인데, 그 역시 이것을 인식하라고 말한다. 우리가 스스로에게 말하고 있는 내러티브, 패러다임 또는 이야기가 정말 '사실'인가? 아니면 그저 외부 상황에 대한 하나의 생각, 패러다임, 혹은 관점일 뿐인가?

두 번째 질문이다. "그 생각은 도움이 되는가?" 우리의 생각이 자율성, 소속감, 역량 인식을 개선하는 데 도움이 되는가? 자기결정성이 높은 의사가 되는 데 도움이 되는가? 그렇지 않다면 이 망가진 사운드트랙은 도도새[44]의 길을 가야 할지도 모른다.

마지막 세 번째는 대부분의 의사들이 가장 어려워하는 질문이다. 의사는 자신에게 최악의 비평가이기 때문이다. "그 생각은 친절한가?" 우리가 다른 사람에게 보이는 연민을 우리 자신에게 보여주고 있는지 판단하게 하는 질문이다. 그 생각은 우리에게 더 깊은 목적의식과 소속감을 갖도록 도와주는가? 그 생각은 우리가 원하는 곳으로 가도록 도와주는가, 아니면 우리를 짓누르고 있는가?

애커프의 세 가지 질문은 우리가 생각의 길을 잘못 들었는지 알

---

44 멸종 동물의 상징.

아차리는 데 도움이 된다. 코칭 관점에서 보면, 이 질문들은 인생에 도움이 되지 않는 생각을 제거할 수 있게 해준다. 번아웃된 의사를 양산하는 의료기관을 통제하는 건 불가능하지만, 그래도 우리는 무기력한 3군의 저먼 셰퍼드가 아니라는 사실을 깨달아야 한다. 자율성을 추구하는 목적은 우리 자신이 생각의 주인이 되는 것이다. 그러나 생각의 주인이 되는 방법(이 책 3부의 초점)을 논하기 전에, 먼저 우리의 생각이 어떻게 우리를 지배하려는 경향을 가지는지를 알아야 한다. 이처럼 생각이 길을 잘못 드는 양상을 가리켜 '인지왜곡 Cognitive Distortions'이라 부른다.

인지왜곡

인지왜곡은 '틀리거나 부정확한', 그래서 '심리적 손상을 야기할 잠재력이 있는' '생각과 믿음의 경향이나 패턴'이라고 정의한다.[45]

인지왜곡은 양의 탈을 쓰고 있어서 겉보기에는 순진해 보이는데 사실은 자기결정성이 높은 의사가 되기 위한 ABC를 약탈해가는 늑

---

45   Courtney Ackerman, "Cognitive Distortions: 22 Examples & Worksheets," Positive Psychology.com, https://positivepsychology.com/cognitive-distortions/.

대 무리 같은 것이다. 순진무구해 보여도 왜곡된 생각은 우리 인생에 지대한 영향을 끼친다. 다음에 제시하는 다섯 가지는 우리가 코칭한 의사들을 괴롭히던 인지왜곡 중 가장 흔한 것들이다. 이 글을 읽으면서 이 생각들이 어떻게 우리를 교란시키고 우리 삶 속 어디에 존재하는지 인지해보길 바란다. 이런 것이 고개를 든다는 것은 당신이 자기결정성이 높은 쪽보다는 번아웃 쪽의 의료문화연속선으로 향하고 있을 가능성이 있다는 적신호이기 때문이다.

1) 전부가 아니면 아무것도 아니다(All-or-Nothing 또는 이분법적 사고)

내가 영화에서 가장 좋아하는 캐릭터는 완전히 선하지도, 완전히 악하지도 않은 인물이다. 그들은 높이 올라갔다가 깊이 추락한다. 좋은 예가 바로 〈해리포터〉의 스네이프 교수다. 그는 〈해리포터〉 시리즈 전반에서 악인으로 묘사되지만 결국 선이 잠재되어 있다는 사실이 드러난다. 그 캐릭터는 결코 완전히 선하지 않고 그렇다고 완전히 악하지도 않다. 그는 회색지대에 산다. 그 점은 우리와 똑같다.

우리 중 대다수는 흑백사고의 희생양이 되는 성향을 가지고 있다. 특히 일이 잘 풀리지 않을 때 더욱 그렇다. 우리는 어떤 사태를 두고 전적으로 좋다 또는 전적으로 나쁘다고 생각하곤 한다. 경제난 때문에 고용주가 당신의 퇴직연금 매칭을 없애는 결정을 할 수도 있다. 추가근무를 하거나, 더 많은 환자를 보거나, 연장근무를 했는데도 급여는 그대로일 수도 있다. 또 전자의무기록시스템이 새 버전으로 바뀌었는데, 배우는 건 더 어렵고 안전하지도 않으며 환자 진료가 더 어려워질수도 수도 있다.

이 모든 상황이 부정적으로 보인다. "이 일, 진짜 못해 먹겠네. 최악이야, 정말!" "저 위에서 숫자나 갖고 노는 인간들은 자기네 결정이 나에게 어떤 영향을 미치는지 아예 신경도 안 쓰겠지!" 이런 말을 하게 될 수도 있다. 그런데 이런 말들은 우리 직업의 좋은 측면을 인정하지 않는 말이며, 의료진과 병원에 대한 소속감을 빼앗아간다. 회색을 띠는 부분이라곤 전무한 이런 생각을 '흑백사고' 또는 '이분법적 사고'라 부른다.

이분법적 사고는 경계선 성격장애(Borderline Personality Disorder, BPD)의 분열 현상과 비슷하다. 이 환자들은 사람을 볼 때 완전히 선한 사람과 완전히 악한 사람으로 본다. 그러나 여기서는 경계선 성격장애 환자에서의 성격적 특질을 이야기하는 게 아니다. 생각에 일어나는 일시적인 오류라서 알아보고 고칠 수 있는 것이다. 적신호 같은 것이다. 이분법적 사고에 갇혀 있을 때 자주 쓰는 단어는 "항상" "절대" "언제나 그래"와 같은 것이다. 이는 회색의 그림자를 볼 능력이 없음을 보여주며 '전부 아니면 전무'라는 인지왜곡에 갇혀 있을 수 있다는 신호다.

이분법적 사고에 더해서 파국화(재앙화, 부정적 과장), 즉 최악의 상황을 예상하는 버릇이 있으면 좋은 면이나 훌륭한 면까지 다 놓치는 우를 범하게 된다. 그래도 우리는 동료들과 함께 일하는 걸 즐기고, 환자들을 좋게 생각하며, 업무를 끝내고 나서 오늘 뭔가를 해냈다는 기분이나 보람을 느낄 수도 있다. 그런데 우리가 하는 일의 부정적인 측면에만 온 신경을 써서 그것만이 유일한 부분인 것처럼 생각하는 마인드셋은 점점 우리를 번아웃 쪽으로 몰아가고 자기결정성이 높은 의사가 되는 데에서 더 멀어지게 만든다.

한번은 소아과 전문의 요나가 번아웃 때문에 나를 찾아왔다. 요나는 상사가 자신을 지지해주지 않는다고 생각했고 직장이 점점 나빠지고 있다고 느끼고 있었다. 그런 이유로 코칭 프로그램에 왔을 때는 새 직장도 찾고 있었다. 나는 요나에게 가장 큰 이슈가 뭔지 물어봤다. "뭐 그냥, 회의가 많은데 끔찍해요. 해봤자 뭐 되는 일도 없어요. 포인트라곤 전혀 없다니까요. 그런데 있죠, 과거에는 이런 회의조차 없었어요. 이젠 정말 내가 떠나야지, 안 되겠어요. 아주 진저리나요!"

나는 호기심에 찬 회의주의자 역할을 하면서 요나를 부추겨 사실 관계를 알아봤다. 회의는 한 달에 한두 번, 한 시간씩 진행되고 있었다. 회의는 그렇다 치고, 직장 생활의 나머지는 어떤지 물어봤다. 잠시 생각하던 요나가 대답했다. "그런데요, 사실 저 이 일을 좋아해요. 제가 의사인 게 항상 좋아요." 한 달에 두 시간 정도 하는 회의 때문에 직장 전체에 대해 흑백논리로 이야기하면서 환자 진료로 즐겁게 보내는 98%의 시간에 대해서는 무시하고 있음을 지적하자 요나는 자신이 이분법적인 사고에 빠져 있음을 깨달았다. '전부 아니면 전무'라는 이런 인지왜곡에 면역이 된 사람은 없지만 일단 인지하는 것만으로도 절반은 교정한 것이다.

이걸 기억하면 된다. 가끔은 상황이 '완전 좋거나' '완전 나쁘거나' 할 수 있지만 그래도 대부분의 시간은 사실 회색이다. 상황을 공정하게 바라보며 좋은 것도 있고 나쁜 것도 있다는 것을 상기한다면 우리 모두가 원하는 소속감과 더 깊은 목적의식을 갖기에는 충분할 것이다. 이는 굽실거리는 대신 감사하는 마음을 키우는 데 유익한 연습이다.

2) 과잉일반화와 수치심

응급의학과 로테이션에서 인턴을 할 때 ~3.5의 INR(프로트롬빈시간 국제표준 수치)로 와파린을 투여받는 노인 환자가 있었다. 패혈증에 이환되어 있었고 혈압강하제를 투여해야 했기 때문에 중심정맥관을 잡아야 하는 상황이었다. 내 커리어의 이 시점에서 좋은 마취과의사라면 전문적으로 해야 하는 이 중요한 일을 해낼 수 있어야만 했다. 그것도 5분 안에 할 수 있어야 한다. 못하면 실력이 별로인 마취과의사가 된다. 사실 이 전제는 내가 만든 것이지만. 자, 이제 '전부 아니면 전무'라는 생각에 관해 이야기를 나눠보자.

자정까지는 별일 없이 지나갔는데 자정을 넘겨서 찾아온, INR이 정상보다 높은 이 패혈증 노인 환자에게 중심정맥관 삽입을 시도했다. 와이어를 빼내기 시작할 때까지만 해도 모든 게 순조로웠다. 그런데 와이어를 제거하다가 의도치 않게 와이어와 중심관 모두 다 당겨져 나와버렸다. INR이 3을 넘으면서 혈종이 생기기 시작했다. 얼굴이 후끈 달아올랐고 손바닥에 땀이 나기 시작했다. 완전 바보가 된 기분이었다. 직속 선배인 레지던트의 얼굴을 쳐다봤다. 실수를 저지른 어린아이에게 괜찮다고 위로해주는 것처럼 "괜찮아. 큰일도 아닌데, 뭐." 등의 이런 말을 기대했다. 그런데 아니었다. 레지던트는 "음, 그거 다신 절대 하지 마. 자, 누르고 있어. 가운 입고 올 테니까." 민망하기 그지없었다.

그날 밤, 퇴근 후 집에 가서 몇 시간 동안 잠을 이루지 못했다. 왜였을까? 내 생각에는 중심정맥관 잡는 일 정도는 마취과 레지던트라면 누구나 쉽게 할 수 있어야 하는 일이었다. '*내가 그랬다니 믿고 싶지 않아……. 아, 난 진짜 실패작이야. 완전 별 볼 일 없는 마취과 의사가 되고 말 거야.*' 같은 생각이 들기 시작했다. 문제적 관점을 일순간에 포착한 나는 그것을 증폭시켜서 그 관점이 나라는 존재와 나라는 마취과의사를 정의하게 만들어버렸다. 시술 한 번 망친 것 때문에 나는 실패작이고 끔찍한 마취과 수련의가 된 것이다. 하나의 사건일 뿐인데 그 의미를 지나치게 크게 만드는 인지왜곡을 과잉일 반화라고 하는데, 이는 종종 수치심으로 이어진다.

자기결정성이 높은 의사가 되기 위해 노력하는 과정에서 수치심 은 치명적이다. 그리고 과잉일반화는 우리가 가질 수 있었을 소속감 을 공격하는 엄청난 수치심으로 이어질 수 있다. 이 점을 이해하려 면 수치심부터 제대로 알 필요가 있다.

브레네 브라운Brené Brown은 내가 가장 좋아하는 작가 중 한 명으로 수치심 연구의 선구적 인물이며 사회복지사이자 강연자다. 그녀의 저서는 다 좋아한다. 브라운 박사는 죄책감과 수치심의 차이에 대 해 가장 잘 설명한 인물이다. 죄책감은 실수를 저질렀을 때 발생하 는 감정이다. 수치심은 뭔가가 잘못되었을 경우 우리가 실수해서 그 렇게 되었다고 느낄 때 경험하는 감정이다. 죄책감이 실수 자체에 초점을 맞추는 것이라면, 수치심은 우리의 정체성에 초점을 맞춘다. 브라운은 "죄책감은 '중요한 건데 내가 잘하지 못했네I did something bad.' 라고 하는 것이고, 수치심은 '내가 나빴어I am bad.'라고 하는 것"이라고 설명한다. 일반적으로 과잉일반화는 죄책감으로 가지 않고 수치심 으로 이어진다. 그렇기 때문에 과잉일반화가 위험한 인지왜곡인 것 이다.

패혈증 환자에게서 중심정맥관이 빠져나온 사건에 대해 죄책감 만 느꼈다면 "바보 같이." 하고 열쇠를 어디에 두었는지 기억나지 않을 때처럼 떨쳐버리면 그만이다. 그게 건강한 것이다. 이런 죄책감은 다음에는 더 잘하도록 촉구하는 역할을 한다. 반면 나의 과잉일반화는 잘 안 된 시술 하나가 의사로서의 내 정체성 전체를 규정하게 만들었다. 나의 폐부를 찌르고 들어와서 나의 역량 인식에 직접적인 영향을 미쳤다. 의사의 번아웃을 구성하는 3가지 중 하나가 역량 인식에 관한 것이다. "나는 나쁜 의사다."라고 믿어버렸다. 죄책감은 우리 외부에 있지만 수치심은 내면에 있다. 중심정맥관 사건 후 나는 나쁜 마취과의사가 될 실패자라는 정체성을 받아들였다. 이 모든 것이 한 번의 시술 때문이었다. 이것이 바로 과잉일반화를 내버려두면 얼마나 강력할 수 있는지 보여주는 예다.

외부 관점에서 이 중심정맥관 이야기를 읽었다면 내 생각이 잘못되었고 관점의 문제라는 것을 인식할 수 있다. 그렇다. 그런데 나는 그 일 때문에 3시간 동안 잠들지 못하고 깨어 있다가 결국 잠을 설쳤다. 인지왜곡에 빠졌다면 스스로 인식하든지, 아니면 상담사나 코치의 지적을 받아서라도 인식해야 한다.

과잉일반화에는 내면으로 향하는 유형과 외적으로 다른 사람을 향하는 유형이 있다. 내적인 유형은 우리의 소속감과 역량 인식을 공격하는 반면, 외적인 유형은 공동체와 팀을 더 쉽게 공격한다. 과잉일반화가 다른 사람들을 향할 때 우리는 의료문화연속선에서 억울함과 번아웃 쪽으로 이동한다.

예를 들어, 우리 고객 중에 하퍼라는 사람이 있었는데 그의 동료 중에 늦게 출근하는 게 취미인 의사가 있었다. 우리가 의논하던 그 일이 있을 때 하퍼의 동료는 그녀 대신 교대근무를 하기로 되어 있었다. 그런데도 그는 늦게 나타났다. 전에도 이런 일이 있었다. 이 일 때문에 하퍼는 정말 힘들었다. 그래서 그녀는 그룹 코칭 때 외부 관점을 얻으려고 했다. 하퍼는 이전의 일들 때문에 그 동료가 이기적이고 시간을 중요하게 생각하지 않는 사람이라고 믿고 있었다. 또한 그 동료는 다른 사람에 대한 존중이라고는 조금도 없는 사람이라고 믿었다. 그래서 그가 지각을 밥먹듯이 하는 것이라 생각했고, 이 생각은 동료를 사실상 형편없는 사람으로 만들었다. 하퍼는 파트너가 늦게 출근하는 것을 과잉일반화해서 나쁜 파트너로 만들어버린 것이다. 다른 면에서는 그 동료와 함께 일하는 것이 좋았음에도 말이다(물론 하퍼는 자신의 이 같은 걱정을 그 동료와 의논한 적도 없다). 하퍼의 과잉일반화가 팀워크, 동료애, 그룹의 소속감에 어떤 영향을 끼쳤을지 상상할 수 있다. 그 공동체는 그것 때문에 타격을 입고 있었다.

과잉일반화라는 인지왜곡을 이겨내려면 새로운 관점이 있어야 한다. 더 넓은 관점을 요구하는 상황이다. 환자의 리뷰 하나, 의료과실 소송 한 건, 또는 어떤 상황 하나가 의사로서의 우리를 진정으로 규정하는 것일까? 당신이 지금 과잉일반화와 싸우고 있다는 생각이 든다면 펜과 종이를 꺼내보라. 종이를 반으로(핫도그 스타일로) 접은 다음, 한쪽 편에 지금 하는 생각을 적고(왼쪽에 적는 걸 선호하는데 그 이유는 '왼쪽'이라는 말의 라틴어 어원이 '해롭다' '사악하다'란 뜻이기 때문이다), 오른쪽에는 당신이 지금 스스로에게 하고 있는 대담하고 해로운 거짓말에 정반대가 되는 경험을 모두 적어보자.

예를 들어, 중심정맥관 실수를 한 인턴으로서 나는 왼쪽에 "중심정맥관 잡는 일을 망쳤기 때문에 난 나쁜 의사다."라고 적을 수 있다. 오른쪽에는 다음과 같이 내가 나쁜 의사라는 것에 반대되는 생각을 모두 적을 것이다. 다음과 같은 생각들이다.

- 내 임상평가를 보면 제법 잘하고 있다는 것을 알 수 있다. 사실 평균 이상이다.
- 아무도 나를 옆으로 불러 세워 지금 일을 못하고 있다고 말한 적이 없다.
- 지난번에는 초음파 유도 IV 두 개를 아무 문제 없이 잘 잡았다.
- 난 사실 지금 인턴이다. 이번 경험으로 배울 것이 많다.
- 좋은 의사가 되는 것은 중심정맥관을 잘 잡는 것 이상으로 많은 것이 필요하다.

기억해야 할 것은 우리의 가치는 (그리고 어느 누구의 가치라도) 어느 나쁜 날 하루 또는 어떤 나쁜 결정 하나보다 훨씬 크다는 사실이다. 우리는 지금 모습 그대로 충분히 가치 있는 존재다. 바로 지금 이대로. 우리 삶에 들어온 다른 사람에게도 이와 같은 관점을 부여하는 것이 장기적으로는 우리가 사는 곳, 일하는 곳에서 자기결정성이 높은 문화 쪽으로 옮겨가는 길이다.

3) '해야 한다(should)'라는 생각

영어 단어 중에서 'should'만큼 널리 퍼져 있으면서 해를 끼치는 단어도 없다. 안 믿어진다면 이 단어가 튀어나올 때 어떤 기분이 드는지 남은 하루 동안 신경 써보라. 그 사람과는 말도 하기 싫은데 그래도 다시 전화는 '걸어야 한다'. 당장 할 일이 있지만 그래도 그 논문이나 프로젝트는 '완료해야 한다'. 아무도 옳은 것을 위해서 일어서지 않더라도 나는 침묵하고 존중하는 마음으로 '있어야 한다'. 다른 동료 역시 다 그렇게 했을지라도 나는 난 판독도, 진단도, 콜도 놓치지 '말았어야 했다'. 여기서 이 '해야 한다' 대신 '하는 것이 당연하다^{ought}' '할 필요가 있다$^{need\ to}$' '해야만 한다$^{have\ to}$'라고 할 수도 있다. 어느 것이든 마찬가지다.

이러한 인지왜곡이 가진 힘을 보여주는 사례를 들어보겠다. 주치의로서 내가 여태까지 저지른 가장 고통스러운 실수는 환자에게 한 것이 아니다. 강의 도중 레지던트한테 했던 실수다. 이에 대한 배경지식을 알아야 할 것 같아서 그 이야기를 먼저 하려고 한다. (사실 그런 단어가 그냥 입에서 툭 나와버리지 않는가, 아닌가?) 나는 다양성과 포용성,

특히 황색인종과 흑색인종의 시민권에 대해서 신경 쓰는 사람이다. 이러한 열정의 시작은 닉과 친구가 되면서 그가 나의 삶과 관점을 영원히 바꾸었을 때였다. 그는 아프리카 감리교 감독교회[African Methodist Episcopal Church, AME] 계열 교회의 흑인 목사다.

닉이 이렇게 말했던 것 같다. "지미, 자네가 고등학생이었을 때 카페테리아에 가서 혹시 이런 생각이 든 적 없나? 어, 이상하네. 흑인 아이들은 왜 자기들끼리만 앉아 있지? 왜 우리랑 같이 안 앉는 걸까? 이런 생각 말일세."

내가 대답했다. "맞아, 닉. 나도 고등학생 때 그런 생각을 했었어."

그러자 닉이 또 물었다. "이런 생각은 안 들었어? 왜 백인 애들은 다 자기들끼리만 앉아 있지? 왜 흑인 애들이랑 같이 안 앉는 거지?"

솔직히 이런 생각은 고등학생 때 해본 적이 없었다. 단 한 번도 없었다. 닉은 서서히 그리고 확실히, 내게 있었는지도 몰랐던 그 편견을 조금씩 없애주었다.

닉은 백인 남성인 나에게 그런 암묵적 편견이 얼마나 깊게 자리 잡고 있는지 보여준 동시에 은혜와 연민도 보여주었다. 나는 내 방식의 오류를 입증해 보일 필요가 있었고, 닉은 인내심을 갖고 그렇게 하도록 도와주었다. 닉과 많은 대화를 나누면서 마치 2009년에 처음으로 아이맥스[IMAX] 3D 영화를 봤을 때와 같은 느낌이었다. 그 영화는 스티븐 스필버그 감독의 〈아바타〉였는데, 캐릭터들이 스크린에서 튀어나와 우리의 시야 안으로 들어오는 것이 현실과 너무나 흡사했다. 마치 벽에 붙은 파리처럼 나도 영화 속 등장인물들과 같이 있다는 느낌이 들었다. 너무 몰입이 되는 경험이어서 난 일반 2D TV로는 그 영화를 본 적이 없다. 아니 어떤 식으로든 다시 그 영화를 볼 수 없었다. 닉은 바로 그런 방식으로 내게 영향을 미쳤다. 난 어디에나 전반적으로 그리고 체계적으로 존재하는 인종적 부정의를 알고 있고 공개적으로 단호하게 반대하는 입장이다.

군이 이런 배경을 이야기하는 이유는, 주치의로서의 내 커리어에서 최악의 사건이 전공의 프로그램에서 강의할 때 흑인 전공의의 이름을 다른 흑인 전공의의 이름으로 잘못 부른 일이기 때문이다. 당시 내 실수를 곧바로 알아차리지 못했다. 이름을 틀리게 불렀다는 사실이 강의가 끝난 후에 갑자기 떠올랐다. 앞에서 이야기한 그 모든 배경을 뒤로 하고 난 엄청나게 당혹스러웠다. 그때부터 '이래야 한다' '해야 한다'라는 생각이 시작되었다. "아주 꼴좋다. 난 이제 유색인을 대할 때 그들이 다 똑같은 사람인양 대하는 백인 남성 기득권자 주치의 중 한 사람이 된 거야. 그렇게 하지 말았어야 했는데. 바보 같이. 그 레지던트가 절대 용서하지 않을 거야."

내 안의 비평가가 아주 세게 나를 몰아댔다. 레지던트들이 많이 모이는 전공의 휴게실로 가봤다. 얼마나 용서받지 못할 실수를 했는지 설명하고 너무 무감각한 행동에 대해 진짜 미안하다고 말하고 싶었다. 안타깝게도 내가 찾는 레지던트는 거기 없었다. 그 이후 꼬박 이틀 동안 그 레지던트에게 사과 이메일을 쓰고 보내고 또 읽으면서 답 메일을 기다렸다. 그 후로 이틀 동안 아무런 응답이 없자 나의 뇌는 반인종주의 단체의 깃발을 든 일원으로서 나의 가치와 소속감을 억누르는 데 필요한 온갖 정보로 가득 채워졌다. 내 가치관에 따라 나는 가장 용납할 수 없는 식으로 완전히 실패하는 상상을 했다. 마침내 레지던트의 답 메일이 왔다. 그 메일을 읽고 나는 닉과 대화하면서 곤경에 빠졌을 때 닉이 주었던 것과 동일한 은혜와 용서를 받았다.

레지던트의 답 메일을 기다리던 그 이틀 동안 나는 스스로를 괴롭히는 일을 그만둘 수 없었다. '해야 한다'라는 생각의 문제점은 무엇인가를 할 때 옳은 방법과 그른 방법이 있다는 것을 함의한다는 것이다. 그래서 그렇게 하지 않으면 크나큰 실수를 했다는 것을 뜻한다. '해야 한다'라는 생각은 우리가 누구이며, 어떤 것을 했고, 어떤 것을 하지 않았는가에 대해 비판하는 생각이다. 레지던트의 이름을 다른 사람의 이름으로 잘못 부르는 실수를 저질렀을 때, 나는 개인적이든 제도적이든 모든 종류의 인종차별에 반대하는 사람에게 인지부조화를 일으킨 행동을 한 것이다.

다른 인지왜곡과 마찬가지로 '해야 한다'라는 생각은 내적으로나 외적으로 다 가능하다. 우리는 좋은 배우자, 부모, 교사, 친구, 의사가 어떤 사람'이어야' 하는지에 대한 개념을 갖고 있다. 우리의 일상적인 생각, 말, 경험이 우리가 가지고 있는 이 이상과 가치와 다르기 때문에 '이래야 한다' '해야 한다'라는 생각은 내가 강의 후에 이틀간 경험했던 것과 같은 인지부조화를 일으킨다.

여담이지만, 위 이야기 속의 레지던트는 이틀간 이메일을 열어보지 않기 때문에 답 메일을 보내는 데 이틀이 걸렸다고 한다. 그 두 사람은 내 실수에 대해 믿을 수 없을 정도로 관대했다. 그럼에도 난 아마 172번 정도는 사과를 했던 것 같다.

⟨자기 내면을 향하는 '해야 한다'는 생각⟩

앞서 언급한 대로 '해야 한다'란 생각은 내부를 향하거나 외부를 향할 수 있다. ACE의 고객이었던 자스민은 자신이 엄마이자 의사여서 상충이 불가피하다고 생각하고 있었다. 평일에 입원환자 콜을 받으면 가족과 떨어져 지내는 시간이 평소보다 길어졌다. 그럴 때면 아이들은 가지 말라고 그녀의 다리에 매달려 많이 울었다. 이런 상황이다 보니 집에 있어도 힘들고 집을 나와도 힘들었다. 어떤 결정을 하던지 자스민 입장에서는 '좋은 엄마'가 혹은 '좋은 의사'가 '해야 하는 것'을 못하고 있다는 기분이었다. 집에서의 소속감이나 직장에서의 소속감 중 하나는 위협을 받았다.

이런 상황 때문에 당직을 설 때마다 내적 갈등이 생겼다. 한 가지 내러티브는, 그녀에게 좋은 엄마는 아이들 곁에 더 있어야 한다고 말한다. 그러나 자스민은 집에 머물면 또 내적으로 자기비판을 하게 되리라는 것을 잘 안다. 의사로서 다른 사람을 돕는 기술, 교육, 수련을 낭비하고 있다는 생각 때문이다. 자스민은 정기적으로 당직을 섰는데 당직 서는 주간을 두려워하기 시작했다. 교대가 힘들어서가 아니다. '해야 한다'라는 생각이 만드는 인지부조화가 너무 강했기 때문이다.

내적으로 들려오는 "해야 한다"는 말은 우리가 해야 한다고 생각하는 일을 하지 못하고 있기 때문에 우리의 도덕적 기준에 맞추지 못하고 있다는 말이다. 이 현상을 나는 '무엇을 해야 한다는 생각으로 자신을 수치심에 몰아넣기shoulding ourselves into shame'라고 부른다. 자스민은 아이들이 집에 같이 있자고 조르는데도 일하러 집을 나서는 것은 좋은 엄마가 아니라는 신호라고 믿기로 한 것이다. 좋은 엄마는 아이들과 가능하면 더 오래 함께 있어야 하니까. 호기심 많은 회의주의자 역할을 자처한 나는 자스민에게 방학처럼 아이들과 함께 많은 시간을 보내는 중인데 (친구와 점심을 먹거나 장을 보러 갈 때 등) 아이들이 엄마가 외출하는 걸 원치 않을 때가 있는지 물어봤다. 아이들이 엄마와 시간을 계속 보내고 있는데 "엄마, 가지 마."라고 했던 경우를 회상해보라고 물어본 것이다. 그녀는 잠시 생각해보더니 휴가 기간에 가족들과 해변에 있을 때 그런 일이 있었다고 답했다. 그 순간 그녀는 아이들이 엄마에게 가지 말라고 매달리는 상황이 벌어진다고 해서 자신이 나쁜 엄마가 되는 것은 아니라는 것을 깨달았다. 사실 그런 상황은 아이들이 엄마를 사랑하고 너무 좋아한다는 증거였다. 그리고 자스민이 가족과 보내는 시간이 아무리 길어도 아이들은 항상 엄마와 더 오래 함께 있기를 원할 것이다.

그렇다면 자스민은 왜 그렇게 기분이 나빴던 것일까? '해야 한다'라는 생각이 일으킨 해악 때문이다. 결국 그녀는 어떤 사람이 좋은 의사이고 어떤 사람이 좋은 엄마인지를 판단해야 하는 사람은 자기 자신이라는 걸 깨달았다. '해야 한다'는 생각은 그녀에게 도움이 안 되는 생각이었다. 그 후에 당직 근무라 집을 나설 때 아이들이 또 다리를 붙잡고 칭얼대자 자스민은 자기결정성이 높은 관점으로 전환했다. 아이들이 가지 말고 집에 같이 있자고 하는 것은 자기가 '해야 할' 바를 정확히 해내는 환상적인 엄마이자 의사라는 증거라고 생각한 것이다. 그녀는 가정과 직장 양쪽에서 소속감을 느끼게 되었다. 자스민은 좋은 엄마이자 좋은 의사였으며 지금도 스스로 그렇게 느낀다.

〈자기 외부를 향하는 '해야 한다'는 생각〉

고립되어 살면서 일하는 사람이 아니라면 누구에게나 불문율 같은 지침이 있는 법이다. 이러한 지침에는 당신의 남편 또는 아내, 아이들, 부모, 형제자매, 동료가 어떻게 행동하기를 기대하는 내용이 들어 있다. 사람들이 들여다볼 수 있는 공개적인 문서 형태는 아니다. *어, 실례합니다만, 제가 출근해서 인사할 때 저에게 어떻게 응대하셔야 하는지 3-2항을 참조해 주시겠어요?* 무엇을 기대하는지 명시적으로 되어 있지 않기 때문에 상대방이 이런 불문의 지침대로 하지 않을 경우에 분개하거나 억울할 때가 많다.

예를 들어, 내가 아이들을 학교에서 막 데려왔고 이제 저녁 식사 준비를 한다고 가정해보자. 모두 11세 미만인 세 자녀들이 옆에서 광대처럼 이리저리 돌아다니며 말 타기 놀이를 한다. 한 아이가 담요를 이용해 다른 한 아이를 끌어당기다가 의자 모서리나 바닥, 아니면 셋째가 장난친다고 일부러 갖다 둔 의자 같이 단단한 데에 부딪히기도 한다. 그때부터 비명과 울음이 시작된다. 이 난장판 속에서도 난 어떻게든 저녁 준비를 하려고 애쓴다.

그래서 나는 아내 크리스틴이 퇴근하고 집에 돌아오면 내가 저녁 식사 준비에만 전념할 수 있도록 일단 아이들을 봐줄 거라고 기대할 수도 있다. 그렇지만 크리스틴의 입장에서는 오히려 내가 자기를 조금 쉬도록 내버려두길 기대할 수 있다. 하루 종일 직장에서 힘들게 일했으니 정신을 가다듬고 쉴 필요도 있으니까. 우리 중 어느 한 쪽도 자기가 상대에게 뭘 기대하는지 이야기한 적이 없는데, 그렇다고 상대에 대한 기대가 없어지거나 하지는 않기 때문에 각자 상대방을 향한 '해야 한다'는 생각을 가지게 된다.

내 입장에서는 '아내가 날 도와서 아이들을 봐주어야 한다'고 생각할 수 있다. 이렇게 생각하고 있기 때문에 아내가 그러지 않을 때 화나고 분개하게 된다. 이러한 상황에 그녀가 핸드폰을 보면서 저녁 메뉴가 무엇인지 물어보면 잔소리를 하게 된다. *그런데 나는 배우자에게 이런 식으로 행동하라고 한 적이 단 한 번도 없다.* 그렇게 우리는 싸운다. 이러면 크리스틴의 입장에서는 뭔가 공정하지가 않다. 내가 자기에게 무엇을 기대하는지 그녀는 모르기 때문이다. 그녀도 어른이다. 내가 무엇을 기대하든 그녀는 자기가 원하는 걸 할 수 있다. 조금 천천히 생각해보면 사실 그것이 내가 원하는 것이다. 자율성은 이 책에서 우리가 길게 논의한 자기결정성의 핵심요소 중 하나다. 내가 아내를 사랑한다면 아내를 통제하기를 원치 않을 것이다. 그리고 나 역시 그녀가 나를 통제하기를 원치 않을 것이다.

저녁 시간에 아이들이 계속 소란을 피우는 상황은 크리스틴이 날 도와줄 생각이 없어서 생기는 일이 아니다. 그녀에게 쉴 시간을 내가 주지 않아서도 물론 아니다. 이는 그녀가 지금 어떤 일을 하고 있어야 하는지에 대한, 그녀를 향한 '해야 한다'는 생각을 만들어내는 내 불문의 기대 때문에 생기는 일이다. 즉, 주어진 상황의 여건 때문이 아니라 우리가 다른 사람에게 가지고 있는 인지왜곡 때문에 일어나는 문제다. 그리고 이를 그냥 놔둔다면 '해야 한다'는 생각은 계속해서 우리의 소속감을 공격할 것이다.

4) 내가 옳아야 한다는 믿음

대다수의 의사는 완벽주의자다. '옳아야' 한다는 불행한 덫에 걸려 있다. 이 인지왜곡은 대화나 코칭에서 중요한 것으로부터 딴 데로 관심을 돌리게 하는 역할을 한다. 논쟁의 초점이 내가 '옳고' 상대는 '틀린 것'에 맞춰져 있으면 우리에게 가장 중요한 것에 대한 초점을 잃을 가능성이 크다. 우리에게 가장 중요한 것이란, 우리가 공동의 목적을 공유하는 팀원으로서 각자 존중받고 있다고 느껴야 할 필요를 말한다. 대화에서 팀원보다 '옳음'에 더 관심을 두면 사람들은 자신이 존중받지 못하고 인정받지 못하며 더 이상은 팀에서 가치 있는 구성원이 아니라고 느끼기 쉽다. 그런 대화로 우리는 상대의 자기결정성을 공격하고 있는 것이다.

'결정적 대화'라고 불릴 만한 것에서 이런 일이 아주 빈번하게 일어난다. 같은 제목의 책,《결정적 대화Crucial Conversations46》에서 저자들은 결정적으로 중요한 대화에 핵심적인 요소가 세 가지 있다고 설명한다. 다음의 세 가지 요소가 있는 대화를 결정적 대화라고 할 수 있다.

---

46 Joseph Grenny et al., Crucial Conversations: Tools for Talking When Stakes Are High, 3rd ed. (New York: McGraw-Hill, 2022).

- 감정이 북받친다 Emotionally charged

  - 피가 끓는 것 같거나 긴장감이 높아지는 기분이 드는 등 어떤 식으로든 당신이 감정적이 되면 그런 대화가 발생한다.

- 의견 차이가 있다 A difference of opinions

  - 대화 당사자가 주어진 사안에 동의하지 않는다.

- 판이 큰 대화다 High-stakes conversations

  - 대화의 결과가 무엇인가에 따라 대화 당사자에게 크게 문제가 된다.

예를 들어, 아이를 사립학교에 보내야 할지 공립학교에 보내야 할지 배우자와 대화 중이라고 해보자('보내야 한다'라는 말이 있는 걸 보면 이미 대화가 감정을 북받치는 영역으로 진입했음을 알 수 있다). 당신은 아이를 공립학교에 보내야 한다고 생각하는 반면, 상대방은 사립학교가 최선이라고 생각한다. 처음에는 차분하게 대화를 시작했지만 결정적 대화의 세 가지 요소를 다 갖추게 된다. 아이들 문제이기도 하고 의견 차이가 극명해서 쉽게 감정적인 대화로 치달을 수 있다.

아이에게 최선은 무엇일까 하는 공동의 목적에서 대화가 시작될 수 있다. 그런데 어느 시점에서 학교를 어디 보내야 나중에 대학에 입학할 가능성이 높아지는가 하는 문제로 흘러간다. 또는 의사의 아이는 이런 학교에 '다녀야 한다'라는 문제로 바뀐다. 긴장도가 올라가면서 초점은 어느새 '아이에게 최선은 무엇일까'에서 누가 말싸움에서 '이기냐'가 된다. 아마 한 명은 공립학교에 다녔고 다른 한 명은 사립학교에 다녔을 수도 있다. 둘 다 자기가 잘되었다고 생각하며, 그것으로 증거는 충분하다고 생각한다. 사랑하는 배우자의 의견을 듣는 것이 아니라, 무슨 수를 써서라도 논쟁에서 이기는 것이 초점이 되었다. 결국 자기가 항상 옳아야 한다는 인지왜곡으로 진입한 것이다.

이처럼 길을 벗어난 사고방식은 수술실^{OR}에서도 자주 일어난다. 수술실에는 팀원이 많기 때문에 환자가 제때 수술실로 오지 못하는 일처럼 무슨 문제가 생기면 의견이 분분해진다. 환자가 늦게 도착했나? 체크인 절차에 문제가 있었나? 수술 전에 준비하는 간호사가 일을 제때 안 했나? IV 잡는 게 문제였나? 아니면 마취? 수술실 안에서 일하는 사람이 아니면 답은 언제나 마취과 잘못이다. 우리 마취과는 세상 모든 수술실에서 보편적인 희생양인 것 같지만 …… 아, 다시 본론으로 다시 돌아가겠다. 과거를 바꿀 수는 없다. 이건 옳고 그름의 문제도 아니다. 하지만 수술실의 일정 지연 문제는 늘 비난게임으로 빠지곤 한다. 그래 봤자 지금 이 환자에게 전혀 도움이 안될뿐더러 다음 환자를 위한 프로세스에도 좋지 않다.

다행히 이보다 나은 방법이 있다. '옳고 그름'의 사고방식에서 벗어나 "여기서 무엇이 목적인가?"라는 질문으로 옮겨갈 수 있으면 그순간 우리는 대화를 처음 시작했던 궁극적인 이유를 기억해낼 수 있다. 우리 아이가 어느 학교에 가야 하는지를 결정하는 일 때문에 또는 환자가 수술실에 10분 늦게 온 일 때문에 벌어진 말다툼에서 문제는 '누가 이기느냐'가 아니다. 초점은 우리 아이가 제대로 된 좋은 교육을 잘 받는 것이고, 누구의 잘못인지 개개인을 탓할 게 아니라 수술실에 환자가 늦게 오는 문제를 야기하는 시스템을 개선하는 것이다.

이 외에 기억해야 할 점은, 우리 모두에게는 자신이 속한 공동체에 소속감을 느끼고자 하는 본연의 욕구가 있다는 사실이다. 또한 자기가 옳아야만 한다는 생각 때문에 나오는 거친 말은 팀원 각자가 자신의 가치를 느끼는 문화를 조성하는 길에 역행하는 것이다. 브레네 브라운이 자주 말하듯이 우리의 초점은 "누가 옳은 게 아니라 일이 올바로 되게 하는" 것이어야 한다. '어떻게' 대화할 것인가에 초점을 두어서 사람들이 자신의 가치를 알며 존중받고 있다고 느끼게 하는 것이야말로 자기가 옳은 것보다 한없이 더 중요하다. 나는 마야 안젤루의 글에서 이 문장을 가장 좋아한다.

"당신이 무슨 말을 했는지 사람들은 기억하지 못한다. 당신이 무슨 일을 했는지도 기억하지 못한다. 당신이 그들에게 어떤 기분을 느끼게 했는지, 사람들은 그걸 기억할 것이다."

마지막 한 마디

이 책의 첫 장에서 우리가 일하는 의료기관이나 의사 개개인을 곤란하게 하는 많은 문제에 대해 논의했다. 도착 오류, 피해자 사고 방식, 번아웃, 학습된 무기력에 대해 다루었으며 가면증후군에 대해서도 잠깐 살펴보았다. 자기결정성이 높은 의사가 되기 위한 ABC(자율성, 소속감, 역량)도 검토했다. 자율성, 소속감, 역량 인식에 대한 우리의 욕구는 번아웃을 극복하기 위해 필요한 요소들이다.

안타깝게도 이 모든 것이 좋게 들리고 또 좋기도 하지만, 우리가 일하는 많은 기관에서는 사람보다 이윤을 우선하는 현재의 초점을 바꾸려 하지 않는다는 걸 우리는 알고 있다. 여기서 우리의 미션은 두 가지다. 첫 번째는 의료계를 괴롭히는 시스템상의 문제를 바로잡는 것이다. 그러니 만일 당신이 의료계의 리더나 관리자라면 이 책의 앞부분을 읽어보길 바란다.

두 번째 미션은 번아웃된 의사들에게 힘을 실어주고, 자기가 사랑하는 삶을 만들어 나가도록 돕는 것이다. 일하는 기관이 기존의 방향을 바꾸기를 주저한다 해도 마찬가지다. 만일 당신이 이런 상황에 있더라도 걱정할 것은 없다. 이 책의 나머지 부분에서는 당신이 자율성, 소속감, 역량 인식을 회복하도록 도울 것이다. 당신의 조직이나 임상 현장이 어떻든 상관없다. 당신이 헛된 희망을 갖도록 내버려두진 않겠다. 이 책의 1, 2부에서 문제를 정의했다면 이제 3, 4부에서는 의료문화연속선에서 직장이 오른쪽으로 지향하기를 거부할지라도 고장 난 의료시스템에서 일하는 의사들이 자기결정성이 높아질 수 있도록 '어떻게' 힘을 실어줄지에 대해 설명한다. 준비가 되었다면 이제 시작해보자!

DETERMINED

3부

프로세스

2017년 11월, 웨이크 포레스트에서 국소마취 및 급성통증관리 Regional Anesthesia and Acute Pain Management 펠로우십을 수료한 지 5개월 만에 팟캐스트 '의사철학자'와 '돈과 의학의 만남'이 출범했다. 많은 의사들과 마찬가지로 재정 독립(또는 FI Financial Independence)과 번아웃이 상호 관련된 주제라고 인지하고 있었기 때문에 원래 슬로건은 '부와 웰빙 Wealth and Wellness'이었다. 자기결정성 이론과 번아웃 사이의 연관성에 대해서는 아직 생각을 정리하지 못하고 있었지만, 그때도 번아웃된 의사를 돕는 데 개인 재정이 할 수 있는 역할에 대해서는 이해하고 있었다. 팟캐스트 '의사철학자' 웹사이트의 슬로건이 한때 '재정 독립을 통해 번아웃 극복하기'인 적도 있었다. 그렇게 해서 의사들을 위한 개인 재정 관련 블로그가 생겨났다.

재정 독립이란 현재의 생활방식을 유지하기 위해 더 이상 월급에 의존하지 않아도 되는 시점을 말한다. 다시 말해, 의사가 의료계를 은퇴해도 되는 시점이다. 이것은 재정적 자유라고 할 수 있으며 개인적인 자율성으로 나아가는 하나의 길이다. 대다수 사람은 이것이야말로 번아웃에 대한 분명한 해결책이라고 생각한다. 의료계를 떠날 능력이 된다는 건, 무슨 문제든 해결된다는 뜻이 아닐까? 나역시 그렇게 생각했다. 내가 팟캐스트 '의사철학자'를 열고 첫 2년동안 의사들에게 개인 재정의 힘에 대해 가르친 것도 그 때문이다. 2019년 2월에는 《개인 재정에 대한 의사철학자의 지침서 The Physician

Philosopher's Guide to Personal Finance》라는 책자도 출간했다. 부제가 무엇이었을까? '의사가 알아야 할 개인 금융의 20%는 80%의 결과를 가져온다 The 20% of Personal Finance Doctors Need to Know to Get 80% of the Results'였다.

이 책이 무척 자랑스러웠고 지금도 그렇다. 개인 재정의 여정을 출발하는 방법을 배우고 싶은 사람이라면 누구나 쉽게 읽을 수 있는 책이다. 그런데 아이러니한 점은 다른 의사들이 재정 독립을 통해 번아웃을 극복하도록 도와주던 그 시기에 내가 갑자기 번아웃에 빠졌다는 사실이다. 그래서 다른 사람들에게 가르치던 그대로 해봤다. 크리스틴과 나는 여섯 자리 수의 돈을 매년 저축해서 40대 중반에는 은퇴가 가능하도록 길을 닦고 있었다. 우리의 재정 독립 목표는 연 지출의 약 25배인 350만 달러(한화 약 47억 원)에 도달하는 것이었다.

문제는 우리가 재정 독립에 도달하기 한참 전에 벌써 나의 번아웃이 나를 파멸시킬 기세였다는 것이다. 하지만 이런 문제도 나를 막지는 못했다. 나는 개인 재정에 보석 신청 같은 건 하지 않았다. 오히려 노력을 늘리면서 버텼다. 당시 내 생각으로는 팟캐스트 '의사철학자'에서 이익을 더 낼 수 있게 되면 온라인 비즈니스만 가지고도 의사로서의 진료 수입에 더 이상 의존하지 않아도 될 빠른 길이 생길 것 같았다. 이것은 재정 독립에 대한 하이브리드 모형으로 부동산업계에서 사용하는 자금 흐름 모형에, 블로그 FI에서 많이 가르치는 '연 지출 25배'라는 전통적인 모형을 더한 것이다. 나는 번아웃을 극복하기 위해 돈이라는 도구에 초점을 두었는데, 그 요지는 내가 거의 바닥까지 추락했을 때 쓴 시 '진실은 이거야The Truth Is'에 잘 들어 있다. 이 책을 읽고 있거나 또는 듣고 있을 당신도 이런 상황에 있었거나, 아니면 언젠가 있게 될지도 모른다.

진실은 참호에 있는 우리 중 누구에게도 발언할 권리가 없다는 거야.
황금 수갑과 낙하산을 쥔 권력자들은
돈이 비처럼 내리게 하려고만 하지.
상아탑에서 정장을 빼입은 채 지표만 들여다보면서 말이지.
변화를 간절히 원하고 번아웃으로 비명을 질러도
원하는 변화 같은 건 일어나지 않아.
왜냐하면 우리가 내는 목소리는 들리지가 않아서야.

이제 다른 사람들이 쳐놓은 덫에 걸려 사는 게
지긋지긋해졌다는 게 진실이야.
다른 사람들은 어떤 일을 기대하고 있는지 예전엔 관심이 많았지.
허가를 바랐지…. 그런데 이제 다 상관없어.
승진, 정교수, 논문, 그런 건 다 잡담 쓰레기일 뿐이야.

맞아, 나 좋은 의사가 되려고 했어. 근데 말이지,

좋은 직원과 좋은 남편과 좋은 아빠 사이에서

선택을 해야 하는 건 싫었어.

번아웃 때문에 우리가 사랑하는 것이

죄다 사라진다는 사실이 진실이야.

아까운 의사도 자매도 어머니도 형제도 아버지도 다 사라져버려.

시스템이 달라져야 해. 명상도 심호흡도 아무 소용이 없어.

남는 건 도덕적으로 상처 입은 자들뿐이야.

이제 모두가 맞서서

받을 권리가 있는 것을 달라고 요구해야 할 때야.

더 이상 조용히 있으면 안 돼. 이제 신경을 하나씩 일깨워지.

권력자들이 우리 목소리를 듣기 전에는 변화란 없다는 게 진실이야.

"그렇게 변화를 원하면 직접 그 변화가 되어 보시든가."라는

소리나 듣겠지.

우리는 글을 쓰고, 랩을 하고 노래를 부르고 부르짖곤 하지···.

그래 봤자 밤중에 누구 한 사람 죽기 전엔 아무도 듣지를 않아.

고난의 시기와 나쁜 문화는 사람의 정신을 영 딴판으로 돌변시키지.

더 많은 냉담과 줄어드는 연민, 그래서 우리의 본성이 파괴되는 거야.

우리가 완벽해야 하는 건 아니라는 게 진실이야.

우리는 답을 다 알 수가 없어.

그렇다고 시스템이 안 바뀌면 암 덩어리처럼 커지기만 하겠지.

젊어서 눈에도 안 띄고, 너무 시끄럽다고 무시당하기 일쑤야.

의사들을 코너로 몰고 바닥에 내동댕이치기나 하지.

수천 명씩 번아웃되고 있는데

점수는 대체 누가 유지하는 거야?

우리가. 그게 진실이야.

우리의 은행 계좌에. 우리가 문 열고 나갈 수 있을 때까지.

재정 독립에 초점을 둔 것은 얼마간 실제로 효과가 있었다. 연간 자금 흐름에 대한 목표를 수립했고, 사업이 성장하면서 계좌에 돈이 늘어났다. 임상진료가 아닌 일로 자금 흐름이 좋아지면서 진료일도 줄일 수 있었다. 그런데 문제가 하나 있었다. 나는 그때 직장에서나 사업에서나 몹시 지쳐가고 있었다. 번아웃이 극심하게 찾아왔고 일과 삶의 균형은 사라져버렸다. 의료에 대한 소속감도 저 멀리 밀려났고, 사람보다 일에 초점을 맞추다가 어떤 지경이 되는지 보여주는 실제 사례가 되고 말았다(이 경우 개인적인 성장보다 비즈니스의 이윤을 우선한 결과다). 결국 문제가 크게 될 수도 있었다.

그런데 나만 이런 경험을 하는 게 아니다. 수많은 의사들이 재정 독립을 앞당기려고 교대근무를 초과로 하거나, 직장 이외에 대진을 추가로 하거나, 싫어도 직장에서 버티거나, 의료에서 풀타임으로 일하면서 부업을 하고 있다. 이윤에 일차적인 초점을 두면 무엇이 뒤처지는지 알겠는가? 바로 자기 자신 그리고 자신의 웰빙이다.

이 점은 분명히 하고 싶다. 돈만으로는 답이 될 수 없다. 돈은 도구다. 돈은 목적을 위한 수단이지, 목적 자체가 아니다. 이 말이 지금 누구 입에서 나오고 있는지 주목해주길 바란다. 4년 내내 매일 의사들에게 개인 재정을 위한 글을 읽고 쓰고 블로그를 운영하고 팟캐스트를 운영한 사람의 입에서 나오고 있다. 내 말에 절대 오해가 없기를 바란다. 여전히 돈은 개인의 자율성에 중요한 역할을 한다. 아직도 난 돈에 대해 자칭 광팬이다. 지금까지도 웨이크 포레스트에서 의과대학 4학년 학생들에게 재정에 관해 직접 강의하고, 비즈니스를 통해서는 의학전문금융대학Medical Degree Financial University(또는 줄여서 MDFU. 맞다, FU는 의사들이 쓰는 말Follow-Up을 생각해서 정했다)에서 의료인을 위한 개인 재정 강의도 하고 있다. 팟캐스트 '돈과 의학의 만남'을 만든 이유도 의사들의 재정적 자유를 돕기 위함이다.

그러나 돈은 '삶의 시작이자 끝'이 아니다. 돈은 인생에서 우리가 원하는 곳으로 갈 수 있게 해주는 많은 자원 중 하나다. 개인적인 자율성을 회복하려면 돈이 있어야 한다. 그러나 돈만 가지고는 번아웃을 해결할 수가 없다. 사람을 우선하는 틀에서 개인적인 자율성은 우리가 의도하는 목표의 20%에 해당한다. 돈은 직업적인 자율성을 해결하지 못하고, 팀의 소중한 구성원이라는 기분을 느끼게 하지도, 더 깊은 목적의식을 갖게 해주지도 못하며, 역량 인식을 높이지도 못한다.

나는 오랜 시간 거꾸로 살았다는 사실을 인정해야 한다. 팟캐스트 '의사철학자'를 통해 재정적인 자유를 얻었고, 진료일은 파트타임으로만 해도 될 여건이었고, 원하면 의료계를 완전히 떠날 수도 있었다. 그런데 이게 잠시 동안은 위안을 주었는데 뭔가 중요한 게 빠진 것 같았다. 돈에 초점을 맞추어 산 것도 결국은 하나의 '도착 오류'였던 것이다. 재정 독립은 (개인적 자율성이라는) 레시피의 일부분일 뿐이었다. 높은 자기결정성의 레시피에는 4가지 다른 성분들(직업적인 자율성, 팀 구성원으로서 가치를 인정받는다는 느낌, 깊은 목적의식 가지기, 임상적 역량)도 필요했다.

레시피라는 단어를 쓰는 이유는 우리가 원하는 삶을 만든다는 것은 마치 케이크를 굽는 것과 같기 때문이다. 잘못된 단계나 엉뚱한 순서로 재료를 넣으면 케이크를 제대로 만들 수 없다. 케이크를 오븐에 넣기 전 반죽 단계에서 넣지 않고 이미 구운 케이크에 날달걀을 넣는 것과 같다. 혹 취향이 독특해서 미리 구워둔 케이크에 날달걀을 끼얹는 걸 좋아한다면 몰라도, 그렇게 해서는 시작할 때 생각했던 최종 결과물이 나올 수 없다. 재료 구성이 동일해도 마찬가지다. 맛있는 케이크를 만들려면 각각의 재료가 적절한 양으로, 적절한 순서로, 적절한 타이밍에 들어가야만 한다.

자기결정성을 높이기 위한 도구를 사용하는 순서가 중요하다는 사실을 깨닫기까지, 나는 이런 과정을 몸소 겪어야만 했고 수백 명의 의사들을 돕는 코칭 일도 해봐야만 했다. 케이크 레시피에서 일정한 순서와 일정한 분량의 재료가 필요한 것처럼, 의사들에게 힘을 실어주는 일에 사용하는 도구도 일정한 순서로 사용해야 의사들이 자기 이야기의 주인공이 될 수 있게 도울 수 있다. 오른쪽 그림의 틀은 의사들이 스스로 자기결정성이 높은 의사가 되도록 도움을 줄 때 사용하는 모형이다[그림 6]. 이것을 '의사의 자유를 위한 세 기둥The 3 Pillars to Physician Freedom'이라고 부른다.

이 그림을 보면, 케이크 비유에서와 같이 하나라도 빠지면 레시피의 주재료가 빠지는 것임을 알 수 있다. 마인드셋을 정복하지 않고서는 즉, 로벤 섬에서의 넬슨 만델라처럼 외부 여건에 대한 자기 내면의 내러티브를 통제할 능력이 없으면 늘 불만족하게 되고 가면 증후군에 시달리게 된다. 돈을 정복하지 않고서는, 즉 재정적인 자유에 도달하기 위한 재정적인 계획을 수립하지 않으면 계속 월급의 노예로 일해야 할 것이다. 다른 말로 하면 개인적 자율성을 갖지 못한다는 뜻이다. 시간 관리 전문가가 되지 않으면 계속 허둥대는 삶을 살게 될 것이다. 그렇게 되면 개인적 자율성과 직업적인 자율성 모두 늘 타격을 입는다. 그와 동시에 매우 중요하지만 급하지 않은

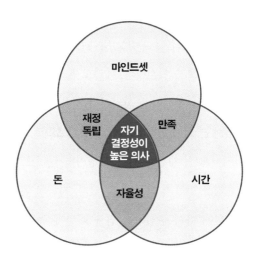

〔그림 6〕 의사의 자유를 위한 세 기둥

일들(데이트, 수면, 운동 등)이 늘 뒷전으로 밀려난다.

'의사의 자유를 위한 세 기둥' 모형을 보면 의사들이 자기결정성이 높은 삶을 살기 위한 ABC를 달성하도록 우리가 어떻게 도왔는지 알 수 있다. 이 틀에 더해서 지금 수천 명의 의사들이 개인적인 번아웃과 시스템적인 번아웃을 극복하기 위한 여정 중에 있다. 우리는 의료계 안에 의사가 자신의 일을 즐기면서도 환자에게 최선의 진료를 제공하는 문화를 만들어내기 위한 길 위에 서 있다. 그룹 코칭과 동료-대-동료 대화가 의사의 번아웃을 감소시킨다는 결과는 연구들이 속속 보여주고 있다. 우리들의 살아 있는 경험을 공유하고 이 여정에서 우리가 혼자가 아니라는 것을 알게 되면 의료계에 속한 우리 모두에게 결여된 깊은 소속감도 일깨워질 것이다.

우리가 갈 길의 경로는 이것이다. 마인드셋 → 돈 → 인생. 순서도 중요하다. 마인드셋의 정복이 우선되어야 자율성과 역량을 배양할 수 있다. 그다음에는 번아웃을 극복하기 위한 도구로 돈을 잘 활용해야 한다. 마지막으로, 재정적 여유가 생기면 진정으로 원하는 이상적인 삶의 균형을 만들기 시작할 수 있다. 자동차 운전을 배우려면 우선 운전학원에 가서 운전하는 법을 배워야 하듯이 말이다. 이런 일은 마인드셋을 정복했을 때 일어난다. 이것이 책 후반부의 전제다. 그런 다음 원하는 곳까지 가기 위해 필요한 연료를 자동차에 넣는 방법을 배워야 한다(돈을 정복하는 방법은 《개인 금융을 위한 의사철학자의 지침서》와 팟캐스트 '의사철학자'에서 우리가 가르치는 콘텐츠에 들어 있다. 이 자료들에 대해 더 배우고자 한다면 https://coaching.thephysicianphilosopher.com/mdfu-landing-page/를 방문해보라). 일단 여기까지 이루어져야만 삶의 우선순위를 최선으로 반영하기 위해서 차를 얼마나 자주, 어디로 몰아야 하는지 판단할 수 있다.

이 여정에 앞서 공유하고 싶은 편지가 있다. 의사들과 나 자신에게 쓴 것이다. 이 편지는 번아웃에서 빠져나오고 있을 때 인생이 나에게 던져오는 그 어떤 도전도 견뎌낼 만큼 내가 충분히 강하다는 사실을 스스로에게 상기시키려고 쓴 것이다.

넌 늘 강했어

넌 학부에서 추려낸 알짜배기 과목을 다 통과할 만큼 충분히 강했어. 주 18~21시간짜리 학기를 힘들게 보내면서 과외활동과 임상 쉐도윙까지 하면서 균형을 잡을 만큼 넌 충분히 강했어. 친구들이 놀러 나가자고 할 때 넌 "아니, 난 공부해야 해."라고 말할 만큼 충분히 강했어. 네겐 의사가 되는 꿈이 있었기 때문이었지.

입학지원 비용을 지불하고 면접을 받고 의대 입학을 위한 과목들을 수강할 정도로 넌 충분히 강했어. 안 될 것 같은 것들도 다 해낼 정도로 넌 충분히 강했어.

육안 해부학과 생화학을 공부할 때 필요한 암기 분량도 버텨낼 정도로 넌 충분히 강했어. 당장 봐선 도무지 감당이 안 될 것 같은 빚도 떠안을 만큼 넌 충분히 강했어.

처음으로 흰 가운을 입을 때에도 넌 충분히 강했어. 두 어깨에 세상짐을 다 진 것 같은 기분이 들었지. 임상 로테이션에서 처음으로 환자를 대할 때에도 넌 충분히 강했어. 그때 넌 학생이라는 라벨이 표시된 가운을 입고 있어야 했지.

"모르겠습니다."라고 말할 정도로 넌 충분히 강했어.

의과대학을 마치고 수련의 과정에 들어갈 만큼 넌 충분히 강했어. 기나긴 근무 시간과 불면의 밤들을 지새울 정도로 넌 충분히 강했어. 좋은 병사가 되어 고개를 숙이고 시키는 일을 다 해낼 만큼 넌 충분히 강했어. 결혼식도 못가고 장례식도 못가고 동창회 모임도 못갈 정도로 넌 충분히 강했어.

보던 환자가 세상을 떠나는 걸 처음 봤을 때 고인의 손을 잡아줄 만큼 넌 충분히 강했어. 그분의 딸들에게 소식을 전해줄 수 있을 만큼 넌 충분히 강했어. 그들 앞에서 함께 울어줄 정도로 넌 충분히 강했어.

그 일이 있던 다음 날에도 출근을 할 만큼 넌 충분히 강했어. 다음 환자도 네 도움이 필요했으니까.

주치의가 되었을 때에도 넌 충분히 강했어. 무슨 결정 하나에도 다들 너만 바라봤는데 그럴 때에도 넌 충분히 강했어.

너를 파멸시킬 것 같던 가면증후군도 관리할 만큼 넌 충분히 강했어. 스스로 사기꾼이 된 건 아닌지 두려웠을 때에도 넌 충분히 강했어. 좋은 의사가 되기 위해서 필요한 힘을 자각하게 되었기에 넌 충분히 강했어.

처음으로 나아진 걸 느끼게 하거나 처음으로 생명을 구했을 때에도 넌 충분히 강했어. 그 공을 팀원들에게 돌릴 때 넌 충분히 강했어. 아무런 공도 인정받지 못할 때조차 넌 충분히 강했어.

환자들을 위해서 강해질 필요가 있었기에 너는 강했어.

의사가 되는 이 여정을 따라가다가 처음으로 자율성을 잃었을 때에도 넌 강했어. 공감이 사라져갈 때에도 넌 강했어.

스트레스에 압도당하는 기분이 들 때에도 너는 강했어.

환자에게 무슨 진료를 해야 하는지 지시하는 보험회사를 상대할 때에도 너는 충분히 강했어. 임상 업무량과 상대가치단위^{RVU}당 생산량을 늘리라고 요구하는 관리자를 상대할 때에도 너는 충분히 강했어. 청구를 위한 것이지 환자 진료를 위한 것이 아닌 게 확실한 새 전자의무기록을 다룰 때에도 너는 충분히 강했어. 환자 진료에 걸림돌이 생겼을 때 환자를 위해 맞설 만큼 넌 충분히 강했어. 데이터를 입력하는 직원이 된 것 같은 기분이 들 때에도 넌 강했어.

의사 일을 그만두고 싶은 기분이 처음 들었을 때에도 넌 강했어. 의사가 자살로 생을 마감했다는 소식을 처음 들었을 때에도 넌 강했어. 그 의사가 친구였고 의대 동기였고 같은 병원의 동료 직원이었다는 사실을 알았지만 너는 강했어.

몸은 약해지고 우울하고 한계에 다다른 기분이 들 때조차 넌 강했어.

왜 퇴근이 늦는지 가족들이 물었을 때 넌 강했어. 아이의 축구 경기도 악기 연주도 보러 가지 못하는 것을 감당할 만큼 넌 충분히 강했어. 병원 전화를 받고 다시 일을 해야 했을 때 넌 강했어. 아이가 왜 자기만 학교 발표회에 부모님이 안 오는 아이여야 하는지 나중에 물어보겠거니 예상도 하고 있었지.

오늘도 여전히 넌 충분히 강해. 치료사와 코치와 상담사와 이야기하는 지금도 넌 충분히 강해. "아니오."라고 말할 수 있을 만큼 넌 충분히 강해. 변화를 고려해보고 진료 시간을 줄일 생각도 할 만큼 넌 충분히 강해. 스스로 소중한 존재라는 것을 알 정도로 넌 충분히 강해.

생각과 감정과 행동과 결과의 주인이 자기 자신임을 알 정도로 넌 충분히 강해. 필요하다면 충분히 여건도 바꿀 수 있음을 알 만큼 넌 충분히 강해.

좋은 의사, 좋은 배우자, 좋은 부모 사이에서 선택을 하지 않아도 된다는 것을 알 만큼 넌 충분히 강해. 도움을 청하는 것이 약하다는 증거는 아니라는 걸 알 정도로 넌 충분히 강해. 그건 오히려 힘의 표지니까. 스스로 다 해낼 수 없다는 것을 알 만큼 넌 충분히 강해. 개방적이고 정직한 투명성이 문제를 해결하는 데 도움이 된다는 걸 알 정도로 넌 충분히 강해.

너에게도 너처럼 강한 의사들이 필요하다는 걸 알 만큼 넌 충분히 강해.

강한 의사들의 공동체에 가입할 준비가 되어 있고, 의료계가 당신을 위해 싸워주지 않아도 싸울 준비가 되었다면 이제 움직일 차례다. 당신의 생각이 당신을 정복하게 두는 게 아니라, 스스로 당신의 생각을 정복할 때가 된 것이다.

06

자율성의 회복

Reclaiming Your Autonomy

"너희는 이 세대를 본받지 말고 오직 마음을 새롭게 함으로 변화를 받아
하나님의 선하시고 기뻐하시고 온전하신 뜻이 무엇인지 분별하도록 하라."

– 성경 로마서 12장 2절 말씀 –

1966년에 유죄선고를 받은 루빈 '허리케인' 카터는 범죄를 저지른
사실이 없었다.[47] 경기 중 링 안에서의 태도와 강력한 레프트 훅으로
유명한 프로복서였던 그는 3명을 살인했다는 죄목으로 19년 형을 선

---

47 Selwyn Raab, "Rubin (Hurricane) Carter, Boxer Found Wrongly Convicted, Dies at 76," The New York
Times, April 22, 2014, https://www.nytimes.com/2014/04/21/sports/rubin-hurricane-carter-fearsome-
boxer-dies-at-76.html.

고받고 투옥되었다. 카터는 자신의 무죄를 입증하기 위해 부단히 노력한 것으로 유명해졌다. 이 권투선수의 사건은 연방대법원까지 갔지만 결국 패소했다. 밥 딜런이 1976년에 쓴 〈허리케인^{Hurricane}〉이라는 곡이 바로 그에 관한 것이고, 이후에는 그의 이야기가 비슷한 제목의 덴젤 워싱턴 주연의 영화로도 만들어져 상영되었다.

루빈 '허리케인' 카터가 대법원에서 실패한 이유가 무엇인지 알아보자는 것은 아니다. 번아웃을 극복하려는 우리의 여정에서 그의 이야기가 빛나는 본보기가 되는 진짜 이유는 카터가 자기 마인드셋의 주인이었기 때문이다. 1977년 〈뉴욕 타임스〉에 실린 기사에 그가 자신의 마인드셋을 정복하였다는 사실을 단적으로 보여주는 말이 실려 있다. "그들이 나의 몸을 감금할 수 있을지는 몰라도 내 정신을 감금할 수는 없다." 넬슨 만델라처럼 카터 역시 자신의 외부 여건을 통제할 수는 없었지만 피해자가 되기를 거부했다. 복서로서의 직업적 자율성을 빼앗겼지만 자신의 개인적 자율성은 빼앗기지 않았다. 그가 처한 외부 여건은 그를 붙잡은 사람들이 통제할 수 있었지만 그가 살아가는 정신 내면의 상태나 의도는 그들이 결코 통제할 수가 없었다.

수감 기간 내내 카터는 자신에게 집중했다. 무너지거나 비굴해지거나 절망하지 않으려고 했다. 대신 그는 법학, 철학, 종교에 관한 책을 읽는 데 시간을 쏟았다. 그는 자신의 결백을 입증하기 위해 스스로 법적 소송을 준비했다. 그 과정에서 카터는 자신을 존중하는 대우를 해달라고 요구했다. 실제로 감옥 생활을 하는 동안 그는 죄수복을 입는 것도, 형량을 줄이기 위해 부역을 하는 것도, 교도소 음식을 먹는 것도 거부했다. 괴력의 레프트 훅을 쓰는 이 남성은 교도관들에게 자기를 건드릴 생각이면 세계적인 복서와 붙을 각오를 하는 게 좋을 거라고 말하기도 했다.

감옥에서 피해자로 세월을 보내는 대신, 루빈 '허리케인' 카터는 할 수 있는 모든 방법을 써서 소송을 준비하고 자기계발을 하는 데 매순간을 보냈다. 자신이 결백함을 알고 피해자가 되기를 거부했다. 19년 만에 그의 유죄 판결은 마침내 뒤집혔다. 그러자 그는 마치 아무 일도 없었던 것처럼 자기 인생을 살아나갔다.

우리도 의료계에서 카터처럼 심각한 상황에 놓여 있을지 모른다. 우리가 일하는 병원과 클리닉은 지속적으로 우리의 가치를 깎아내리고 우리의 직업적인 자율성을 앗아가고 있는지 모른다. 그러나 그게 사실일지라도 우리가 피해자 입장을 취해야 한다는 뜻은 아니다. 보험회사가 있고 관리자가 있고 임상진료 이외의 업무가 있어도 우리 의사들은 넬슨 만델라나 루빈 '허리케인' 카터처럼 자기 인생의 주인이 되기를 선택할 수 있다. 이런 주제를 이야기하는 지금 이 순간에도 온라인 모듈이나 의무기록을 채워 넣는 건 잊지 마시고. 으윽!

의사들이 가장 많이 저지르는 실수

만델라, 마야 안젤루, 카터를 통해 우리는 외부 여건을 개선하기 위해 노력하면서도 그 상황의 피해자가 되는 것을 거부할 수 있다는 사실을 확인했다. 이게 그렇게 직관적이지가 않아서 안타깝다. 셀리그먼의 학습된 무기력에 관한 실험에서 2군에 속한 개들처럼 우리 중 일부는 새로운 상황을 찾아 떠남으로써 번아웃을 피할 수 있다. 새 일을 구하거나 파트타임 일을 알아볼 수도 있고, 임상 외적인 일을 부업으로 할 수도 있다. 또 그중에는 아예 임상을 떠나서 의료이용관리, 바이오테크, 대형 제약회사로 가는 사람도 있다.

그러나 번아웃된 의사들 중에는 셀리그먼의 실험에서 3군의 져먼셰퍼드와 더 비슷해진 경우도 많다. 이들은 2군이 시도한 것을 다 해봤다. 하지만 이들은 바꿔야 한다고 생각하는 것을 바꾸기 위해 할 수 있는 일이 없다는 것만 배우게 되었다. 그들은 무기력감을 느꼈다. 그래서 3군의 개들처럼 싸우지 않는다. 그들은 의료계에 머물면 비참해질 거라는 믿음을 받아들였다. 그래서 떠나는 대신 지금까지와 마찬가지로 은퇴하는 날까지 30년을 빈껍데기처럼 가만히 엎드려 지낸다. 날 믿으시라. 내가 직접 봤다. 그 모습은 아름답지 않다.

이런 상황에 있는 번아웃된 의사들은 만델라와 카터가 보여준 것을 놓치고 있는지 모른다. 우리 정신의 작업, 내면의 작업이 우리가 원하는 개인적 자율성과 직업적 자율성으로 가는 열쇠라는 사실 말이다. 기억하라, 외부 여건이 우리 내면의 감정을 통제하도록 내버려둘 필요가 없다. 이건 새로운 생각도 아니다. 2000년 전 에픽테토스 같은 고대 스토아 철학자들의 시대에도 있었던 생각이다.

나는 라이프코치스쿨Life Coach School의 설립자인 브룩 카스틸로Brooke Castillo가 만든 생각 모형에 이런 아이디어가 들어 있는 것을 배우고 나서야 모든 것이 이해되었다. 이제 곧 살펴볼 그 생각 모형에 대해서 질문하면 코칭 고객들은 이렇게 대답한다. "처음 고해상도HD 텔레비전을 봤을 때와 같아요. 일단 한번 보면 절대 안 볼 수가 없죠. 늘 거기 있으니까요." 이건 분명히 내가 2009년에 영화 〈아바타〉를 아이맥스 3D로 봤을 때와 같은 느낌으로 그 생각 모형을 바라보고 있다는 뜻이다. 일단 알고 나면 그 전으로 돌아갈 수가 없는 것이다. 이건 경고다. 인생을 바꾸고 싶지 않다면 지금 당장 돌아가라.

먼저, 당신이 느끼는 감정에 대한 한 마디

번아웃으로 고통받는 의사도 자신의 문제를 일으킨 원인은 짚어낼 수 없을 것이다. 그렇지만 지금 자신의 감정이 어떤지는 알고 있다. 이 사실이 중요하다. 더글러스 라일Douglas Lisle이 말하는 동기부여

3요소를 보면 우리가 살면서 내리는 모든 결정이 사실은 우리의 감정에 의해 추동되고 있기 때문이다. 그의 이론에 따르면 우리가 하는 모든 결정은 다음 세 가지 요소가 좌우한다.

- 기쁨의 추구
- 아픔의 회피
- 효율성

번아웃된 의사들에게 첫 번째와 두 번째 요소는 아픔(즉, 번아웃)의 회피 또는 기쁨(번아웃의 고통을 물리칠 수 없을 때 의지하게 되는 것들)의 추구를 의미한다. 세 번째 요소는 아픔의 회피와 기쁨의 추구를 최대한 효율적으로 하려고 한다는 것이다. 자신이 처한 상황 때문에 유발되는 스트레스를 느끼고 싶지 않을 때 일부 의사들이 알코올에 의존하는 것도 이 때문이다. 감정의 버퍼들 중에서도 알코올은 느끼기 싫은 감정을 피하는 측면에서 매우 효율적이다. 그러나 이 책에서 말하는 이윤-초점 모형처럼 알코올과 같은 버퍼는 장기적으로 심각한 결과를 초래하는 단기적인 해결책이다.

동기부여의 3요소를 보면 주당 평균 60시간을 일하는 의사들 중에 과로와 스트레스가 이미 심각한데도 임상 외의 일까지 해서 소득을 올리는 의사가 많은 이유를 알 수 있다. 자기를 힘들게 하는 시스템을 위해서 일하는 대신 스스로를 위해 일하는 방법을 찾는 것이다. 앞서 자세히 설명했듯이, 자율성은 자기결정성이 높은 삶을 사는 데 더없이 중요한 요소다. 자신을 위해 일하는 것은 도피의 수단이다. 오디션 프로그램 샤크 탱크$^{Shark\ Tank}$의 로리 그레이너$^{Lori\ Greiner}$는 〈비즈니스인사이더$^{Business\ Insider}$〉 인터뷰에서 이런 말을 했다. "내가 늘 언급하는 좋아하는 말이 있어요. '기업가는 주 40시간 일하는 것을 피하기 위해 일주일에 80시간을 일하는 사람일 뿐이다.'라는 말입니다. …… 그리고 이건 사실입니다. 왜냐하면 우리는 누구나 자신의 보스가 되길 원하니까요."[48]

우리가 하는 모든 결정은 기쁨을 추구하고 아픔을 회피하면서도 가능하면 이것을 가장 효율적으로 하려는 욕구가 추동한 것이다. 그런데 이런 논리는 우리가 감정을 자동적인 것으로 본다고 전제할 때에만 유의미하다. 카너먼과 트버스키의 말로 해보자. 우리의 감정은 모두 시스템2의 감정인가, 아니면 의도적으로 통제가 가능한 것인가? 다른 말로 해보자. 감정이 우릴 통제하는가, 아니면 우리가 감정을 통제하는가?

---

48 Libby Kane, "'Shark Tank' Investor: 'Entrepreneurs are the only people who will work 80 hours a week to avoid working 40 hours a week," *Business Insider*, July 13, 2016, https://www.businessinsider.com/lori-greiner-shark-tank-entrepreneurs-2016-7.

생각 모형

우리 중 많은 사람이 주변에서 일어나는 사건에 신세지는 삶을 살아간다. 우리의 통제를 완전히 벗어난 것들이 우리의 생각과 감정과 행동을 정한다는 말이다. 이런 삶의 방식은 우리가 쓰는 일상 언어에도 스며들어 있다. 배우자가 나를 얼마나 화나게 하는지 이야기한다. 또는 이미 할 일이 태산인데 일을 더 주는 고용주 때문에 우리가 얼마나 압박을 받는지 이야기한다. *"아니, 뭐라고요?!? 아직 온라인 모듈도 다 안 끝냈다고요?"* 아이들 때문에 짜증이 난다. 운전 중에 아이들이 말을 안 들어도 짜증이 나고, 말다툼을 벌여도 짜증이 나고, 좌석 뒤를 발로 차도 짜증이 난다.

어떤 상황이든지 이런 생각이 들어가 있는 개념에는 치명적인 오류가 있다. 우리의 여건이 우리의 생각, 감정, 행동, 결과를 결정한다는 개념이다. 이것이 문제다. 인생이 우리를 '위해서'가 아니라 우리'에게' 일어난다고 느끼면 우리는 자기 자신을 열악한 상황의 피해자로 여기기 쉽다. 우리는 삶의 외부 상황이 기분을 결정할 때 무력감을 느낀다. 이것이 바로 이 책에서 자세히 논의한 학습된 무기력 개념이나 피해자 사고방식의 바탕이다. 우리가 어떻게 느낄지 스스로 통제할 수 없는 것만 같다. 이것이 정말 우리가 원하는 것일까? 브루크 카스틸로의 생각 모형을 살펴보자.

하나의 예를 통해 생각 모형을 탐구해보자. 주간고속도로에서 오른쪽 차선을 주행하고 있는데 옆 차가 별다른 이유 없이 갑자기 속도를 높여 끼어들더니 앞을 가로막는다. 그 즉시 분노가 끓어오르는 것을 느낀다. 순간 이를 악물게 되고 운전대를 손으로 꽉 쥐게 될 것이다. 이럴 때 쓰는 몇 마디의 말을 뱉은 후, 당신 앞에 있는 그 악당에게 당한 대로 돌려주고자 할 수도 있다. 그들은 분명히 당신의 생명과 안전을 전혀 존중하지 않았다. 당신도 보여줄 참이다!

직장에 도착해서도 여전히 그 일 때문에 분이 안 풀린 상태다. *"오늘 고속도로에 어떤 인간이 있었는지 알아? 들어도 못 믿을 거야. 아, 글쎄 난데없이 끼어들더라고, 바보 같이. 아, 열받아!"*

일상에서 흔히 일어나는 이 사건 그리고 이것과 관련하여 우리가 쓰는 언어를 분석해보자. 위의 예에서, 당신은 끼어든 차를 운전한 사람이 당신을 화나게 만들었다고 생각한다. 존 애커프는 우리에게 이렇게 자문해보라고 권한다. "정말 그런 걸까?" 다시 말하면, "그게 사실일까?"

이번에는 객관적인 용어로 실제로 일어난 일을 검토해보자. 오른쪽 차선에서 운전 중인데 차 한 대가 당신 앞으로 지나갔다. 그러더니 당신의 차 앞 범퍼에서 약 3미터 이내의 거리에서 차선을 바꿨다. 여기까지가 주어진 여건, 즉 실제 일어난 상황이다. 이것은 법정에서 양측 변호사가 동의할 수 있는 상황 또는 입증 가능한 사실이다. 측정 가능하고 객관적이기 때문이다. 이 사건이 일어난 후에 과연 그 행동이 '끼어들어 가로막은 행동'이라고 할 수 있는 것인지 판단할 기회는 당신에게 있었다. 그 행동을 그렇게 규정하려면 앞 범퍼에서의 거리가 어느 정도여야 할까? 1.5미터인가, 3미터인가, 아니면 6미터인가? 그것도 아니면 혹시 15미터는 어떠한가?

그때 한 가지 생각이 떠오른다. *저 사람, 내 안전 따위는 아주 안중에도 없군!* 아니면 이런 생각은 어떤가. *저 사람 진짜, 날 보기는 한 거야? 나를, 아니 내 공간을 싹 무시하네. 그냥 간단하게 이것일 수도 있겠다. 저 막돼먹은 자 같으니!*

이런 생각이 감정을 만들어낸다. 위의 상황에서 이런 생각이 분노를 만들었다. 이를 악물고 운전대를 손으로 꽉 쥐는 그때의 분노가 당신으로 하여금 행동을 촉구했다. 생각이 만든 분노가 차선을 바꾸게 하고, 바닥에 있는 페달을 확 밟게 하고, 옆 차선에 있는 그 자에게 손가락질을 하게 만든다. *어디, 어쩔 건데!*

결과적으로 당신은 스스로의 안전을 위험에 빠뜨린 것이다. 그러면 애초에 옆 차선의 그 사람이 그렇게 했을 당시에 당신이 화를 낸 이유를 상기시켜보겠다. 그다음에 길에서 싸움이 벌어졌다. 당신은 그 싸움에 전심을 다하였다. 게다가 그 사건이 있은 지 한참이 지난 후에도, 그러니까 당신이 출근을 한 시점까지도 끼어들기를 한 그 사람이 당신의 감정을 통제하고 있었다. 그래서 당신은 어떻게 되었는가?

지금 당신과 나눈 이야기를 '생각 모형'이라고 부른다. 우리가 의사 고객을 코칭할 때 활용하는 도구 중 하나다. 줄여서 CTFAR[49]이라고 한다. 하나씩 살펴보고 위에서 본 사례에 대입해보자.

CTFAR 생각 모형	
C = 여건	부정할 수 없는, 검증 가능한 사실 관계
T = 생각	해당 여건에 대해 들었던 생각
F = 감정	그 생각으로 인해 산출된 감정
A = 행동	그 감정 때문에 하게 된 행동(또는 부작위)
R = 결과	그 행동(또는 부작위)의 결과

이제 위의 사례를 여기에 대입해보면 아래와 같다.

CTFAR 생각 모형	
여건	당신의 차 앞에서 어떤 차가 차선 변경을 했는데 당신 차의 앞 범퍼에서 3미터 이내 거리였다.
생각	"저 바보가 나와 나의 안전은 전혀 안중에 없구나."
감정	분노
행동	당신도 차선을 바꾸고 속도를 높여서 그 차를 앞질러 가서 똑같이 앞을 가로막았다.
결과	당신 스스로 당신의 안전을 저해했다.

---

49 이것이 라이프코치스쿨에서 가르치는 생각 모형이다. 라이프코치스쿨은 내가 코칭 자격증을 받기 위해서 6개월을 보냈던 곳이기도 하다. https://thelifecoachschool.com/을 방문하면 자세한 내용을 볼 수 있다.

이제 내기를 걸어볼까 한다. 나는 당신의 하루를 설마 이런 생각을 하면서 시작하지는 않았을 거라는 것에 걸겠다. *내가 오늘 뭘 하고 싶은지 아십니까? 길 위에서 화를 내고 싶어요. 주간고속도로에서 누구를 만나든 그 사람과 고속으로 질주하면서 위험한 싸움을 벌이고 싶다고요!* 아니라고? 아침에 침대를 빠져나오면서 바라던 것이 설마 이런 건 아니었단 말인가?

이 생각 모형은 처음에는 삼키기 힘든 쓴 약일 수도 있다. 일단 이것을 보고 나면 우리가 언급했던 만델라, 카터 그리고 에픽테토스 같은 고대 스토아 철학자들이 모두 이해했던 것을 우리도 알아차리게 된다. 우리의 감정을 일으키는 것은 우리를 둘러싼 외부 여건이 아니라, 그 여건에 대한 우리 스스로의 생각 때문이다

도로 위의 싸움에서 당신을 화나게 한 것은 당신의 차 앞으로 끼어든 그 사람이 아니다. 분노를 야기한 것은 그 일에 대한 당신의 생각이었다. 당신의 외부 여건과 행동 사이에는 당신이 내면의 대화를 해볼 기회가 있었다. 2000년 전에 에픽테토스가 말했듯이, 인생의 가장 중요한 숙제는 우리가 통제할 수 없는 외부의 것과 우리가 통제할 수 있는 내부의 것(우리의 생각, 감정, 행동)을 구별하는 것이다.

생각 모형에서 여건은 객관적인 것이다. 내가 자녀들에게 그동안 수없이 한 말도 이것이다. "그건 바꿀 수 없는 사실이란다." 다른 차가 내 왼쪽으로 앞질렀고 앞 범퍼에서 3미터 이내의 거리에서 차선

을 변경한 것이다. 이 사실은 당신도 바꿀 수 없다. 당사자 두 사람이 누구든 측정하고 의견을 일치시킬 수 있는 부분이다. 그러나 이 상황 자체가 당신의 감정과 행동을 결정하지는 않는다. 당신이 하는 생각이 결정한다. 이 점은 어물쩍 넘어갈 일이 아니다. 그만큼 중요하다. 그것은 좌절감의 원천이 되거나, 아니면 개인적 자율성과 직업적 자율성을 다치게 할 수도 있기 때문이다.

내가 집에서 "그건 바꿀 수 없는 사실이야."라고 말할 때 아내는 "그렇지만 그것도 당신 하기 나름일 테죠."라며 늘 토를 단다. 그 말에는 지혜가 들어 있다. 주간고속도로 사건으로 돌아가서 사실이 무엇이고, 우리 하기 나름인 것은 무엇인지 살펴보자. 다른 차가 내 차의 앞 범퍼 3미터 앞에서 차선을 바꾼다. 이 부분은 사실이므로 바꿀 수 없다. 그러나 여기서 우리가 택할 수 있는 생각의 가짓수는 무한대로 있고, 어떤 생각을 택하는가에 따라 아주 다른 감정과 행동과 결과가 따라온다. 예를 들면 이런 생각을 선택할 수 있다. *이 사람 부인이 진통이 있나 보구나. 병원에 급히 가느라 저러나 봐.* 아니면 이런 생각을 할 수도 있다. *이 양반이 지금 지각이네. …… 내가 딱 저랬지.* 아니면 가장 간단한 설명은 이게 아닐까 한다. *차선 바꿀 때 내가 얼마나 가까이 있는지 제대로 못 봤나 보네. 그런 거야. 그냥 나를 못 본 거야.*

이 생각들은 각기 완전히 다른 감정을 산출한다. 그렇지 않은가?

생각은 우리가 만든 것이다. 연민과 공감을 산출하는 생각이 있다. *이 보쇼, 나도 지각을 했었지요.* 또 어떤 생각은 이해를 만든다. *그냥 나를 못 봐서 그런 걸 거야.* 한 가지 확실한 것은 당신의 감정을 결정하는 것은 당신의 생각이지, 당신을 둘러싼 외부 여건이 아니라는 사실이다.

그 사람의 아내가 임신을 해서 지금 첫 아이를 낳기 직전이라고 생각하면 공감을 느낄 것이다. 알람을 못 듣고 늦게 일어나 직장에 지각하게 생겨서 그런가보다 하고 생각한다면 연민을 느낄 것이다. 당신 역시 그런 상황에 있어 봤을 테니까. 분노 대신에 공감이나 연민을 느낀다면 그건 여건이 바뀌어서가 아니다. 같은 여건이지만 생각이 바뀌어서다.

상황이 같아도 생각이 달라지면 느끼는 감정도 달라진다. 그렇게 감정이 분노 대신 공감 또는 연민이 되면 앙갚음한다고 속도를 높여서 똑같이 끼어드는 행동은 하지 않을 것이다. 고속으로 질주하면서 도로 위의 싸움에 집중하는 일은 더더욱 없을 것이다. 어쩌면 크루즈 모드로 해놓고 좋아하는 노래를 목청 높여 부르거나, 좋아하는 책이나 팟캐스트를 들으면서 갈 길을 갈 것이다. 그 차가 차선을 바꾸어 내 앞에 나타나기 전과 똑같이 말이다. 그 상황의 피해자가 될 필요가 없다. 대신 우리는 넬슨 만델라나 마야 안젤루, 루빈 '허리케인' 카터처럼 주인공이 될 수 있다.

요점은 이것이다. 우리의 감정을 결정하는 것은 우리의 생각이 아니라 우리에게 주어진 여건이라는 생각을 계속하는 한, 우리는 감정의 열쇠를 우리가 통제할 수 없는 사람 혹은 사건에 넘겨주면서 살게 될 것이다. 이 점은 너무나 중요해서 아무리 강조해도 지나치지 않다. 우리가 소속한 의료기관이 사람보다 이윤에 초점을 맞추는 일이 계속되더라도 우리가 개인적 자율성과 직업적 사율성을 회복하기를 원한다면, 이것이 바로 그 첫 단계다.

피해자에서 승리자로

마취학에 매력을 느낀 이유는 빨리 조치를 취하면서 궁극적인 문제가 무엇인지도 알아내야 한다는 점이었다. 다른 전문분과에서는 우선 생각하고 그다음 행동하는 방식으로 돌아가는 경향이 있는데 반해 마취과는 반대로 움직이는 경우가 많다. 마취과 전문의는 우선 조치를 취하면서(예: 고용량의 혈관수축제 페닐에프린을 정맥으로 단번에 주입하기), 동시에 문제의 원인이 무엇인지 알아내야 한다(예: 저혈압). 그런데 만일 우리가 증상을 치료하지 않고 문제를 진단해내지 못하면 그건 임상진료를 하는 게 아니다. 질병 대신 증상을 치료하는 것은 큰 그림에서 보면 거의 도움이 되지 않는다는 것을 우리는 모두 알고 있다.

그런데 번아웃에 대해서 대다수 의사들이 그렇게 하고 있다. 주어진 진짜 문제(주어진 여건에 대한 그들 자신의 생각과 관점과 패러다임)에 초점을 맞추는 대신, 자율성과 소속감과 역량의 부족을 (그들이 통제할 수 없는) 외부 여건 탓으로 돌린다. 루빈 '허리케인' 카터와 넬슨 만델라가 자신이 감옥에 투옥된 사실을 인정했을 때, 그것은 여건에 관한 사실임을 우리 모두 동의할 수 있다. 이것은 반대편에 서 있는 양측의 변호사들도 법정에서 동의할 만한, 그들 외부에서 일어난 사실이다. 가장 큰 문제는 투옥 자체가 아니라 투옥을 바라보는 시각이라는 것을 그들은 잘 알고 있었다.

적절한 해결책을 제공하려고 진단하는 과정을 코칭에서는 '인과' 코칭이라고 한다. 인과 코칭에서는 이야기로부터(여건에 대한 생각) 사실을(여건 자체) 골라내는 데에 시간을 쓴다. 이런 코칭의 초점은 문제를 일으키고 있는 생각이다. 인과 코칭의 대안은 코치가 어떤 행동을 취할 것인지 이야기해주는 것인데, 나는 이 방법을 추천하지 않는다. 충고에 기반한 코칭은 장기적인 해결책이 아니라 단기적인 방편이기 때문이다. 장기적인 해결책을 위해서는 우리의 감정과 행동과 결과의 원인이 되는 것 즉, 그 생각을 찾는 과정이 먼저 있어야 한다.

생각해보자. 넬슨 만델라가 상황을 불평하면서 부당한 것을 견디는 데에만 주어진 시간을 다 보냈다면 남아프리카공화국이 얼마나 달라졌을지 상상할 수 있겠는가? 마야 안젤루가 우리에게 경계하라고 했던 억울함에 사로잡힌 채 기진맥진해지지 않았을까? 만델라가 자신을 더 깊은 목적의식에 연결시켜 준 아파르트헤이트 반대운동에 초점을 맞추지 않았다면 어땠을까? 그들이 해낸 일이 가능했던 것은 스스로를 피해자라고 낙인찍는 대신 힘이 있는 존재로 바라본 덕분이다.

쎌의 이야기

그룹 코칭 중에 주치의 한 사람을 코칭한 적이 있다. 그 고객을 본명 대신 쎌이라고 부르자. 쎌은 휴가 중인 파트너를 대신해서 진료를 하고 있었는데, 그 파트너 의사의 환자가 오피오이드 opioid, 아편유사제 처방량을 늘려달라고 요구했다. 당시 규정상 장기적으로 만성통증을 겪는 환자에게는 오피오이드 처방량을 그대로 유지하게 되어 있어서 쎌은 그럴 수 없다고 했다. 그 환자는 다른 의사를 찾아가서 똑같이 요구했고 그 의사 역시 안 된다고 했다. 그래서 환자는 또 다른 의사를 찾아갔는데, 결국 그 동료 의사로부터 용량을 늘리는 데 성공했다.

쎌은 기분이 상했다. 환자가 좋지 않은 행동을 하도록 그 동료 의사가 내버려두었다고 생각한 것이다. 그룹 코칭에 온 다른 고객들도 똑같이 생각했다. 코치로서 내 역할은 쎌의 이야기에 대해 호기심 많은 회의주의자가 되는 것이다. 쎌은 그 동료 의사가 환자의 약 처방량을 늘려주었다는 사실을 믿고 있었고, 이 내러티브는 쎌을 화나게 만들었다. 그래서 나는 쎌에게 혹시 그 동료 의사를 조금 다르게 의심할 방법은 없는지 물어봤다. 쎌이 이 상황을 조금 너그럽게 볼 수 있는 방법은 없을까? 쎌이 평소 신뢰하던 합리적이고 지적인 동료 의사가 왜 이렇게 했을지 다른 설명을 찾아보자고 했을 때, 쎌은 그 동료 의사가 다른 정보를 받았을 수도 있겠다고 생각했다. 또한 쎌은 오피오이드 처방을 늘린 의사가 휴가 중인 주치의와 이야기를 나눴을 가능성도 생각했다. 처방량을 늘려주라는 허가를 받았을 수도 있지 않을까? 쎌은 생각하면 할수록 동료 의사가 처방전을 늘려줄 만한 이유가 많을 수 있음을 깨달았다.

결국 쎌은 환자가 좋지 않은 행동을 하도록 동료 의사가 내버려두었다고 생각함으로써 자신의 감정을 선택하는 열쇠를 다른 사람에게 넘겨줬다는 사실을 깨달았다. 쎌은 그러기를 원치 않았다. 고속도로에서 당신 앞으로 차선을 변경하여 들어온 사람의 사례에서처럼 쎌은 무슨 일이 있었던 것인지 그 동료 의사에게 묻고 알아보는 과정을 선택할 수도 있었다. 쎌은 이제 그 동료 의사가 자신이 느껐던 분노의 원인이 아니라고 생각하게 되었다. 쌜의 분노는 이 상황의 빈칸을 환자의 나쁜 행동을 가능하게 한 것이 무엇인가에 대한 자기의 내러티브로 채웠기 때문에 유발된 것이었다.

안타깝게도 인간의 정신은 애초에 그렇게 빈칸을 채우도록 설계되어 있다. 정보가 주어지면 우리의 정신 과정은 빈 공간을 찾아 어떻게든 채우려 하고, 그것도 가능하면 최악의 내러티브로 채우는 일이 종종 일어난다. 쌜의 상황에서 그가 가진 정보의 빈칸은 그의 동료 의사 때문에 환자가 나쁜 행동을 하게 되었다는 내러티브로 채웠다. 그런 생각은 그의 직업적 자율성이 위험에 빠지고(동료 의사의 결정이 자신의 결정을 넘어서서 우선했다는 생각 때문에), 소속감까지도 위태로워지는(동료 의사와 자신의 생각이 엇갈렸다는 생각 때문에) 상황을 만들었다. 쌜은 이것을 번아웃으로 이어지는 수천 개의 종잇조각들 중 하나로 만들 수도 있고 원인을 바로잡는 선택, 즉 상황에 대한 자기 생각을 바꾸는 선택으로 만들 수도 있었다. 물론 선택은 쌜의 몫이었다.

우리 뇌가 이야기의 공백을 채우는 습관은 새로운 게 아니고 늘 있었던 것이다. 2003년에 이를 입증하는 내용의 바이러스성 이메일이 인터넷에 퍼졌던 일을 기억할 것이다. 이메일에는 글자가 뒤죽박죽된 단어로 구성된 한 문단이 적혀 있었는데, 철자가 제대로 된 단어가 거의 없었음에도 사람들은 쉽게 읽을 수 있었다. 이 일로 생긴 신조어가 '타이포글라시미어 typoglycemia'다. 이는 뒤엉킨 단어와 문단을 문제없이 읽을 수 있는 인간의 능력을 일컫는다. 단어들이 짧고, 첫 글자만 원래 단어처럼 되어 있고, 'a'와 'the' 같은 기능어(내용어가 아닌 단어)들이 정확하다면 우리의 정신은 알아서 패턴을 인식하도록 연결되어 있다. 내가 하고 싶은 말은 정보가 제한적이라도 우리 뇌는 그 공간을 메우는 데 능숙하다는 것이다. 이런 능력이 있기 때문에 정보를 다 알지 못해도 이야기의 뜻을 파악할 수 있는 것이다.

관심 있는 독자를 위해 2003년의 그 이메일을 다음에 소개하니 타이포글라시미어의 사례를 들여다보라.

Aoccdrning to a rscheearch at Cmabrigde Uinervtisy, it deosn't mttaer in waht oredr the ltteers in a word are, the olny iprmoetnt tihng is that the frist and lsat ltteer be at the rghit pclae. The rset can be a toatl mses and you can still raed it wouthit porbelm. Tihs is bcuseae the huamn mnid deos not raed ervey lteter by itself, but the word as a wlohe.[50]

안타깝게도, 공백을 메우는 이러한 생각들은 부정적인 경우가 압도적으로 많다는 것이다. 우리 중 누구도 이런 일에 면역이 되어 있

---

50 Dictionary.com, s.v. "If Yuo're Albe To Raed Tihs, You Might Have Typoglycemia," January 21, 2021, https://www.dictionary.com/e/typoglycemia/.

지 않다. 사실 나 역시 APD 자리에 임명되지 못했을 때도 그러했다. 그때 내가 왜 선택받지 못했는지, 내 머릿속에 떠올랐던 이유들은 죄다 허구적인 생각이었고 사실에 부합하다는 것이 거의 없다는 것을 한 친구의 도움으로 나중에 알게 되었다. 결국 내가 화가 났던 이유는 내가 선택받지 못해서가 아니라, 나의 뇌가 내가 아는 몇 가지 정보 사이의 간격을 상상할 수 있는 최악의 이야기들도 채웠기 때문이었다.

우리가 이러한 덫에 걸려 있는 것을 깨닫고 나면 다른 생각, 다른 사운드트랙 또는 다른 이야기를 선택할 수 있다. 부정적인 사고 패턴에 걸린 것 같을 때 적용해볼 만한 방법이 있다. 다음의 몇 가지 질문을 스스로에게 던져봄으로써 당신의 초점을 바꿀 수 있다.

- 어떻게 이 일이 나'에게' 생기는 걸까? 이게 아니라, 어떻게 이 일이 나를 '위해' 생기는 걸까?
- 이게 정말 진실일까?
- 내가 이걸 믿고 싶은 걸까?
- 이 사건에서 결과적으로 좋은 것이 있을까?
- 이 상황에서 선택할 수 있는 세상의 모든 생각 중에서 난 왜 이것을 선택했을까?

뒤돌아보면 다 정확히 알 수 있는데 정작 실시간에는 우리에게 필요한 관점을 갖지 못한다. 상황에 대한 관점이나 패러다임을 어떻게 뒤집든 진실은 남는다. 우리의 감정을 지배하는 것은 우리가 처한 여건이 아니라 우리의 생각이다. 이 근본적인 이해야말로 우리에게 개인적 자율성과 직업적 자율성을 부여하는 힘이다. 그런데 이 근본적인 이해를 위해서는 비의도적인 생각과 의도적인 생각 사이의 차이에 대해 배워야 한다.

07

시스템2 사고에서
시스템1 사고로

From System 2 to System 1

"내가 이 사실을 알아냈다. 당신이 진정으로 원하는 것이
무엇인지 생각하고 말하기 시작하면 당신의 정신이 자동으로 방향을 바꾸어
당신을 그쪽으로 이끈다. 때로는 이것이 아주 간단할 수도 있다.
당신의 태도와 철학을 보여주는 언어를 아주 살짝만 비틀면 된다."

– 짐 론(Jim Rohn) –

1980년대에 한 연구에서 폐암 환자들에게 두 개의 선택지를 주었
다. 다음 정보에 따라 환자는 수술을 택할 수도 있고 방사선치료를
선택할 수도 있었다. 연구는 두 그룹으로 나뉘어 진행되었다. 첫 번
째 그룹에게는 정보를 긍정적인 프레임으로 제시하였다. 그들에게
제시한 정보는 다음과 같다.

• 수술: 수술받은 100명의 환자 중 90명이 수술 후 생존했고, 1년 후에는

68명이 생존했으며, 5년 후에는 34명이 생존했다.

- 방사선치료: 방사선치료를 받은 100명의 환자는 치료를 마치고 모두 생존했고, 1년 후에는 77명이 생존했으며, 5년 후에는 22명이 생존했다.

이 수치는 생존할 수 있는 환자의 비율, 즉 긍정적 프레임으로 정보를 제공한 것이다. 수술을 선택하면 1년 후에 90%가 생존하리라 기대할 것이고, 34%는 5년 후에도 생존하리라 기대할 것이다. 방사선치료의 경우에는 77%가 1년 후에 생존할 것이라 기대하고, 22%만이 5년 후에도 생존하리라 기대할 것이다. 생존율로 정보를 제공했더니, 연구 참여자의 18%가 5년 생존율이 외과 수술에 비해 12%나 낮은데도 방사선치료를 택했다.

두 번째 그룹에게는 긍정적 프레임인 생존율이 아니라 사망률을 사용해서 부정적 프레임으로 정보를 제시했다. 실제로 그들이 제공받은 정보는 다음과 같다.

- 수술: 수술을 받은 100명의 환자 중 10명이 수술 도중 또는 수술 후에 사망했고, 1년 후에는 32명이 사망했으며, 5년 후에는 66명이 사망했다.
- 방사선치료: 방사선치료를 받은 100명의 환자 중에서는 치료 도중에 사망한 사람이 없었고, 1년 후에 23명이 사망했으며, 5년 후에는 78명이 사망했다.

부정적인 프레임으로 제시한 통계치도 첫 번째 실험의 통계치와 같다는 사실을 주목할 필요가 있다. 이번에는 생존율 대신 사망률을 제시했을 뿐이다. 부정적인 프레임에서는 환자의 10%가 수술 직후 사망한 반면 방사선치료 후 사망한 환자는 없었다. 1년 후에는 수술 후 32%의 환자가 사망했고 방사선치료를 받은 환자는 23%가 사망했다. 그리고 5년 후에는 방사선치료를 받은 환자의 사망률이 12% 더 높았다. 사망률에 초점을 맞춘 결과, 방사선치료를 선택한 환자의 비율이 18%에서 44%로 급증했다. 왜 그럴까? 수술을 택하면 직후에 사망할 확률 10%에 직면하기 때문이다. 즉, 동일한 통계치를 사망률 기준으로 제시한 경우, 5년 생존율이 낮아도 방사선치료를 선택하는 사람이 두 배나 높았던 것이다.

결론은 두 가지로 정리할 수 있다. 첫째, 시술 동의서를 받을 때 말하는 방식에 주의해야 한다는 점이다. 어떤 프레임으로 말하느냐에 따라 의사결정의 향방이 달라지기 때문이다. 생존 확률이 90%라고 말하면 사망 확률이 10%라고 말할 때보다 동의할 가능성이 훨씬 높다. 물론 다들 익히 알고 있을 것이다.

둘째, 말과 그 말이 만들어내는 초점이 강력하다는 사실이다. 위에서 언급한 연구는 앞서 소개한 두 명의 이스라엘 심리학자인 대니얼 카너먼과 아모스 트버스키가 수행한 것으로, 이들은 의사결정에 대해 연구하며 일생을 바쳤고 의사결정 프로세스를 두 가지, 시스템

1과 시스템2로 나눌 수 있다는 개념을 만들었다. 이들의 연구 결과는 매우 흥미로웠다. 카너먼은 이 연구로 결국 노벨상을 받았다. 트버스키와 같이 상을 받을 예정이었지만 슬프게도 트버스키는 시상식이 열리기 전 흑색종 전이로 사망했다.

카너먼은 트버스키와 함께 연구하면서 발표한 연구 결과의 상당 부분을 《생각에 관한 생각Thinking, Fast and Slow[51]》에서 설명하고 있다. 앞서 카너먼은 의사결정을 내릴 때 활용하는 사고 프로세스를 시스템1 사고와 시스템2 사고로 나누어 설명한 바 있다.

시스템1은 빠르고 자동적이며 감정적인 사고 프로세스로서 누군가가 "빨리 생각해 봐!"라고 할 때 우리가 사용하는 시스템이다. 일단 공을 던져주면 어떻게든 잡는 것과 같다. 시스템1은 또한 앞서 주간고속도로 사건에서 다른 차가 끼어들기 전에 당신이 차를 몰면서 사용하던 시스템이다. 이것은 본능적이다. 이런 종류의 사고가 무엇인지 카너먼이 드는 사례 가운데에는 이미 살펴본 것도 있다.

- 2+2 = ?
- '전쟁과 ……' 이 구절을 완성하시오.

51 대니얼 카너먼, 《생각에 관한 생각》, 김영사(2018)

"2+2=4"라고 답하거나 "전쟁과 평화"라고 답했다면 시스템1 사고를 사용한 것임을 기억하라. 이것은 우리의 노력이 거의 필요하지 않은 자동 작업이다. 1초의 생각도 필요 없고 주의집중 없이도 가능하며 에너지도 거의 들어가지 않는다. 반면 시스템2는 느리고 체계적이며 논리적이다. 고위 경영진이 복잡한 의사결정을 내릴 때 사용하는 시스템이다. 우리는 앞에서 시스템2를 사용한 것들로 이런 예를 이야기했었다.

- 17 × 24 = ?
- 좁은 공간에서 평행 주차하기
- 이어지는 문단에서 알파벳 'A'의 개수 세기

이런 예는 의도적인 주의집중을 요하는 것들이다. 풍선껌을 씹으면서 산책하는 것을 어렵게 하는 상황들이다. 제대로 해결하려면 세심한 주의와 집중력이 필요하다. 다행히도 우리는 필요에 따라 시스템1과 시스템2 사이를 오갈 수 있다. '생각 다스리기'를 통해서 우리가 해야 할 일은 지금 비의도적으로 만들어내는 관점, 패러다임, 이야기를 이끌어내는 현재의 시스템1 사고를 '소거하는unlearn' 것이다. 그런 다음 의도적인 새로운 시스템2 사고를 '재학습하는relearn' 것이다. 처음에는 이렇게 할 때 느리고 체계적인 사고가 필요하지만 연습하면 자동적인 시스템1 사고로 전이된다.

그런데 앞 문단(의 원문)에서 A의 개수는 38개이고, 17×24=408이며, 공간이 너무 좁으면 나는 평행 주차를 못한다.

비의도적 생각 모형에서 의도적 생각 모형으로

《아주 작은 습관의 힘Atomic Habits[52]》의 저자 제임스 클리어James Clear는 습관 개념을 다음과 같이 정의한다. "습관이란 규칙적으로, 그리고 많은 경우 자동적으로 이루어지는 루틴 또는 행동이다."

의사 고객을 코칭할 때 우리의 목표는 시스템1의 사고를 거쳐 만들어져서 나중에 자동적인 습관, 감정, 행동, 결과를 만들어내는 의도치 않은 생각 모형을 찾는 것이다. 그리고 불필요한 내러티브를 소거함으로써 원하는 감정과 행동, 결과를 가져오는 시스템2 사고로 교체할 수 있게 돕는 것이다. 이것이 비의도적인 생각 모형에서 의도적인 생각 모형으로의 전환이다.

---

[52] 제임스 클리어, 《아주 작은 습관의 힘》, 비즈니스북스(2019)

예를 들어 팬데믹으로 인해 세 아이가 집에서 온라인 수업을 듣고 있고, 퇴근해서 집에 오면 밤마다 맥주 두세 캔을 마시고 있는 자신을 발견했다고 가정해보자. *왜 날 봐? 나 스트레스 받은 거 아니야. 당신이 스트레스 받았나보네.* 이런 상황에서 음주는 선택의 문제가 아니라고 느낄 수 있다. 스트레스 수준이 올라가면 자동적으로 하는 행동일 테니까. 이 행동은 완전히 비사발적으로 우리 '에게' 발생하는 것으로 보인다. 다시 말해, 자동적인 습관이다.

매일 술을 마시는 습관은 시스템1을 통해 자동으로 발생한다. 잠시 술 마시는 걸 멈추고 애초에 왜 매일 술을 마시게 되었는지 잠시 멈춰서 생각해본 적도 없을 것이다. 그럴 수 있다. 검토해보지 않으면 술 마시는 행동의 원인이 스트레스일 거라는 생각도 하지 못할 것이다. 그리고 그 스트레스 느낌이 아주 자동적이고 비의도적인 생각에서 나왔다고도 생각하지 못할 것이다. 의도적으로 '생각 다스리기'를 해서 스트레스를 유발하는 근본 원인을 파악하지 않으면 문제 해결을 위한 진단을 제대로 할 수 없다. 기억하자. 우리의 생각은 선택이다. 생각을 바꾸면 우리는 어떻게 될까?

만약 우리가 아주 의도적으로 결정한다면 어떨까? *내가 무엇을 마실지, 얼마나 마실지, 그리고 왜 마셔야 하는지 24시간 이전에 결정하지 않는다면, 나는 어떤 알코올음료도 마시지 않을 것이다.*

우리가 처한 여건이나 감정이 우리의 행동을 정하도록 내버려두지 않기로 미리 결정한다면, 또 음주에 대해 의도적으로 정하리라고 결정한다면 우리는 행동을 바꿀 수 있다. 스트레스 → 충동 → 반응으로 이어지는 자동적인 피드백 루프를 정지시킬 수 있다. 자동조종장치로 돌아가는 이 시스템은 마치 우리가 무엇을 마실지 말지를 전혀 통제하지 못하는 존재로 느끼게 만든다. 그래도 뒤집을 수 있다.

뒤집어진다면 우리는 의사결정을 완전히 통제할 수 있을 때(첫 잔을 마시기 전에) 그리고 그러한 여건이 발생하기 훨씬 전에 술을 마실 것이다. 이러한 의도적인 시스템2 사고 프로세스는 우리가 통제력을 유지할 수 있게 해주며, 가족들에게도 자랑스럽게 보여줄 수 있는 행동과 결과로 이어지게 해준다. 의도적으로 음주를 할 역량이 증가함에 따라 아주 강력한 내적 동기의 순환이 이루어질 것이다. 그러면 이게 늘 잘 돌아갈까? 꼭 그러지 않을 수도 있다. 그렇지만 그럴 때마다 우리가 어떤 종류의 인간이 될 것인가에 한 표씩 던지고 있다고 보면 된다. 반대 방향으로 던지는 표보다 지향하는 방향으로 던지는 표가 많아지는 것이 목표가 되면 될 것이다.

하나의 예시일 뿐이지만, 이렇게 시스템1 사고를 소거하고 시스템2 사고를 재학습하는 프로세스는 번아웃된 의사들에게 도움이 될 수 있다. 운전하는 법을 배우거나 임상 시술을 익히는 것과 마찬가지로, 느리지만 체계적인 프로세스로 시작해서 자동적인 습관으로 만드는 방법을 배울 수 있다. 번아웃에 이것을 적용하려면 먼저 우리의 감정과 행동을 추동하고 있는 시스템1을 찾아내야 한다. 그렇게 해야 시스템1 사고를 소거하고 의도적인 시스템2 사고로 교체할 수 있다. 좋은 점은, 일단 원래의 사고가 소거되고 시스템2 사고로 교체된 후에는 이 시스템2 사고를 연습함으로써 우리가 원하는 감정, 행동, 결과를 자동적으로 그리고 꾸준히 산출할 수 있다는 사실은 좋은 점이다.

이 프로세스는 현재 긍정확언positive affirmation이라고 잘 알려진 연습과 같은 것이다. 사실 처음에 긍정확언에 대해 들었을 때 터무니없다고 생각했지만, 직접 코칭을 받고 다른 번아웃된 의사들을 코칭하면서 왜 이것이 입증된 과학인지 알게 되었다. 도움이 되지 않는 생각 대신에 우리 삶에서 원하는 결과를 만들어내는 생각으로 교체하면 그것이 우리를 해방시킨다.

실제로 기능적 MRI를 이용한 연구에서도, 도움이 안 되는 생각을 의도적으로 긍정확언으로 바꾸는 연습을 했을 때 도파민을 유리하는 보상체계가 발화된다는 사실이 밝혀졌다. 긍정적인 자기대화 역시 스트레스를 줄이고, 운동량을 늘리고, 식습관을 개선하고, 심지어 학업 성취도를 높이는 데 도움이 된다는 사실이 규명되었다. 어쩌면 긍정확언은 우리가 설정한 목표를 달성하기 위해 뇌를 해킹하는 작업이라고 볼 수도 있겠다. 내게 그랬듯이 당신에게도 이게 무슨 미신처럼 들릴지 모르겠지만, 실제로 효과가 있다. 실제 효과가 있는 게 최고다.

예를 들어, 다음은 나의 인생에 긍정적인 결과를 가져오고 또 내가 매일 자기결정성이 높은 남편이자 아버지이자 의사가 되는 데 도움을 주는 몇 가지 긍정확언이다.

- 어떤 것에 대해 "아니오!"라고 말할 때, 매우 중요한 어떤 것에 대해서는 "예스!"라고 말하는 것이다.
- (인생이 나에게 커브볼을 던질 때) 피벗[53]이니 겁먹을 것 없다.
- 중요한 것은 (남이 틀리고 내가) 맞는 게 아니라 제대로 하는 것getting it right이다(브레네 브라운에게서 내가 진짜 투명하게 가져다 인용한 것이다. …… 진지하게 말하는데, 얼른 그녀의 책을 읽어보라!)
- 자기돌봄은 이기적인 게 아니다.
- 이 일은 나'에게' 발생하고 있는 게 아니다. 나를 '위해' 일어나고 있는 것이다.
- 장애물은 길을 '막고 있는' 게 아니라 그것 자체가 성공으로 가는 길이다.
- 준비가 다 되기 전에 시작하라. 일단 시작하라. 지금 시작하라(팟캐스트

---

53 피벗(Pivot): 스윙할 때의 몸의 회전.

• 실패를 모르면 성공을 알 수 없다.

우리 인생 어딘가에서 미쳐 날뛰고 있을 의도하지 않은 생각을 찾아낸 다음 의도적으로 초점을 맞춘 관점과 생각과 확언으로 바꾸는 것, 정확히 이것이 바로 인식의 치빙이나. 이 모든 것이 우스꽝스럽게 들린다면, 그래도 한번 해보라고 말하겠다. 매일 거울 앞에 서서 몇 가지 긍정확언을 해보라. 당신이 처한 현재의 상황에서 가장 도움이 되는 내러티브에 초점을 맞추는 데 도움이 될 만한 코칭 프로그램에 참여해보라.

파괴적인 생각을 제거하고 도움이 되는 의도적인 생각으로 바꾸는 게 쉬운 일일까? 아니다. 하지만 인생에서 가치 있는 것들은 대개 다 일정량의 수고를 요하는 게 사실이다. '생각 다스리기'는 단거리 달리기가 아니라 마라톤이라고 봐야 한다. 연습하면 할수록 점점 쉬워지는 반복적인 프로세스다. 모든 전투에서 매번 승리할 수는 없겠지만 우리가 내리는 결정 하나하나로 우리가 되려는 유형의 인간 쪽으로 표를 던지고 있다. 노력한다는 것은, 우리가 오랜 세월동안 지속되던 번아웃 내러티브 쪽이 아니라 자기결정성이 높은 의사가 되는 방향으로 더 많은 표를 던지는 것이다.

이것은 선행되어야 할 문제를 남긴다. 만약 '생각 다스리기'를 했는데도 우리의 여건이 바뀔 필요가 있다는 생각이 계속 들면 어떻게 해야 할까? 생각을 바꾸는 것만으로는 충분하지 않을 때가 있지 않을까? 바로 이 점이 다음으로 이야기할 주제다.

DETERMINED

4부

강력한 패러다임 몇 가지

앞서 존 애커프의 책 《사운드트랙》을 언급한 적이 있다. 저자는 이 책에서 우리가 과잉사고overthinking를 하게 되는 원인은 고장난 사운드트랙, 즉 우리가 앞으로 나아가지 못하게 하는 반복적인 사고 패턴 때문이라고 주장한다. 그런데 여기서 사운드트랙이 고장 났다는 건 우리의 뇌가 고장 났다는 의미는 아니다. 반복적인데 전혀 도움이 되지 않는 사고 패턴에 걸려 있어도 뇌는 그저 뇌로서 할 일을 하고 있을 뿐이다.

뇌의 주된 작업은 두 가지다. 첫째, 기계처럼 작동하거나 사고 프로세스를 수행한다. 《사운드트랙》의 부제과잉사고에 대한 놀라운 해결책, The Surprising Solution to Overthinking가 가리키듯이, 뇌는 이 작업을 할 때 과잉사고로 치닫는 경향성을 가지고 있다. 뇌는 자기가 무슨 생각을 하는지 신경 쓰지 않고, 그저 사고'하고 있다'는 것만 신경 쓴다. 참으로 인상적인 기계이긴 해도 뇌는 여전히 기계다. 그러나 우리가 이렇게 뇌를 뇌 자체의 장치에 맡겨두면, 뇌는 우연히 초점에 잡히는 대로 아무 내러티브나 만든다.

뇌의 두 번째 작업은 라일Lisle이 말하는 동기부여 3요소, 즉 기쁨 추구, 아픔 회피 그리고 효율에 의해 자체 미션을 완수하는 것이다. 이 두 번째 기능이 있기 때문에 우리가 해악으로부터 보호받는 것이다. 이 보호 기능이 인류의 조상들이 사냥하고 채집하던 시대에는 아주 유용했을지 모르지만, 현대에는 그리 유용한 것만은 아니라는 게 문제다. 조상들은 사자, 호랑이, 곰을 피해야 했기에 상시 경계가 필요했다(세상에나!) 지금은 상시 경계가 필요하지 않은 경우가 더 많다. 그래도 뇌는 여전히 그런 보호 기능을 갖고 있다. 아무런 위험이 존재하지 않을 때도 그렇지 않다고 우리를 설득하는 작업을 한다. 우리의 과잉사고가 바로 여기서 시작되는 것이다.

이에 대해서 애커프가 제시하는 해결책은 고장 난 사운드트랙을 다른 것으로 교체하는 것이다. 애커프는 우리가 누구인지, 어떤 유형의 인간이 되고 싶은지, 인생에서 성취하려는 것은 무엇인지 등 이런 것들과 공명하는 사운드트랙으로 교체하라고 말한다. 코칭 세계로부터 가져다 논의했던 것과 유사한 점이 보일 것이다. 코칭은 고객이 자신을 해치는 비의도적인 사고를 식별하도록 돕고, 이런 생각 대신 도움이 될 의도적인 생각으로 교체하도록 돕는다. 《성공하는 사람들의 7가지 습관The 7 Habits of Highly Effective People[54]》의 저자 스티븐 코비가 말하는 패러다임 또는 관점의 변화가 이런 것이다. 트버스키와 카너먼은 이를 시스템1 사고에서 시스템2 사고로의 전환이라고 불렀다.

우리가 존 애커프, 스티븐 코비, 브룩 카스틸로의 가르침을 따르

---

54   스티븐 코비, 《성공하는 사람들의 7가지 습관》, 김영사(2023)

든 그렇지 않든, 주제는 남아 있다. 우리 각자에게는 자칫 길을 잃게 만들 사운드트랙, 패러다임 그리고 생각 같은 것들이 있을 수 있다는 뜻이다. 이제 이 책의 마지막 부분에서는 우리 의사들에게 가장 흔히 문제를 야기하는 비의도적인 생각 몇 가지를 살펴볼 것이다. 그런 다음 의사 고객들에게 고장 난 패러다임을 도움이 될 만한 패러다임으로 바꾸도록 코칭할 때 사용하는 몇 가지 도구를 소개할 것이다. 우리가 소속한 기관이 변화를 거부하더라도 우리는 여기서 제시하는 강력한 패러다임을 활용해서 자기결정성이 높은 의사가 되는 방향으로 나아갈 수 있다.

이 논의의 목표는 자기결정성이 높은 삶을 살기 위한 ABC를 갖추도록 돕는 것인데, 내용의 출처는 에드워드 데시[Edward Deci]와 리차드 라이언[Richard Ryan]의 저술이다. 이어지는 각 장의 내용은 자율성을 회복하거나, 깊은 목적의식을 갖거나, 더 강한 소속감을 갖거나, 실제 역량 또는 역량 인식을 높이는 데에 도움이 될 것이다. "단순함은 위트 있는 영혼의 표지다."라는 말을 믿기 때문에 내가 고객들에게 자주 활용하는 효과적인 몇 가지 도구를 다루는 것을 목표로 했지만, 이것이 전부는 아니다. 자, 의사들이 자신이 사랑하는 삶을 살도록 도와줄 때 사용하는 가장 통상적인 도구 몇 가지를 살펴보자.

08

최고의 선생님

The Best Teacher

"부정적인 것은 뭐든지 기회다.
압박이든 도전이든 모두 내가 일어설 기회다."

– 코비 브라이언트(Kobe Bryant) –

부모님은 나와 누나들이 운전할 수 있는 나이가 되었을 때 한 가지 분명히 말씀하셨다. 딱지를 떼이는 날에는 우리 차(솔직히 말하면 부모님 차다)를 가져가겠다는 경고였다. 누나 크리스틴이 난생 처음 과속 딱지를 떼였을 때 이 경고 때문에 재밌는 에피소드가 벌어졌다. 그 당시 크리스틴은 웨이트리스로 일하고 있었다. 고등학교 3학년 학생으로서 사회생활을 시작한 것이다. 당연히 차를 뺏기고 싶지 않았을 것이다. 딱지를 떼이는 일은 크리스틴에게는 엄청난 스트레스 상황이었다. 혹시 이름에 집중하는 독자들을 위해 책의 서문에서도 밝혔지만, 누나와 아내의 이름이 같다. 동음인데 스펠링이 다르다. 할아버지는 생전에 아내 크리스틴을 *E-N*이라고 부르셨고 누나 크리스틴을 *I-N*이라고 부르셨다.

딱지를 떼인 크리스틴은 걱정이 이만저만이 아니었다. 범칙금을 납부할 기한이 되기 전에 시간이 있다고 생각하고 부모님에게는 이 일을 숨긴 채로 교대 일을 더 하기로 작정했다. 그리고 면허에서 벌점도 줄이려고 강의도 등록했다. 돈이 충분히 모이자 그녀는 부모님께 편지를 썼다. 편지에서 그녀는 부모님께 자신이 실수를 저질렀지만 책임도 받아들였다고 썼다. 범칙금을 내기 위해 교대 일을 추가로 했고, 딱지 때문에 생기는 벌점을 없애려고 플로리다 주에서 제공하는 지역 차량관리국^{DMV}에서 하는 강의도 들었다고 덧붙였다. 이렇게 하면 자동차 보험료는 오르지 않는다. 편지를 다 쓴 후 그녀는 범칙금 낼 액수의 돈을 편지와 함께 봉투에 넣었다. 그러고는 그 봉투를 부모님 침실 출입문에 붙여두었다.

이튿날 아침, 부모님이 깼을 때 크리스틴이 저지른 실수는 전혀 문제가 되지 않았다. 상당히 힘든 경험이었을 텐데 크리스틴이 일을 잘 처리했기 때문에 부모님은 죄과를 묻지 않으셨다. 이 도전을 통해 크리스틴은 실질적 책임 responsibility, 결과에 대한 책임과 해명 책임 accountability을 배웠다. 이러한 기술 덕분에 그녀는 몇 년 후 싱글 맘이 되어서도 커리어에서 성공을 거두었다. 얼마든지 부정적인 경험이 될 수 있는 일이었지만, 그녀는 그 일이 자신을 통제하도록 내버려 두지 않았다. 대신 그녀는 자율성을 활용해서 속도위반 딱지 사건을 배움의 기회로 삼았다.

크리스틴은 자기가 처한 상황이 야기한 스트레스가 '있음에도' 자기 문제를 해결했던 게 아니다. 그게 아니다, 자기가 느낀 스트레스 '때문에' 문제를 해결한 것이다. 다시 말해, 상황과 연관된 불안 감이 있었지만 거기에 패닉으로 반응하는 대신 방향을 전환(피벗을 선택)하기로 결정한 것이다. 그녀는 부정적인 경험을 긍정적인 결과로 만들었다. 이처럼 부정적인 감정이 실제로 긍정적인 결과를 가져올 수 있다는 개념은 의사 고객을 코칭할 때 우리가 집중하는 부분이다.

예를 들어, 보통 우리는 의사 고객에게 많이 경험하는 부정적인 감정들을 처리하는 연습을 하도록 안내한다. 부정적인 감정은 번아 웃이나 커리어 변화로 인해서 생길 수 있다. 또한 가정이나 직장에서 직면하는 어려운 상황 때문에 스트레스가 생길 수 있다. 속도위반 딱지를 떼인 어린 크리스틴처럼, 우리는 의사들이 부정적인 감정을 긍정적인 결과로 바꾸도록 돕고 있다. 우물에 독 타기 오류poisoning the well fallacy[55]를 피하려면 연습을 해보면 된다.

우선 다음 질문에 답해보길 바란다. 적어보자(운전 중이거나 오디오북을 듣고 있다면 말로 해도 좋다). 우선 각 질문이 끝날 때마다 시간을 갖고 답을 생각한 뒤 다음 질문으로 넘어가라.

자, 첫 번째 질문이다. 매일 혹은 매주 가장 많이 경험하는 감정 또는 느낌을 세 가지만 선택한다면 무엇인가? 분노, 번민, 불안, 스트레스, 압도당하는 기분 등 어떤 감정을 가장 빈번하게 느끼는가? 매일 경험할 수 있는 다양한 감정이나 느낌 중에서 빈도가 가장 높은 세 가지는 무엇인가? 지금 머릿속에 무엇이 떠오르는가? 잠시 생각하고 그것을 적어보라(또는 잠시 쉬고 큰 소리로 말해보라).

1. _____

2. _____

3. _____

두 번째 질문은 약간 다르다. 매일 또는 매주 가장 많이 경험하길 바라는 세 가지 감정이나 느낌은 무엇인가? 실제로 느끼는 것 말고

---

55 반론의 유일한 원천인 우물에 독을 타서 반박 자체가 불가능해지게 만드는 논리적 오류. 반론 원천 봉쇄의 오류.

느끼고 싶은 감정이어야 한다. 잠시 숨 고르기를 한 다음, 매일 또는 매주 경험하고 싶은 감정이나 느낌 중에서 빈도가 가장 높은 세 가지를 적어보라(또는 큰 소리로 말해보라).

1. _____

2. _____

3. _____

　이제 두 개의 목록이 완성되었으면 가만히 들여다보라. 당신도 우리가 코칭했던 수백 명의 의사들과 비슷하다면 장담컨대 어떤 패턴이 보일 것이다. 첫 번째 목록에서 매일 혹은 매주 실제로 느끼는 상위 세 가지 감정 중에서 적어도 2개는 부정적 감정일 것이다. 불안, 압도당하는 기분, 스트레스, 두려움, 우울감, 좌절감 같은 것이 아닐까 한다. 의사들 중에는 세 가지 모두 부정적인 감정인 사람들도 있다. 당신의 목록은 어떠한가? 세 가지 감정 중에 두 가지가 부정적인가? 혹은 하나가 부정적인가?

　가장 자주 경험하길 바라는 감정을 묻는 두 번째 질문에서는 세 가지 모두 긍정적일 감정일 것이다. 대부분 성취감, 만족감, 기쁨, 행복, 자족감, 희망 또는 사랑 같은 감정일 것이다. 첫 번째와 두 번째 목록을 겹쳐 보면, 놀랍지 않은가? 가장 흔히 경험하는 것은 대개 부정적인 편이고, 매일 느끼기 원하는 것은 보편적으로 긍정적인 것이다. 이걸 어떻게 설명할 수 있을까? 삶이 원래 이런 걸까? 우리는 정말 긍정적인 감정만을 느끼기 원하는 걸까?

부정적 감정, 긍정적 결과

앞에서 동기부여 3요소에 관한 이론을 소개했다. 상기하자면 이렇다. 우리가 하는 모든 결정은 기쁨을 추구하려는 동기, 아픔을 피하려는 동기 그리고 가능한 이 두 가지를 효율적으로 성취하려는 동기로 인해 추동된다는 이론이다. 이것은 방금 우리가 경험한 진실을 담고 있는 이론이다. 우리는 긍정적인 감정을 느끼길 원하고 부정적인 감정은 피하길 원한다. 우리 자신의 장치에 맡겨두면 모든 결정은 이 패턴에 따라 이루어질 것이다.

그러나 실제로는 그렇게 되지 않는다. 긍정적인 감정만 원하고 부정적인 감정은 없길 바라는 것은 공산주의와 좀 비슷하다. 이론적으로는 좋지만 실제로는 끔찍하다는 말이다. 공산주의가 지지하는 개념은 자신의 사회적 지위와 직업, 생산성이나 삶의 위치에 무관하게 누구든지 돌봄을 받아야 한다는 것이다. 듣기에는 그럴싸하다, 안 그런가? 노력 여하와 무관하게 보상을 받는다면 누가 열심히 일하겠는가? 누구도 열심히 일하지 않을 것이다. 우리가 언제나 부정적인 감정은 피하길 원한다는 내러티브는 이론상 좋지만 실제로는 끔찍한 것이다. 부정적인 감정을 좋아하지 않는다고 스스로에게 말할 수는 있지만, 사실 우리는 부정적인 감정을 경험하길 '원한다'.

나는 남부에서 태어나고 자랐다. 누나들과 나는 "네." "아니오." 대신 "예, 어머니," "아니오, 어머니,"라고 말하도록 배우며 자랐다. 우리가 혹시 어머니의 말씀을 못 들었을 땐 "뭐라고 하셨어요?"라고 말할 게 아니라 "어머니?"라고 말하는 게 맞는 거라고 배웠다. 나를 구식이라고 해도 좋은데, 나는 그 전통이 가르쳐준 것 중 몇 가지는 아직도 가치를 인정한다. 존중, 이타심, 가정적인 삶의 방식 같은 것이다.

아내가 된 크리스틴에게 청혼하기로 마음먹었을 때도, 당연히 그녀의 부모님을 찾아가 축복을 청하는 것이 전통에 맞는 일이라고 생각했다. 가지고 있던 정장 중에서 가장 멋진 걸 골라 입고, 매직Magic 밴드의 유명한 노래 '루드Rude[56]'를 들으며 사우스캐롤라이나로 차를 달렸다.

도착할 때쯤, 노래 가사처럼 심장이 쿵쾅거렸다. 모든 것이 다 극도의 긴장감을 자아냈다. 크리스틴 부모님의 심중도 헤아리기 어려

---

56 가사의 내용은 한 남자가 결혼하고 싶은 여자의 부모님에게 찾아가 허락을 구하지만 퇴짜를 맞는다는 내용이다.

웠다. 그분들은 수많은 감정을 조끼 안에 숨겨둔 것처럼 보였다. 그래서 (믿거나 말거나) 그분들이 무슨 말을 할지 도무지 알 수가 없었다. 내 몸의 신경들은 그런 식이었지만(그렇기 때문에 우리가 용기를 내는 것일 수도 있다) 그래도 용기를 내서 결혼을 허락해달라고 간청했다. 매직의 노래 가사와 달리 그분들이 왜 그렇게 무례했는지 물어볼 필요는 없었다. 다행히 미래의 장인과 장모는 허락한다고 답하셨다. 그런데 스테이크 한 조각이 목에 걸리는 사고가 난 후에야 그렇게 답하셨다. 이 이야기는 가족들 사이에 전설처럼 남아 있다. 지금까지도 가족들은 내가 크리스틴과 결혼하게 허락해달라고 말하다가 목이 막혔다는 이야기로 나를 곯려주는 장난을 친다.

여기서도 알 수 있듯이 인생에서 가장 원하는 것을 얻기 위해서, 오늘날까지도 나의 더 나은 반쪽으로 남아 있는 사람과 결혼하기 위해서 나는 가장 원하지 않는 감정인 긴장되는 기분을 통과하거나 적어도 공존하는 시간을 견뎌내야만 했다. 이 감정의 반대편에는 내가 훨씬 더 원하는 중요한 것이 있었다. 그건 크리스틴과 결혼해도 좋다는 허락을 받고 새로운 나의 가족에 소속되고 싶은 기분이었다. 사실 인생이 이런 식이지 않은가? 우리가 원하는 성공, 목표, 성취를 경험하기 위해서 우리는 자주 부정적인 느낌들을 견뎌내야만 한다.

예를 들면, 작가이자 팟캐스터인 나는 콘퍼런스나 그랜드라운드에서 공개 강연을 해달라는 요청을 자주 받는다. 각 부서와 기관에서도 문화를 개선하는 데 도움을 달라고 요청해온다. 여기에는 공개 연설이 짧게 포함된 경우가 많다. 사실 대학생 때부터 공개적인 연설을 하긴 했지만 난 이게 정말이지 싫다. 신경이 아주 곤두선다. 많은 사람 앞에서 이야기하는 건 어떻게든 키울 수 있는 기술이라고 생각하면서 시간이 지날수록 불안감이 줄어들길 희망했다. 그러나 여전히 나는 대중 앞에서 연설하기 전에 늘 긴장한다. 하지만 인생의 중요한 순간을 앞두고 느끼는 긴장감은 피해야 할 것이 아니라는 사실을 깨달았다. 보통 그런 긴장감은 가치 있는 일에 참여하고 있음을 알려주는 징표이기도 했다.

이 두 가지 예는 '부정적인' 감정이 실제로 어떻게 긍정적인 결과로 이어질 수 있는지를 보여준다. 당신의 삶 속에 더 많은 사례가 있을 거라고 생각한다. 청혼할 때 어땠는가? 긴장되었나? 첫 아이를 가졌을 땐 어땠나? 밤중에 아이의 침대 곁을 지키면서 숨 쉬는 모습을 바라볼 때는 어떠했는가? 더없이 두려우면서도 동시에 기쁨에 겨운 그런 기분이지 않았던가? 레지던트 업무 첫날 임상적 결정을 내려야 했을 때 어떤 기분이었는지 기억하는가? 처음으로 수술했던 날은 어떠했는가? 주치의로서 어려운 환자에게 진단을 내릴 때는 어떠했는가? 이처럼 긴장감에 사무치는 경험의 반대편에는 우리가 중요하게 여기는 것들이 있다. 이러한 부정적인 감정은 종종 우리가 제대로 된 길 위에 있음을 보여주는 이정표 같은 것이다. 그것들을 다 피하기를 원치 않는다. 오히려 그것들을 안고 가야만 한다.

《부자되는 법을 가르쳐 드립니다 I Will Teach You to Be Rich[57]》의 저자이자 기업가인 라밋 세티Ramit Sethi 역시 이런 현상에 주목했다. 그는 이를 '실패 파일failure file'이라고 부른다. 그는 자신이 이룬 가장 큰 성공 앞에는 종종 꽤 역사적인 실패가 있었다는 사실을 깨달았다. 그래서 세티는 이런 실패를 피하는 대신 모아두려고 컴퓨터 파일을 만들었다. 그리고 매달 일정 수의 굵직한 실패들을 이 파일에 저장한다. 세티가 미친 걸까?

글쎄, 아닐 것이다. 세티는 많은 사람들이 그러하듯 인생의 중요한 순간을 앞두고 긴장감을 느낄 때의 에너지처럼, 실패는 자신의 비즈니스를 절벽의 가장자리까지 밀어붙이고 있다는 징표란 사실을 깨달았을 뿐이다. 그는 새롭고 혁신적인 아이디어를 시도하고 있었다. 불 속에 던져진 철광석 중에도 일부는 기회가 되고 일부는 그렇지 않을 것이다. 그래도 세티는 새로운 아이디어를 찾기 위해서는 실패가 필수적이라는 사실을 깨달았다. 그래서 매달 큰 실패를 몇 개 만들어내야 한다는 목표도 설정해두었다. 그리고 실패할 때마다 새로운 시도를 했다는 사실을 축하했다.

---

57 라밋 세티, 《부자 되는 법을 가르쳐 드립니다》, 안드로메디안(2019)

하나의 예외는 특별히 언급해둘 필요가 있겠다. 부정적인 감정이 다 긍정적인 결과를 가져오는 것은 아니다. 가끔은 부정적인 감정이 보속증保續症, perseveration[58]에 불을 지피는 끝없는 사이클로 이어진다. 우리는 이것을 '빠져들기 쉬운indulgent' 감정이라고 부른다. 이는 긍정적인 결과로 이어지지 않는 부정적인 감정이다. 여기에는 압도당하는 기분, 걱정, 의심, 수치심이 포함된다. 이러한 감정이 생길 때의 목표 ㄴ ㅐ ㅅㅓㅂㅗ ㄱㅔㅣ ㅣㄱㅣ ㅂㅐㄴㅕㄴㅔㅅㅓ ㄱㅣㄴㅏㄹㅣㄴ(기다리고 있길 원하는) 그 무엇으로 가는 것이 아니다. 이럴 때 우리의 과제는 이러한 '빠져들기 쉬운' 감정을 추동하는 비의도적인 생각이 무엇인지 알아내고 이 생각을 제거하는 것이다. 다시 말해 '빠져들기 쉬운' 감정이 생기는 것은 우리의 이야기, 관점, 패러다임, 사운드트랙에 고장을 일으켰기 때문이다. 그 고장은 우리 자신이 일으킨 것이다.

당신이 피하고 있는 부정적인 감정은 무엇인가?

마취과 일은 99%의 지루함과 1%의 공포로 이루어진다는 말이

---

58 어떤 자극이 부재하거나 중단되었음에도 어떤 말이나 몸짓 같은 특정 반응을 계속 반복하는 정신의학적 또는 임상심리학적인 증상을 말하는데, 여기서는 '감정의 보속증'이라고 할 만한 것을 이름.

있다. 레지던트 과정에 들어가려고 자기소개서를 쓸 때 나는 이 말을 언급하며 어스킨 대학^{Erskine College} 2부 축구팀에서 골키퍼로 뛰었던 시절과 연관시켰다. 나는 자기소개서에서 마취과 일의 널리 알려진 공포와 지루함에 대한 이야기는 마취과 전문의가 아닌 사람들에게만 해당된다는 점을 강조했다. 왜 그럴까? 훌륭한 마취과 전문의를 만드는 것은 1%의 공포를 다루는 것이 아니기 때문이다. 괜찮은 마취과 전문의(및 골키퍼)가 어떤 상태의 사람이든지 구해낼 능력을 갖추고 있다면, 훌륭한 마취과 전문의는 구해내야 할 일이 필요하지 않도록 예방하는 능력을 갖추고 있다. 이는 마취과 전문의가 아닌 사람들의 99%가 모르는 사실이며, 마취과 안에서도 겨에서 밀을 가려내는 기준이다.

하지만 우리가 아무리 노력해도 공포는 여전히 생긴다. 그런 경우 최고의 마취과 전문의는 냉정하고 침착하게 집중력을 유지한다. 그리고 마땅히 그래야만 한다. 수술실에서 공포의 순간을 견디지 못하는 마취과 전문의를 상상해보라. 만일 "못합니다. 저는 이 환자의 생명을 구하려고 지금 이 스트레스 상황을 다룰 의향이 전혀 없습니다!"라고 말한다면 어떨까? 이런 마취과 전문의와 일하고 싶겠는가? 이런 마취과 전문의가 당신의 생명을 구하도록 맡기고 싶은가? 나라면 그렇게 못하겠다.

대신 훌륭한 마취과 전문의는 광고에 나오는 해병대처럼 "혼돈의 소리를 향해 나아가는 소수가 있다. 경보의 순간에 대응할 태세를 갖추고 기다리고 있다."라고 말하는 사람이다. 좀 이상한 표현이지만, 마취과 전문의는 스트레스의 반대편에 가장 위급한 순간에 놓여 있는 환자를 도울 기회가 있다는 것을 알고 스트레스를 받는 상황으로 가는 것을 즐겨야 한다.

부정적인 감정을 견뎌내면 우리가 원하는 긍정적인 결과가 생기는데, 왜 우리의 뇌는 극도의 스트레스 순간에 다른 방향으로 가라고 하는 것일까? 뇌는 하나의 기계이며, 뇌의 주요 임무는 우리를 해악으로부터 보호하는 것이기 때문이다. 사실 이게 좋을 때도 있다. 뜨거운 난로를 건드렸다가 다시는 그런 행동을 하지 말아야겠다고 기억하는 것이 그런 예다. 역으로 뇌는 우리를 해악으로부터 보호해주려고 하는 건데 정작 도움이 안 되는 경우도 있다. 예를 들어, 우리가 걸음마를 배우는 아기였을 때 한 번 실패했다고 그만두면 우리가 원하는 걸음마 결과를 얻지 못했을 것이다. 처음 넘어져서 다쳤을 때 완전히 그만두었다면 우리는 아마 지금까지도 기어 다니고 있을지도 모른다. 또는 처음으로 키스했을 때, 처음으로 공개 강연을 했을 때, 처음으로 수술실에서 집도했을 때, 처음으로 클리닉을 열어서 운영할 때, 처음으로 승진 요청을 했을 때, 코앞에 닥친 마감 시간 스트레스를 처음으로 겪어내야 했을 때도 마찬가지다. 스트레스가 많은 경험은 종종 우리가 원하는 것으로 이어진다. 원하는 결과가 아니더라도 필요한 교훈이라도 남긴다.

앞에서 만들었던 감정 목록 두 가지를 다시 살펴보자. 매일 경험 했으면 하는 감정 목록은 모두 긍정적인가? 아니면 불안이나 스트 레스, 걱정 같은 감정도 들어 있는가? 이러한 부정적인 감정 중 일부 는 실제로 우리의 삶에 긍정적인 결과를 가져올 수 있다는 사실을 알고 있었는가? 부정적인 감정을 피하는 대신 대본을 뒤집어서 라 민 세티처럼 우리가 지금 옳은 길에 서 있다는 징표로 받아들이면 어떨까? 우리가 실제로 경험하고 싶은 감정 목록에 이런 부정적인 감정 중 하나를 추가해보면 어떨까?

긍정적인 결과를 얻는 데 활용하는 것 외에도 부정적인 감정 경 험이 갖는 이점은 더 있다. 마틴 루터 킹 목사는 '적을 사랑하라'는 연설에서 유명한 말을 했다. "어둠으로 어둠을 몰아낼 수 없다. 오직 빛으로만 어둠을 몰아낼 수 있다. 미움은 미움을 몰아낼 수 없다. 오 직 사랑만이 미움을 몰아낼 수 있다." 긍정적인 감정과 부정적인 감 정 사이의 연결은 끊을 수 없다. 어둠은 빛의 부재이기에, 삶의 수많 은 긍정적인 감정들은 반대편에 균형을 맞추는 부정적인 감정이 없 으면 맥락도 의미도 없어진다.

예를 들어보자. 깊은 슬픔을 경험하지 않고도 기쁨이 무엇인지 진정으로 알 수 있을까? 어쩌면 가능할지도 모르겠다. 그러나 큰 슬 픔을 경험하고 나면 깊은 기쁨의 순간이 훨씬 더 감사하게 느껴진다. 다시 말해, 부정적인 것과 긍정적인 것을 함께 경험하지 않고는 인간 정서의 전체를 경험할 수 없다는 말이다.

완전히 긍정적인 삶을 경험한다는 것은 불가능한 일이다. 일단 '살다 보면' 인생의 50%는 긍정적이고 50%는 부정적이라고 혹자는 말할 것이다. 사실 우리가 해야 할 일은 부정적인 감정을 피하는 것이 아니라, 부정적인 감정과 공존하는 법을 배우고 함께하면서 그것의 가치를 인식하는 것이다. 이를 통해 우리는 긍정적인 감정을 더 잘 경험할 수 있다. 하지만 부정적인 감정을 대할 때 대부분의 사람들이 그렇게 하지 못한다. 우리는 대개 그 감정을 저항하거나 완충하기를 시도한다.

부정적인 감정에 대한 저항, 버퍼링, 허용

해마다 독감 시즌이 다가오면 아내와 나는 세 자녀에게 독감 백신을 맞게 한다. 셋 다 아홉 살 미만이던 어느 해였는데 그때도 소아과에서 독감 예방주사를 맞을 계획을 세워 둔 상태였다. 과거에 독감 예방주사를 맞기 전에 아이들이 불안해하는 것을 봤었기에, 이번에는 아이들에게 미리 알려주는 것이 좋겠다고 생각했다. 상황을 잘 설명하고 병원에 도착했는데 세 아이 모두 울기 시작했다. 왜였을까? 겁이 났기 때문이다. 아이들이 두려움에 대응하는 방식은 대개 저항하는 것이다. 실제로 한 아이는 화장실에 들어가서 문을 잠그고 있으면 주사를 피할 수 있다고 생각했다. 부정적인 감정에 저항 resisting하는 것은 다른 사람이 문을 열려고 할 때 반대편에서 그 문을 힘껏 미는 것과 비슷하다. 이 독감 예방주사의 사례에서의 두려움처럼, 우리는 부정적인 감정과 싸워서 길을 헤쳐 나갈 수도 있지만 우리의 의지력은 대체로 한정되어 있다. 결국 바닥이 나게 되어 있는 것이다. 이것이 투쟁-도피 현상fight-or-flight phenomenon에서의 '투쟁' 반응 fight response이다.

맏아이인 그레이스가 먼저 주사를 맞고 "생각만큼 아프진 않았어."라고 말한 것은 아이러니였다. 하지만 두 아이는 여전히 비명을 질렀다. 그레이스가 그렇게 아프진 않다고 말해도 이 둘에게는 중요하지 않았다. 그레이스가 주사를 맞기 전에 내가 그레이스에게 했던 말도 그 아이에게 중요하지 않았던 것처럼 말이다. 웨슬리와 안나 루스는 계속 두려움에 저항했다. 그러다가 정작 주사를 맞고 나서는 그레이스와 같은 경험을 했다. 막상 끝나고 나니 생각했던 것보다 나쁘지 않았다. 결국, 30분 동안 두려움에 저항하는 것이 5초 동안 독감 예방주사를 맞는 것보다 더 큰 고통을 야기했다. 어떤 면에서 아이들은 5초 동안의 미래의 아픔(예방주사)과 30분 동안의 확실한 번민(두려움으로 야기된 불안)과 맞바꾼 셈이다.

부정적인 감정에 저항하는 것은 그 감정을 그대로 경험하는 것보다 더 나쁜 경우가 많다. 두려움, 참을 수 없음, 분노 또는 슬픔에 저항하면 상황은 더 나빠진다. 투쟁-도피 현상에서 '투쟁'이 답이 아니라면 해결책은 무엇일까? 부정적인 경험을 피해 도망치는 것일까?

'도피' 반응은 '무감각화numbing'라고 불리기도 한다. '압박감을 완화시키려면' 무언가가 필요하다는 말이 이걸 뜻한다. 코칭에서는 이 프로세스를 '버퍼링buffering, 완충작용'이라고 부른다. 버퍼링은 부정적인 경험이나 감정의 생리학적인 효과를 행동을 통해서 줄이는 방법이다. 예를 들어보자. 코로나19 팬데믹이 닥쳤을 때 나는 당시 남편, 독감 예방주사를 싫어하는 세 아이의 아버지, 임상진료를 하는 의사, 거기에 더해 재택업무로 온라인 비즈니스도 운영해야 하는 상황에 직면해 있었다. 그런데 팬데믹으로 갑자기 세 아이(당시 9세, 6세, 3세) 모두 집에서 온라인 학습을 하게 되었다. 이미 집에서 팟캐스트 '의사철학자' 작업을 하고 있었는데 일이 추가된 것이다. 날마다 그레이스와 웨슬리의 홈스쿨링을 맡아야 했고, 그 와중에 세 살 난 녀석 안나 루스는 자기도 다 컸다며 혼자 하겠다고 나한테 고함까지 치고 있었다. 어서 오라, 스트레스와 불안이여!

처음에는 스트레스에 저항하느라 바짝 힘을 주고 지냈다. 그렇게 일주일 정도를 버텼다. 그러자 내 시스템에 '투쟁'이 남지 않게 되었다. 바로 그 무렵 버퍼링으로 고통을 무감각하게 만들어서 투쟁으로부터 도피하기로 작정했던 것 같다. 대개 3시쯤 되면 불렛 라이^{Bulleit} ^{Rye} 위스키나 인디아 페일 에일^{India Pale Ale, IPA} 맥주를 잔에 따랐다. 스트레스를 버퍼링하려고 알코올을 활용한 것이다. 당시 난 진료일은 하지 않고 있었다. 그러니 기분 좀 누그러뜨리려고 술 좀 마신다고 해서 누가 뭐라 하겠는가? 나는 그날의 스트레스를 경험하고, 술 마시고 싶은 충동을 느끼고, 차갑게 한잔 들이키고, 몸이 갈구하는 도파민이 변연계로부터 뿜어져 나오는 것을 느낀 것뿐이다. 그러면 잠시나마 스트레스로부터 도피할 수 있었다. 그리고 그 당시 알코올을 버퍼^{buffer, 완충제}로 사용한 건 나 혼자만이 아니었다. 〈알코올^{Alcohol}〉이란 학술지에 실린 논문에 따르면, 2020년 주류 음료 판매량은 3월부터 9월까지 20%이상 증가했다.[59] 분명히 팬데믹 기간 동안 많은 사람들이 스트레스에 대처하기 위해 알코올을 사용하고 있었다.

그렇게 매일 오후 3시쯤 집에서 술 마시는 루틴이 몇 달이나 지속되다가, 문득 이건 내가 불안이나 스트레스를 대처하고 싶은 방식이 아니라는 것을 깨달았다. 나는 스트레스와 불안을 술로 버퍼링하고 있었다. 우리가 앞서 논의한 내용에, 우리가 처한 외부 여건이 우

---

59 João M. Castaldelli-Maia, Luis E. Segura, and Silvia S. Martins, "The Concerning Increasing Trend of Alcohol Beverage Sales in the U. S. during the COVID-19 Pandemic," *Alcohol* 96(November 2021): 37-42, https://doi.org/10.1016/j.alcohol.2021.06.004.

리의 감정, 행동, 결과를 결정하지 않는다는 것을 기억할 것이다. 나의 음주 습관은 팬데믹이나, 세 살 난 아이가 고함을 질러서 생긴 것이 아니었다. 내 감정의 원인은 나의 생각이었다. 나의 정신이 "이건 스트레스군. 난 그냥 얼른 이걸 물리쳤으면 해."라고 말했고, 그래서 술을 마셨던 것이다.

문제는 부정적인 감정을 버퍼링함으로써 불안과 스트레스를 성공적으로 처리할 수 없었다는 것이다. 그저 손쉬운 출구였을 뿐이고, 나는 이 모든 것 이면에 있는 근본 생각이 무엇인지 찾아보는 힘든 '생각 다스리기'는 거부하고 있었다. 이 상황에 대해 스스로에게 어떤 이야기를 할 수 있었을까? 왜 이렇게 힘들지? 진짜 문제가 뭘까? 어떤 생각이 이 모든 스트레스를 유발하는 걸까? 매일 돌아가고 있는 부정적인 사운드트랙을 내가 바꿀 수 있을까? 의사, 아빠, 남편, 온라인 사업가로서의 이 모든 역할에 대한 책임을 조금이라도 덜 수 있는 방법은 없을까? 술을 마시는 동안 '생각 다스리기'를 미뤄두고 있었다. 스트레스로부터 도피하는 것이 스트레스와 투쟁하는 것보다 훨씬 쉬웠던 것이다.

알코올이라는 버퍼에 의존하지 않는다고 해서 버퍼링 문제와 무관하다고 생각한다면 걱정 마라. 알코올 외에도 버퍼는 많이 있으니까. 다음과 같은 것들이 버퍼다.

- 초과근무 overworking : 집에 가는 것이 스트레스라서 퇴근 시간 이후에도 직장에 오래 머무는 것. 병원일이 스트레스가 많다고 말하는 사람은 집에서 아이를 보는 부모인 적이 없는 사람일 것이다.

- 사람들 비위 맞추기 people-pleasing : 사장, 상사, 파트너, 동료와 대립적인 대화를 하면서 불안감을 갖고 일하느니 그냥 사람들의 비위를 맞추며 일하는 것이 훨씬 편하다. 굳이 논쟁을 벌이느니, 일강이 빠빠두 굴남 발표 하나 더 하고 말겠다. 차라리 그게 낫다.

- 과식 overeating : 부정적인 감정에서 빠져나가기 위해 도파민을 잠시 높여주는 음식에 의존하는 경우가 많다. 두 마리 토끼를 다 잡을 수는 없다는 말은 내게 하지 마라. 그 부정적인 감정이 그 감정 자체를 먹어치우진 않을 것이다.

- 과소비 overspending : 불만족을 느낄 때 돈을 쓰는 것은 의사들 사이에서 흔한 일이다. 콜벳 과급 엔진이 장착된 신형 CT5-V 블랙윙이라면 나도 정말 행복해질 텐데. 출발 3.5초 만에 60㎞를 주파하는데 얼굴에 미소가 안 번질 자를 본 적이 있는가?

- 멍 때리기 zoning out, 정신 딴 데 팔기: 넷플릭스, 페이스북, 트위터 등 엔

터테인먼트 및 소셜 미디어에 의존해서 지루함이나 스트레스 같은 부정적인 감정을 피하는 사람이 많다. 페이스북을 무한 스크롤하거나 넷플릭스 몰아보기를 하면 그 어떤 지루함도 물리칠 수 있다!

- 휴대전화: 현대인에게 가장 흔한 버퍼는 아마도 휴대전화일 것이다. 모든 종류의 상황을 피하는 수단으로 사용하고 있다. 회의가 시작되기 전을 상상해보라. 테이블에서 동료들과 어색한 대화를 나누며 시간이 가길 기다릴 수도 있지만, 주머니에 있는 슈퍼컴퓨터를 꺼내서 아무 생각 없이 보고 있으면 시간은 잘도 간다.

버퍼는 부정적인 감정을 피할 수 있게 해주는 모든 것이 될 수 있다. 버퍼는 탈출 메커니즘이다. '상황을 조금 완화시키기 위해' '기분을 조금 좋게 하기 위해' '고통을 조금 무뎌지게 하기 위해' 사용하는 수단이 있다면 그게 버퍼일 가능성이 높다. 버퍼는 때로 생존을 위해 필수적이기도 하지만 장기적으로는 늘 비생산적이다. 동기부여의 3요소를 떠올려보면 왜 우리가 이렇게 하는지 이해할 수 있다. 우리 뇌는 그것이 아픔을 피하는 가장 효율적인 방법이라고 알려준다. 충동-욕구-보상의 사이클을 반복하면 우리는 파블로프의 개처럼 이 버퍼에 조건화된다. 셀리그먼의 실험에서 2군의 셰퍼드들처럼 충격을 받으면 버튼을 누르게 되는 레버가 버퍼인 것이다. 단기적으로는 도움이 되지만 장기적으론 그 대가가 크다. 그런데 다행히 우리에게는 부정적인 감정을 헤쳐 나가는 세 번째 옵션도 있다. 바로 '허용하기^{allowing}'다.

저항하거나 버퍼링하는 대신 허용하기

코로나19 팬데믹이 닥쳤을 때 의료인에게 제공되는 무료 앱이 몇 가지 있었다. 그중 하나가 명상 앱이었다. 명상이 내 취향은 아니었지만 시간이 지나면서 명상도 나름 도움이 된다는 것을 알게 되었다. 가장 선호하는 명상 기법에 '알아차리기^{noting}'가 있다. 명상 강사는 '알아차리기'를 할 때 호흡에 초점을 맞추라고 말한다. 그런데 조금 지나면 호흡에 집중하려고 할 때마다 자꾸 산만해진다. 이런 일은 누구에게나 일어난다는 것을 강사도 잘 안다. 그래서 조금 산만해지려고 하면 강사는 우리에게 산만하게 만드는 것이 '생각'인지 '감정'인지 알아차리라고 한다. 그렇게 해서 일단 생각이든 감정이든 그것에 명명하기를 하고 다시 호흡으로 돌아와 집중하라는 것이다.

내 경우를 예로 들면, 명상을 하다가 어느 순간에 팟캐스트 '의사철학자'에 올릴 에피소드 녹화를 해야 하는데 이번 주 녹화 때 무슨 이야기를 할까?라는 생각에 주의를 빼앗겨서 방송에서 하고 싶은 말을 떠올리기 시작하다가 결국 명상 중에 신경이 딴 데 팔렸다는 것을 깨닫게 된다. 이처럼 내가 내 생각의 관찰자가 되어 지금 나의 의식이 딴 데로 갔다는 사실을 깨닫고 나면 바로 '내 주의를 앗아간 생각이 바로 이것이구나.' 하고 알아차리게 된다. 그러고는 다시 호흡에 집중한다.

명상하면서 '알아차리기'가 가능한 것은 의식 덕분에 자신의 생각과 감정을 인지할 수 있기 때문이다. 다시 말해, 인간에게는 자기가 하는 생각의 관찰자가 될 수 있는 독특한 능력이 있다. 사실 '진짜' 사람은 생각하는 존재가 아니라 자기 생각을 관찰하는 존재다. 이것은 우리와 동물을 구분 짓는 특성 가운데 하나다. 명상 중에 '알아차리기'를 통해 우리는 자신의 생각을 바라보는 관찰자가 된다. 산만해진 것을 깨달을 수 있고 (이런 일은 우리 모두에게 일어나는 일이기에) 산만해진 자신에게 자기연민을 가질 수 있고, 다시 주의를 돌려 호흡에 집중하는 게 가능한 것은 바로 이 능력 덕분이다. 우리가 무언가에 알아차릴 때에는 산만하게 만드는 것에 저항하려는 것도 아니고, 버퍼를 사용해서 그것으로부터 도주하려고 하는 것도 아니다.

'알아차리기'라는 프로세스는 바로 '허용하기'가 작동하는 방식이기도 하다. 부정적인 감정에 저항함으로써 그것과 싸울 필요도 없고, '버퍼링하기'나 '무감각해지기' 방식을 써서 그것으로부터 도피할 필요도 없다. 대신 그 감정을 허용할 수 있다. 마치 방 안에 있는 사람을 가만히 바라보듯이, 우리는 전전두엽으로부터 우리의 변연계를 관찰하는 쪽을 선택할 수가 있다. 우리는 의식 속으로 들어가서 우리의 생각과 감정을 인지할 수 있다. 팬데믹 기간에 집 안에서 아이들이 소리를 지르면 스트레스를 유발하는 생각으로 이어질 수 있다. 이렇게 되면 우리는 그 상황에 대해 뭔가 대책을 찾는 대신에 술을 마시고 싶은 충동이 생기는 것을 알아차릴 수 있다. 그 순간 이 충동과 함께 있게 된다. 그걸 말로 표현해보라. 이 감정이 만들어내는 감각에 언어를 부여해보라. 그렇게 해서 일단 스트레스를 알아차리면 술을 마시지 않겠다는 의도적인 결정 쪽으로 주의를 되돌릴 수 있다. 이때 우리는 마지막 남은 의지력을 발휘해서 그 충동에 저항하고 있는 게 아니다. IPA 맥주를 들이켜서 스트레스로부터 도망치는 것도 아니다. 그저 충동을 알아차림으로써 그것을 허용하고 그것과 공존하는 것이다.

부정적인 감정을 허용하는 이 근육을 쓰는 연습을 어떻게 하는지 알고 싶다면 우리 몸의 다른 근육을 쓰는 연습과 똑같다고 보면 된다. 반복해서 쓰는 것이 정답이다. 우리가 고객들과 함께 하는 연습 중에 유용한 것은 자신의 감정을 큰 소리로 설명하는 것이다. 마치 지금 이 방 안에 당신의 감정을 알기 원하는 사람이 있다고 상상해보자. 예를 들어, 나는 코칭하는 고객에게 지금 어떤 기분인지를 어린 아들 웨슬리에게 설명하는 상상을 해보라고 말한다. 당신이 불안하다고 말하면 웨슬리가 듣고 있다가 당신이 왜 불안한지 웨슬리가 궁금해 한다고 상상해보자. "불안하면 몸 안에서 어떤 감각을 느끼나요?" "기분은 어떤가요?" "신체적으로 불안을 느끼는 부위는 어디인가요?" 가슴이 갑갑하다든지, 심장이 빨리 뛴다든지, 손바닥에 땀이 난다든지, 이를 악물게 된다든지 등등 느낌을 표현하기 시작한다. 그러면 나는 웨슬리가 할 법한 말을 해본다. "그래서 누가 해치려고 하나요? 누군가 때리려고 하지는 않고요? 총이나 칼을 들고 쫓아오지는 않아요? 가슴이 답답해지고 심장이 쿵쾅거리고 손바닥에 땀이 많이 나고 이를 꽉 깨물고 있나요? 그게 아주 나쁘게 들리지는 않네요."

부정적인 감정이 만드는 신체적인 감각에 언어를 부여하면 부정적인 감정이 일으킬 수 있는 최악의 상황은 그저 하나의 '느낌'일 뿐이라는 사실을 인식할 수 있다. 명상에서의 '알아차리기' 기법과 마찬가지로, 부정적인 감정을 허용하는 방법을 활용하면 우리가 경험하는 이 끔찍한 일도 우리가 허용하지 않는 한 우리에게 해를 끼칠 수 없다는 것을 알 수 있다. 우리의 뇌가 아무리 우리에게 해가 생길 거라고 설득하더라도 그것 때문에 우리에게 신체적인 피해가 생기지는 않을 것이다. 우리는 욕구에 굴복하지 않으면서 불안을 허용할 수 있다. 버퍼링 방법으로 욕구를 충족해서 얻는 도파민에 굴복하지 않고 불안을 허용할 수 있다. 결국에는 우리의 여건이 술을 마시고 싶은 충동을 더 이상 만들지 않게 될 것이다. 이것이 파블로프식 반응이다. 연습을 통해 기존의 학습을 소거하고 탈조건화하는 것이다. 이 과정을 백 번 반복하면 저항이나 버퍼링 반응을 줄일 수 있다.

부정적인 감정에 저항이나 버퍼링을 하는 대신 이를 허용하는 법을 배우면 부정적인 감정의 힘을 활용해서 긍정적인 결과를 만들 수 있다. 또한 부정적인 감정이 긍정적인 감정에 맥락을 제공하는 풍부한 인간 경험이 가능해진다. 이 '허용하기'라는 방법을 연습하면 우리는 감정을 느끼는 방식에 대한 자율성을 회복할 수 있다. 한 단계씩 밟아 나가면 인생이라는 여정을 즐기면서 일하는, 자기결정성이 높은 의사가 되는 방향으로 조금씩 옮겨갈 수 있을 것이다.

09

목적지보다
여정

Journey over Destination

"핵심은 결과가 아니라 노력이다."
– 어느 현명한 방사선과 전문의 –

웨이크 포레스트 병원에서 마취과 레지던트로 근무하던 폴은 병원 주변 지역인 아드모어에서 달리기를 하던 중에 응급의료서비스_{Emergency Medical Service, EMS} 팀이 환자에게 삽관하는 장면을 목격했다. 무슨 일인지 보려고 달리기를 멈추고 가봤더니 환자의 식도에 삽관이 되어 있었다. *앗, 이건 마취과에서 '거위 삽관*_{tubing the goose}*'이라고 부르는 상황이다.* 문제를 인식한 폴은 EMS 팀에게 이를 알렸다. 당연히 구급대원들은 달리기 복장을 한 채 자기가 의사라고 주장하는 이 남자를 무시했다. 그러나 폴은 호흡을 위한 관이 기도에 있지 않을 경우 사람이 죽을 수도 있기 때문에 자신이 어떻게든 조치를 취해야 한다는 의무감을 느꼈다. EMS 팀이 관을 제거하지 않으면 환자가 죽을 수도 있었기에 폴은 자신이 나서야겠다고 생각했다. 하지만 EMS 팀은 폴이 끼어드는 걸 용납하지 않았고 사태는 험악해졌다. 폴이 끼어들자 경찰은 그에게 수갑을 채우더니 경찰차 뒷좌석에 강제로 태웠다.

노스캐롤라이나 마취과전문의협회North Carolina Society of Anesthesiologists, NCSA 회의에서 누군가 나에게 폴을 가리켰을 때 난 그를 만나야만 했다. 폴은 내가 수련 받았고 지금도 소속되어 있는 웨이크 포레스트 병원의 마취과 전문의 과정 동문이다. 폴은 살아 있는 전설이다. 폴에게 다가가 내 소개를 한 후 체포되었다는 이야기가 사실인지 물어보았다. 그는 당시 유혈이 낭자했던 현장의 세부사항을 다 이야기해주었다(폴이 옳았다. 환자의 식도에 삽관이 되어 있었고 폴은 실제로 체포를 당했다. 불행히도 환자는 목숨을 건지지 못했다고 한다). EMS 때문에 체포되었던 이야기는 당연히 대대적으로 알려졌으나, 그것은 전공의 시절에 유치장에 갇혔던 일이 한 의사에게 절대 지울 수 없는 상처를 남겼다는 식의 이야기가 아니었다. 여담이지만, 폴이 의사라는 것이 확인되고 풀려나올 때까지 유치장에 짧게나마 갇혔던 이야기는 그로부터 몇 년 후 해변으로 떠난 가족 여행 중 EMS 트럭 뒷좌석에 탄 환자의 삽관을 도왔을 때 내가 EMS를 상대하는 방식에 영향을 미쳤다.

그런데 사실, 폴과의 대화에서 가장 기억에 남는 것은 윈스턴-세일럼에서의 의대 시절과 웨이크 포레스트에서의 전공의 시절에 대해 지나가는 말처럼 했던 말이다. 내게 조언처럼 들린 그 말은 이런 것이다. "지미, 내 전공의 시절이 얼마나 힘들어 보일지 나도 알아요. 그런데 솔직히 말할까요. 윈스턴-세일럼에서 내 가족을 꾸리기 시작하던 시절, 처음 장만한 아드모어의 아주 작은 보금자리에서 보낸 엄청 바빴던 그 시간을 돌아보면 말이죠. 사실 내 인생에서 가장 행복했던 추억은 다 그때의 기억이랍니다."

그가 말하고 싶었던 것은 우리가 목적지에 도달하는 것이 인생의 전부는 아니라는 사실이다. 전공의 과정을 다 마쳤을 때처럼 목표를 달성했는데 상황이 늘 우리가 바라던 대로 되지 않을 수도 있다. 다시 말해, 폴은 나에게 그 순간을 즐기라고 격려했던 것이다. 현재라는 순간에 존재하라고, 전공의를 하면서 꼭 그러라고 했다. 그때는 그 말을 믿지 못했다.

전공의가 끝나고 펠로우십을 하면 당연히 더 좋을 거라고, 난 그렇게 생각했다. 하지만 전공의를 마쳤을 때도 똑같았다. 그렇지만 기다려보자. 주치의가 되면 훨씬 행복해질 테니까! 그것도 아니었다. 그렇게 되지 않았다. 기다려보자. 큰 집을 사면, 아니 호주에서 배송이 오기를 1년이나 기다린 415마력 후륜구동 쉐보레 SS가 도착

하면 기분이 굉장하겠지? 그런데 그것도 그저 그랬다. 앞서 설명했듯이 이는 '도착 오류'였다. 목표에 도달하면 오래오래 행복할 거라는 생각이었다. 그 후로 영원히 행복하게 잘 살았다는 식의 이야기는 동화책에서나 있는 것이다.

그러나 이 책을 읽고 있는 당신에게 세상은 그렇게 돌아가지 않는다고 증명해보일 것까지는 없을 것이다. 당신은 이 세상 많은 사람들이 부러워하는 삶을 살고 있을 것이다. 당신은 월급을 많이 받는 의사이며, 존경받는 전문직 종사자다. 인생의 여정에서 어느 단계에 있든지 간에, 당신이 이미 이룬 것은 어디에서 봐도 인상적이다.

하지만 이 모든 성공에도 많은 의사들이 행복해하지 않는다. 목표를 달성하는 것에서 오는 만족감은 오래 가지 않는다. 장기적인 만족과 만족감은 마치 젊음의 샘처럼 찾는 게 불가능한 것인지도 모른다. '그곳에 도달하는 것'이 답이 아니라면 대체 답은 무엇일까? 이것이 바로 폴이 내게 가르쳐주고 싶었던 교훈이다. 지금 여기에 존재하는 것이다. 현재의 우리 존재와 우리가 되려고 하는 존재로 가는 과정 자체를 즐기는 것이다. 결국 인생은 목적지의 문제가 아니라 여정의 문제인 것이다.

결과물이 아닌 프로세스

성장기에 우리가 학교에서 성적표를 받아오면 부모님은 점수를 눈여겨보며 우리가 잠재력을 제대로 다 발휘했는지 확인하셨다. 부모님에게 이는 곧 A를 받는 것을 의미했다. 대부분의 부모님들이 그렇듯이 우리 부모님의 초점도 결과물에 있었다. 의대생, 레지던트, 펠로우십을 거치는 내내 그 내러티브의 연속이었다. 미국의사 면허시험US Medical Licensing Examination, USMLE에서 일정 점수를 받지 못했으면 원하는 분야에 지원하지 못했을 것이다. 로테이션 3년 차에 우등상을 받지 않았다면 우수한 전공의 프로그램에 들어가지 못했을 것이다. 레지던트 때 주치의 앞에서 제대로 못했으면 능력 없는 레지던트로 여겨졌을 것이다. 이 이야기들은 내가 스스로에게 했던 것들이다.

이런 완벽주의는 실패로부터 배우지 못하게 했을 뿐만 아니라 성취, 상, 칭찬이 인생의 궁극적인 목표라는 내러티브를 만들어냈다. 여기에 의도치 않은 부산물도 있었다. 스스로를 가치 있는 존재로 느끼려면 완벽해야 한다는 생각이었다. 하지만 수련 기간이 끝나고 더 이상 얻을 성취도, 받을 상도 남아 있지 않다면 어떻게 되는 것일까? 많은 의사들은 그 후로도 20년 내지 30년 동안 진료를 하면서 살아야 한다. 그들은 계속해서 속으로 묻게 된다. "정말 이게 다인가? 다음 단계는 없단 말인가? 그런데 난 왜 이렇게 불행한 걸까?"

이것이 많은 의사들에게 문제다. 의사들은 자신의 행복과 가치를 정의하기 위해서 늘 무언가를 성취하고 어딘가에 '도착'하는 데에 초점을 맞추며 살아왔다. 물론 목표를 달성하는 데 초점을 맞추는 것이 다 나쁜 건 아니다. 수년 동안 목표지향성을 가진 덕분에 우리는 학부, 의대, 전공의 과정을 잘 완수해낸 것이다. 그런데 더 이상 성취할 것과 도달할 곳이 남아 있지 않을 때 의사들은 무엇을 할 것인가, 이것이 문제다.

에픽테토스가 유명한 명언에서 묘사했듯이, 많은 사람들이 불만족의 살아 있는 화신이 되어버린다. "충분한 것도 너무 적다는 사람들에겐 어떤 것도 충분치 않다." 나도 그렇게 느꼈다. 열심히 일하는 많은 의사들처럼 나도 만족할 수 있는 것은 아무것도 없었다. 나는 완벽주의자였다(사실 완벽주의를 치료하는 중이다). 난 늘 사태를 이런 식으로 생각하곤 했다. *내가 먹는 음식은 건강에 좋지 않다. 나는 내 아이들에게 인내심을 충분히 보여주지 못하고 있다. 내 비즈니스 수익은 충분하지 않다. 나는 아내를 충분히 따르지 못하고 있다. 내 비즈니스는 충분히 많은 의사를 돕지 못하고 있다. 나는 충분히 좋은 의사가 아니다. 나는 돈을 충분히 벌지 못한다.*

어떤 성취도 충분한 적이 없었다. 최종 결과에만 너무 초점을 맞추다 보니 여정을 즐기지 못했다. 여기에 목표지향적인 성격까지 더해져 난 기쁨과 만족감이라곤 없는 자기비판의 괴물이 되고 말았다.

훗날 내가 코칭을 해야 했던 많은 고객처럼 나 자신의 최악의 적은 바로 나였다. 글쎄, 잘하는 것만으로 충분하지 않은데 어떻게 내가 이 자리까지 왔단 말인가? 무언가를 잘한다거나 충분하다는 것은 대체 누가 결정하는 것인가?

결과 자체에만 초점을 맞추는 것은 나의 전반적인 만족감에 심대한 영향을 미쳤을 뿐만 아니라, 직장과 가정에 대한 소속감도 파괴해버렸다. 늘 잘못된 목표에 시선을 고정하고 있었던 것이다. 이런 나의 상황을 깨달은 계기는 '도착 오류'로 힘들어하던 방사선과 전문의 시므온과의 통화 중에 찾아왔다. 시므온은 건강과 피트니스의 목표에서부터 커리어와 가정생활에 이르는 여러 가지 목표를 추구하고 있었다. 아직 성취하지 못한 목표들이 있었기 때문에 자신이 부족하다고 계속 느끼고 있었다. 목표를 모두 다 이루기 전에는 행복할 수 없다고 스스로에게 말하고 있었던 것이다.

나는 시므온이 그동안 달성했던 목표들을 하나하나 알려주면서 그것들로 인해 행복하지 않았느냐고 상기시켰다. 그러자 시므온은 진실을 깨달았다. 그는 모든 것을 성취했음에도 자신은 행복하지 않았던 것이다. 그 순간 시므온은 인생의 의미가 '그곳에' 도달하는 것에 있지 않음을 인식하게 된 것이다. 레지던트 시절의 나에게 폴이 가르쳐주려고 했던 것처럼, 시므온도 인생은 결국 목적지가 아니라 여정의 문제라는 것을 깨달았다. 그때 시므온이 이런 말을 했다. "인생은 내가 정한 목표에 도달했느냐, 하지 않았느냐의 문제가 아니었네요. 중요한 건 결과가 아니라 노력이었어요." 이러한 생각은 그의 발걸음을 멈추게 했다. 솔직히 말해서 나 역시 내가 가던 길에서 멈추게 되었다. 우리의 목표를 단지 결과에만 두는 대신 우리의 정체성, 과정, 노력에 두면 어떨까? 다시 말해, 인생이 결과에 대한 것이 아니라 과정에 대한 것이라면 어떻게 될까?

아이들이 집에 와서 마주하게 되는 세상을 상상해보자. 문제는 아이들이 전과목에서 A 학점을 받았는지 못 받았는지가 아니다. 그들에게 시험공부를 했는지, 할 수 있을 만큼 최선을 다했는지 물어보는 세상을 아이들이 만난다고 상상해보자. 노력해서 얻은 A 학점만큼 노력해서 얻은 C 학점도 부모가 칭찬해주는 세상이면 어떨까? 최종 결과, 그러니까 무언가를 내놓아야만 한다는 끝없는 필요가 아니라 우리가 들이는 노력으로부터 우리 자신의 가치, 정체성, 인생의 행복이 온다는 사실을 알게 한다면 아이들이 얻게 될 교훈은 어떤 것일까? 아마도 아이들은 케빈 듀란트가 가장 좋아하는 말에서와 같은 교훈을 배우게 될 것이다. "재능이 있는 사람이 꾸준히 노력하지 않으면, 꾸준히 노력하는 사람이 재능 있는 사람을 이긴다."[60]

60　이 말을 인용한 사람들은 고등학교 농구 코치인 팀 노트케(Tim Notke)의 지혜라고 밝히고 있으나, 이 지혜의 말을 널리 퍼뜨린 사람은 케빈 듀란트(Kevin Durant)다.

우리 인생에도 같은 패러다임을 적용할 수 있다. 성취하기 원하는 어떤 목표에 시선을 계속 고정하는 대신 노력의 과정을 즐기는 법을 배울 수 있다. 나도 이 책을 쓰기 시작하면서 그렇게 했다. 책이 언제 완성될 것인가에 초점을 맞추는 대신 글을 쓰는 과정을 즐기는 데 초점을 맞추었다. 목표를 달성하는 데에 초점을 두지 않는다. 글을 쓰는 것 자체가 목적이다. 프랑스의 시인 폴 발레리Paul Valéry가 지적했듯이 "예술 작품이란 진정 끝을 낼 수 있는 무언가가 아니다. 그저 내버려두는 것일 뿐이다."[61] 예술은 결과물이 아니라 과정에 대한 것이다. 현재의 순간에 살아갈 수 있는 사람이라면 이해할 것이다.

내 말을 끝까지 들어보라. 목표를 설정하는 게 나쁘다는 말이 아니다. 내가 말하고자 하는 것은 최종적인 결과물보다 과정에 집중한다면 여정의 매순간을 즐길 수 있는 통제력을 회복할 수 있게 된다는 뜻이다. 그렇게 되면 개인적인 자율성이나 직업적인 자율성이 모두 늘어난다. 다른 사람들과 여정을 함께한다는 소속감도 느끼게 된다. 그리고 실패에 대한 인식을 다루는 능력도 틀림없이 향상될 것이다.

우리가 목표 지점을 미래의 불특정 시점으로 옮기는 행동을 한다면, 이 행동은 모든 것을 변화시킬 잠재력을 갖는다. 더 이상 성공이나

---

61 이 말을 포스터(E. M. Forster)가 했다고 말하는 경우도 있다.

실패냐의 문제가 아니다. 우리는 필연적으로 '도착 오류'에 이르게 될 목표를 더 이상 좇지 않게 될 것이다. 목표는 이제 우리의 현재 모습으로서의 존재, 우리가 되어갈 미래 모습으로서의 존재가 될 것이다. 그것은 우리를 순간에 잡아주는 영원히 끝나지 않을 여정으로 데려다줄 것이다. 그리고 이렇게 순간에 잡힐 때 우리는 가장 행복하다.

심리학에서는 순간에 잡혀 있는 현상을 부르는 말이 따로 있다. 바로 '플로우-flow'다. 플로우는 미하이 칙센트미하이 Mihaly Csikszentmihalyi, "ME-HIGH CHICK SENT ME-HIGH"라고 발음한다가 처음으로 설명한 현상으로, 우리가 하는 일에 깊이 몰입해 있을 때 발생하는 심리적인 상태다. 작가의 경우 책이 출판될 때가 아니라 글을 쓰고 있을 때 이러한 현상이 일어난다. 운동선수의 경우에도 경기를 하고 있을 때 이러한 현상이 일어나는 것이지, 챔피언이 되었을 때 일어나지 않는다. 가수 역시 마찬가지다. 콘서트가 끝났을 때가 아니라 노래하고 있을 때 이러한 현상이 일어난다. 다시 말해서, 플로우는 목적지에 도달했을 때가 아니라 그 과정 중에 일어나는 현상이다.

NBA 잼Jam이라는 비디오 게임도 플로우 개념을 이해하고 만든 것이다. 플레이어가 플로우 상태에 들어가기 시작할 때, "플레이어는 열을 내는 중이다He's heating up."라는 유명한 표현을 쓴다. 그리고 플레이어가 완전한 플로우 상태에 들어가 있으면 NBA 잼 게임에서 큰 소리로 "그는 지금 불길에 싸여 있다He's on fire!"라고 외친다. 우리가 일상적으로 쓰는 말에도 이 상태를 나타내는 표현들이 있다. 예를 들어 "재미있게 놀다보면 시간이 금방 간다."라는 말이라든지, 스포츠에서도 우리는 누군가를 두고 저 사람이 지금 "딴 생각이 전혀 없이 완전히 빠져서in the zone 경기를 하고 있네."라든가 "경기라는 생각을 전혀 하지 않고 경기를 하고 있어." 또는 "지금 완전 신났어in the groove."라고 말할 때가 있다. 내가 개인적으로 가장 좋아하는 표현은 운동선수가 경기를 너무 잘하고 있을 때 방송에서 저 선수 지금 "무의식 상태다unconscious."라고 말할 때다.

한발 물러서서 생각해보면, 이것은 폴이 나한테 가르쳐주려고 한 것과 같은 교훈이다. 삶을 살아가는 과정에 있을 때 우리는 가장 행복하다. 마침내 목표에 달성했을 때가 아니다. 무대 위의 가수처럼, 노래할 때 가장 행복한 것이다. 그러면 이러한 질문이 가능하다. 왜 (책을 마무리하는 대신) 책을 쓰는 일에 초점을 맞추지 않는가? 왜 (우승해서 챔피언이 되는 대신) 훈련과 경기에만 초점을 맞추지 않는가? 왜 (다음 목표를 언제 달성할 것인가 대신) 파트너로서, 부모로서 또는 의사로서 순간에 초점을 맞추지 않는가?

칙센트미하이는 엄청난 영향력을 가진 저서 《몰입 FlowThe Psychology of Optimal Experience[62]》에서 이렇게 말한다.

---

62 미하이 칙센트미하이, 《몰입 Flow》, 한울림(2004)

현대인이 삶에서 다가오는 불안과 우울을 극복하기 위해서는 더 이상 사회적 환경이 주는 보상과 처벌에만 반응하기를 그만두고 그런 사회적 환경으로부터 독립적인 상태가 되어야 한다. 그러한 자율성을 성취하려면 스스로 자신에게 보상을 제공하는 방법을 배워야만 한다. 즉, 외부의 여건과 관계없이 스스로 즐거움과 목적을 찾는 능력을 길러야 한다.

이 생각이 사실은 꽤 친숙하게 들릴 것이다. 내적 동기와 자율성에 대한 칙센트미하이의 주장은 우리의 내적 관점과 내적 패러다임에서 오는 것이다. 외부 환경에서 주어지는 외적 보상에서 오는 것이 아니다. 자율성을 회복하라고 말하는 칙센트미하이는 우리가 이야기하는 자기결정성의 ABC 중 하나를 이야기하고 있는 것이다. 어찌 보면 그의 말은 삶에서의 만족은 우리가 외적 보상(즉, 최종 결과물)에 연연할 때가 아니라 내적 보상(즉, 과정을 즐기는 것)에 초점을 맞출 때 따라오는 것이라는 뜻이다. 칙센트미하이도 데시와 라이언의 자율성이 외적인 결과가 아니라 내적인 과정에 초점을 맞출 때 온다는 것을 인식해야 한다고 강조하고 있다.

이 생각은 모든 것에 영향을 미칠 수 있다. 저울이 가리키는 특정 체중이 아니라 점점 더 건강해지는 일로 목표를 바꾸면 어떨까? 논문을 많이 써내는 것이 목표가 아니라 배우고 글을 쓰는 과정을 즐기는 연구자가 되는 것으로 목표를 바꾼다면 어떨까? 마라톤을 완주하는 것이 목표가 아니라 그저 달리는 사람이 되는 것을 목표로 한다면 어떨까? 인생에서 무엇을 원할지 결정하는 것이 아니라 우리가 가진 매 순간, 모든 소중한 순간에 존재하는 것에 목적을 둔다면 어떨까?

우리가 프로세스 쪽으로 초점을 바꾸면 자율성을 되찾게 될 것이고, 이 자율성은 우리 인생에서 장기적인 만족과 삶의 자족함을 만들어줄 것이다. 《아주 작은 습관의 힘》의 저자 제임스 클리어는 이렇게 말한다. "당신이 결과가 아니라 과정을 사랑하고 있을 때에는 스스로에게 행복해해도 좋다고 따로 허락하기 위해 기다릴 필요가 없다."

프로세스로 초점을 바꾸면 인생에 대한 질문도 달라진다. 마치 우리를 행복하게 해줄 사라진 재료를 찾으면 그것이 마법을 부려서 우리를 행복하게 만들어 주기라도 할 것처럼 "인생에서 난 대체 뭘 원하고 있지?"라는 질문은 하지 않을 것이다. 대신 이 세상에서 우리가 되고 싶은 종류의 사람이 되고, 정체성과 목적에 대한 더 깊은 의식과 연결되어 있다고 느끼게 되는 그 프로세스에 초점을 두게 될 것이다. 우리의 핵심에서 우리는 과연 누구인가? 우리는 어떤 사람이 되기를 원하는가? 어떤 활동을 할 때 그리고 어떤 사건이 일어날 때, 우리가 딴 생각 없이 그것에 빠져 있거나 신날 수 있는 걸까?

이런 질문에 답하다 보면 현재의 우리 존재가 되어온 그리고 앞으로 우리가 되려고 하는 존재로 가는 프로세스에 시선을 두게 된다. 당신의 목표는 더 좋은 어머니나 아버지 또는 더 좋은 남편과 아내가 되는 과정에 충실하자는 것이 될 수 있다. 대학에 근무하는 의사라면, 수련의와 전공의에게 더 좋은 선생이 되기를 원할 수 있고 환자를 위해서 최고의 의사가 되기를 원할 수도 있다. 또는 자신이 속한 종교적 전통에 다시 연결되기를 깊이 갈망하는 자신을 느낄 수도 있다. 우리 각자에게는 다르겠지만 사실 질문은 한 가지로 동일하다. 어떤 사람이 되기를 원하는가? 우리가 이 땅에서 얻은 이 멋진 생을 가지고 무엇을 하기 원하는가?

제임스 클리어가 말한 그대로다. "당신이 하는 행동 하나하나는 당신이 되고 싶은 유형의 사람에게 던지는 한 표다. 표 하나로는 당신의 신념을 바꿀 수 없다. 그러나 표가 쌓이면서 당신의 새로운 정체성에 대한 증거도 쌓여 나가는 것이다."

그런데 이 여정은 겁쟁이를 위한 것이 아니다. 길을 가다가 잘못되면 어쩌지? 내 최고의 모습을 보여주지 못하면 어쩌지? 글을 쓰다 막히거나, 아이들에게 소리를 지르거나, 환자를 진료하다가 실수하면 어떡하지? 이런 질문에 대한 답은 수치심 대신 호기심 선택하기를 배우는 것이다.

10

수치심 대신
호기심 선택하기

Choosing Curiosity over Shame

"실패를 모른다면 결코 성공을 알 수 없다."

– 슈거 레이 레너드(Sugar Ray Leonard) –

1976년, 서로 아는 친구를 통해 두 남자가 만났다. 한 명은 고등학생이었고 다른 한 명은 버클리 재학생이었다. 두 사람은 인류 역사상 가장 위대한 기업 중 하나를 설립한다. 한동안 사업을 운영한 후에 그들은 큰 성공을 거두었다. 하지만 두 사람은 회사의 CEO가 될 사람을 고용할 필요가 있다는 생각을 하게 된다. 이때 펩시콜라에 있던 존 스컬리^{John Sculley}를 영입하는데, 그때 그에게 남긴 유명한 말이 있다. "남은 생애 동안 설탕물을 팔면서 보내고 싶은가요, 아니면 나와 함께 세상을 바꾸고 싶습니까?"

스티븐 워즈니악이 주로 애플사의 엔지니어링과 통합적인 업무를 담당한 반면, 스티브 잡스는 그의 비전과 아이디어로 유명해졌다. 비전을 제시하는 잠재력을 생각하면 존 스컬리를 고용하는 대신왜 잡스가 직접 CEO가 되지 않았는지 궁금할 것이다. 잡스가 애플을 창립할 당시는 잡스가 대학을 갓 중퇴했을 때였음을 기억해야 한다. 그는 어렸다. 게다가 그는 함께 일하기가 매우 어려운 사람으로 유명했다. 그는 까다롭고 무뚝뚝했으며 종종 무례했다. 그래서 회사 투자자들과 주주들은 그가 아직 그 자리에 적당하지 않다고 생각했다.

스티브 잡스는 첫 매킨토시를 만든 후에도 사실 이사회와 그 당시의 CEO에 의해 축출될 이력이 있을 만큼 동료로서의 그는 매우도전적인 사람이었다. 공개적으로 비참하게 쫓겨난 이후에 잡스는새로 넥스트^NeXT라는 사업을 시작했다. 또한 이 시기에 픽사^Pixar를 설립했다. 10년 후 애플의 주가가 폭락하자 애플이 넥스트를 합병했고, 잡스는 자신을 해고했던 회사로 복귀한다. 잡스가 그들을 구하였고, 이후 애플은 아이튠즈^iTunes와 아이팟^iPod 그리고 결국 아이폰^iPhone까지 만들면서 전례 없는 성공을 거둔다. 대학도 졸업하지 않은사람이 만든 회사치고는 전혀 초라하지 않았다.

그런데 이 이야기에서 우리가 모르는 시기로 다시 돌아가 보면 어떨까? 잡스가 해고되었던 날과 회사 창립에 도움을 준 그 회사에서 쫓겨난 지 10년이 지난 후 잡스의 입장이 되어보면 어떨까? 잡스의 입장이 어떨지 상상할 수 있겠는가? 아마 대부분의 사람들이 그 입장이 된다면 자신을 완전한 실패자로 여기고, 앞서 우리가 논의했던 '수치심 느끼게 하기'라는 인지적 오류에 빠지게 될지도 모른다. 그러나 현실의 잡스는 그러지 않았다. 그는 그 당시의 일에 관해 유명한 말을 남겼다. "애플에서 해고된 것은 내게 일어날 수 있는 최고의 일이었습니다. 성공의 무거움은 다시 시작하는 자의 가벼움으로 바뀌었죠. 덕분에 자유로워진 나는 인생에서 가장 창의적인 시기를 맞이할 수 있었습니다."

이 말의 아름다움이 보이는가? 해고를 당한 것은 전혀 실패가 아니었다. 자신의 실패를 하나하나 파일에 모으는 라밋 세티처럼 잡스도 실패를 같은 시각으로 바라본 것이다. 실패는 안도감과 함께 기회를 가져다주었다. 잡스는 덧붙였다. "나는 언제나 더 혁명적인 변화에 끌리곤 했습니다. 그게 더 어렵기 때문입니다. 정서적인 스트레스는 훨씬 큽니다. 그리고 주변에서 다들 완전히 실패할 거라고 말하는 시기도 견뎌내야만 합니다."

잡스는 실패와 그에 따른 수치심을 받아들이기를 거부했을 뿐만 아니라 스트레스를 유발하고 실패할 가능성이 있는 기회를 찾아 나섰다. 이런 사람은 또 있다. 슈거 레이 레너드도 이번 장의 시작 부분에 있는 인용문에서 이와 같은 생각을 나타내고 있다. "실패를 모른다면 결코 성공을 알 수 없다." 현대 스토아 철학자이자 저술가인 라이언 홀리데이Ryan Holiday는 그의 저서 《돌파력The Obstacle is The Way[63]》에서 우리가 인생에서 직면하는 장애물은 방해물이 아니라 성공으로 가는 길이라고 지적한다. 그렇다면 우리는 어떻게 잡스나 레너드, 홀리데이처럼 실패가 적힌 대본을 뒤집을 수 있을까? "나는 실패한 것이 아니다. 잘 안 되긴 했지만 그걸 통해 만 가지 시도를 해봤을 뿐이다."라고 말한 토머스 에디슨처럼 어떻게 그 과정을 즐길 수 있을까? 이 질문에 답하기 위해서, 먼저 우리들 중 누구도 실패하고 싶지 않은 근본적인 이유, 즉 수치심에 대해 이야기해야 한다.

실패가 적힌 대본 뒤집기

의사들은 틀림없이 성공적인 인생이었기 때문에 지금 그 자리에 있는 것이다. 내 말은 우리 의사들은 실패는커녕 오히려 여러 번 성공을 경험한 사람들이었을 것이란 뜻이다. 우리는 실패를 피해야 하

---

63   라이언 홀리데이, 《돌파력》, 심플라이프(2017)

는 것으로 보곤 하는데, 왜 그래야 하는지 생각해본 적이 있는가? 그것은 ABC의 두 번째 요소인 소속감에 대한 욕구 때문이다. 실패하면 외부의 비판에 직면하게 되는데, 이는 수치심을 유발하고 팀의 가치 있는 일원이라는 느낌도 위협받는다.

앞서 소개한 브레네 브라운은 "수치심은 가장 강력하고 주도적인 감정이다. 수치심은 우리가 충분히 훌륭하지 못하다는 두려움이다."라고 말한다. 수치심은 소속감을 공격한다. 수치심은 독자적으로 증폭된다. 우리의 내적인 문화를 번아웃으로 바꾸고 자기결정성이 높은 문화와 멀어지게 만든다. 수치심은 번아웃된 의사들에게 치명적인 주도적 감정이다. 자신이 부족하다고 느끼거나 도움을 요청하는 것이 부끄럽고 나약한 일이라 생각하면 자기결정성을 높이기 불가능하다.

수치심은 자신이 받아들여질 수 없다는 느낌이자 무가치하다는 느낌이다. 이는 자기결정성이 높은 의사가 되기 위한 여정에서 쌓아온 소속감을 무력화시킬 수 있는 강력한 감정이다. 수치심은 또한 점점 빠져들게 되는 감정이다. 무언가에 압도당하는 기분이나 걱정처럼, 수치심도 생산적일 수 없는 감정이다. 수치심은 우리가 부끄러워서 공유하지 않을 때 어둠 속에서 싹트고 자란다. 수치심이 빠져들기 쉬운 감정인 이유는 우리가 무언가를 하고 있는 것처럼 느끼게 해주지만, 실제로는 그 감정에 쉽게 굴복시켜서 인생에서 원하는 결과를 얻지 못하게 하는 악순환을 초래하기 때문이다. 아이스크림을 몇 통째 계속 먹는 것과 마찬가지로, 먹는 순간에는 기분이 좋을지 모르지만 나중에는 원하는 결과를 얻지 못하게 되는 것과 같은 이치다.

다시 말하지만, 수치심은 도움이 되지 않는 감정이고 거의 언제나 비생산적이다. 스티브 잡스, 슈거 레이 레너드, 토머스 에디슨처럼 실수나 불운으로부터 배워야 하는 것 아니냐고 반문할 수도 있겠다. 이전에 논의했던 죄책감과 수치심의 차이를 생각해보자. 우리의 생각 모형(CTFAR을 기억하는가? 6장을 참고하라)에서 '행동A'과 '결과R'를 생각했을 때 여기서는 어떤 것이 산출될까? 긍정적이거나 생산적인 것이면 죄책감의 결과일 가능성이 높다. 왜냐하면 죄책감은 종종 잡스, 레너드, 에디슨처럼 실수나 불운을 통해 배우는 쪽으로 추진력을 만들어내기 때문이다. 이것은 자신이 한 말 때문에 사랑하는 사람에게 사과하거나 집에서 '일을 제대로 하기'와 같은 것이다. 또는 예전의 아이디어가 잘 먹히지 않아서 배운 것이 있을 때 새롭게 시도하는 실험일 수도 있다. 이미 일어난 일에서 생산적인 결과가 나왔다면 그것은 죄책감이 당신의 생각 모형을 이끌어 가고 있을 가능성이 높다.

반면, 당신이 얻은 최종 결과가 비생산적이라면 수치심이 원인일 것이다. 예를 들어, 체중 감량을 결심했다고 가정해보자. 금요일은 치팅데이로 정해서 예외로 하고 다른 날은 디저트를 건너뛰기로 했다. 그런데 직장에서 힘든 하루를 보낸 화요일 저녁에 아이스크림 한 통을 먹고 있는 자신을 보게 된다. 디저트를 다 먹고 나니 의도치 않게 이런 생각이 든다. '지금 이걸 내가 다 먹었다니 믿을 수가 없다. 이래 가지고는 살을 뺄 수가 없지. 난 너무 뚱뚱해.' 이러한 생각은 결국 한 번의 실패에 대한 반추로 이어질 것이다. (그런데 이 내용을 회상해보자. 그 생각을 만든 것은 아이스크림이 아니라, 아이스크림에 대한 당신의 생각이다.) 이렇게 되면 자신의 결단력에 의문을 제기하면서 이미 패배한 전투라 생각하고 다시 아이스크림을 두 통째 먹게 될 것이다. 이것이 바로 수치심이 만들어내는, 완전히 비생산적인 생각 모형이다. 죄책감 때문이 아니다.

이 구체적인 사례가 당신에게는 해당되지 않을 수 있다. 그런데 당신의 분투가 무엇이든지 상관없다. 당신 스스로 세운 기대치에 부응하지 못할 때 수치심을 느끼는 것은 보편적인 현상이다. 그리고 수치심이 빚는 최종적인 결과는 늘 비생산적이다.

(계속 말하지만) 수치심은 결코 도움이 안 되는, 비생산적인 감정이다. 하지만 수치심은 우리가 생각하는 최악의 날에 찾아오곤 하는 너무나 친숙한 감정이다. 이제 자연스럽게 이렇게 질문할 수 있다. 우리 삶에 만연한 수치심을 어떻게 물리칠 수 있을까? 우리가 이 감정을 느낄 때 어떻게 하면 대본에 있는 실패나 실수를 뒤집을 수 있

을까? 잡스, 레너드, 에디슨이 그랬던 것처럼 실패를 수치심의 원인이 되도록 두지 않고 개선의 기회로 보는 방법이 있을까? 다행히 방법이 있다.

기업가의 수치심

지표를 계속 점검하길 좋아하는 건 의료관리자들만이 아니라는 사실이 드러났다. 초창기 블로거로서 나 역시 여느 블로거와 다르지 않았다. 팟캐스트 '의사철학자' 웹 페이지의 접속자 수를 이 비즈니스가 성장하고 있음을 보여주는 지표라고 생각하면서 늘 그 숫자에 신경 썼다. 2018년 어느 날 접속자 수가 폭증한 것을 발견했다. 이런 일이 다음번에도 일어날 수 있는지 보려고 접속자 수가 늘어난 원인을 살펴보았다. 알고 보니 내가 트위터에 적은 몇 마디의 말 때문이었다. 놀랍지 않은가?

그 몇 마디 말은 아내 크리스틴에 대한 풍자조의 말이었다. 자신이 죽을 경우를 대비해서 사랑하는 사람을 위해 재정 계획을 어떻게 세워두는 게 좋을지 알려주려는 의도로 쓴 글이었다. 특히 배우자가 경제관념이 없는 경우를 겨냥한 것이었다. 당시 내 생각에는, 결혼한 부부 중 양쪽 다 개인 재정에 신경을 쓰는 경우도 있지만 한쪽은 경제관념이 있고 다른 한쪽은 없는 경우가 보통이었다. 우리 둘 중에는 내가 경제관념이 있는 쪽이다.

크리스틴과 나는 서로의 부족한 점을 서로 잘 보완하고 있다. 그녀는 세세한 데에 신경을 쓰는 성격이고, 나는 큰 그림을 봐야 하는 추상적인 문제를 해결하는 성격이다. 크리스틴은 기억력이 뛰어나고 글을 빨리 읽는 반면, 나는 직장에서 별명이 도리^{Dory, 잘 잊어버리는 물고}일 정도로 읽기에 문제가 있다(roll과 role이 다른 걸 대체 어떻게들 알아보는 것인가?). 열 살이 된 그레이스도 초등학교 4학년 이후로는 나보다 빨리 읽는다. 아내와 나의 또 다른 차이점은, 나는 돈에 대해 이야기하는 것을 좋아하는데 아내는 싫어한다는 것이다. 그래서 우리가 어떤 삶을 살 것인가에 대한 비전을 함께 이야기할 때면 그녀는 언제나 하나부터 열까지 내가 알아서 하도록 믿고 맡기는 편이다. 그녀는 세금공제 계좌^{Roth IRA}라든지 은퇴연금 계좌 등에 대해서도 전혀 관심이 없다.

이러한 배경을 염두에 두면, 내가 기업가로서 경험한 최악의 수치스러운 상황이 대체 어디에서 일어났는지 눈치챘을 것이다. 이 일 때문에 온라인 사업을 거의 그만둘 뻔했다. 그랬으면 아마 이 책도 영영 쓸 수 없었을지도 모른다. 그렇게 많은 접속자 수를 이끌어낸 내 트위터 글에는 방금 이야기한 것을 바탕으로 한 몇 가지 내부적인 농담이 포함되어 있었다. 말하자면 이런 것이다. "나는 돈을 좋아하고 글을 읽는 데 문제가 있는 반면, 아내는 돈에 관심이 없고 수학을 싫어한다." "내가 죽은 후에 받을 생명보험금을 제대로 쓰려면 아내는 수학을 좀 해야 할 것이다." 이런 걸 써 놨으니 눈살이 찌푸려지는 것도 당연한 일이었다. 우리끼리야 농담처럼 주고받는 말이지만 우리를 모르는 외부 사람들의 입장에서 글로 보면 오해할 만도 했다. 반응이 좋지 않았던 또 다른 이유는, 개인 재정과 관련된 글이 독자들에게 익숙하지 않은 탓도 있었다. 왜냐하면 아무리 간단해도 숫자를 생략하지 않고 다 쓰기 때문이다.

더 난감해진 이유는 독자들이 극단적인 페미니스트들이었다. 우리를 모르는 페미니스트의 시각으로 내 글을 보면 맨스플레이닝 Mansplaining 으로 보일 것이고, '가부장주의자의 헛소리'로 읽혔을 것이다. 그들에게 난 여성을 혐오하는 남자로 보였다. 그중 한 의사가 30만 명에게 내 글을 퍼 날랐고, 그렇게 그날 트래픽이 급증했던 것이다. 흥분으로 시작한 접속자 수의 급증은 결국 완벽한 수치심으로 결론이 났다.

내가 본 첫 번째 댓글은 "그의 죽음이라니 호소력 있게 들리는데, 나만 그런 걸까요?"였다. 하지만 수많은 댓글 중 내 눈길을 끈 것은 단연 이것이었다. "지금은 변호사가 필요하겠네요. 이혼 전문 변호

사요."소셜 미디어의 캔슬 컬처^{Cancel culture64} 지침에는 배우자가 의도
치 않은 말실수를 했을 때 배우자를 죽이거나 이혼할 권리가 당연히
주어진다는 규정이 있는 것 같았다. 당시에 나는 어리석은 실수를
그냥 웃어넘길 수 있는 성자와 결혼한 것을 기쁘게 생각했다.

총 100개가 넘는 댓글이 달렸는데, 그중 상당수는 나의 죽음과 이
혼을 요구하는 의사들이 쓴 것이었다. 난 완전히 맹비난의 폭격에
휩싸였다. 실생활에서, 그러니까 소셜 미디어의 댓글 바깥에 존재하
는 실제 세계에서는 내가 여성의 권리를 매우 중시하며 멋진 두 딸
(그리고 멋진 아들)의 아빠라는 사실을 더해 이런 상황을 겹쳐 보기 바
란다. 나보다 훨씬 더 훌륭한 사람인 한 여성과 결혼했다는 사실은
말할 필요도 없다. 요점은 나의 죽음과 이혼을 요구하는 소셜 미디
어의 댓글 때문에 상처를 입었다는 사실이다. 그것도 크게 입었다.
그들이 내 급소를 때렸고 내 소속감을 산산조각 내버렸다. 그래서
나는 댓글을 단 사람들처럼 페미니스트의 시각으로 내가 쓴 글을 다
시 읽었다. 이게 웬일인가. 포스팅한 그 글에서 내가 한 번도 아니고
몇 번이나 말실수를 했다는 사실을 발견했다.

그런데 문제는 실수 자체가 아니었다. 나는 실수를 알아보고 죄

---

64 주로 저명인을 대상으로 과거의 잘못되었다고 생각하는 행동이나 발언을 고발하고 거기에 비판함으로
써 직업이나 사회적 지위를 잃게 만드는 소셜 미디어상의 현상이나 운동으로, 취소 문화라고도 한다.

책감을 느끼며 이런 기회를 통해 개선하는 쪽을 택할 수도 있었다. 하지만 죄책감을 택하지 않았다. 대신 순전히 수치심 쪽을 선택해서 그로 인해 몇 달 동안 상처입고 있었다. 소속의 필요가 절실한 사람이라면 누구나 그렇듯 나도 바로잡고 싶었다. 그래서 몇 시간이나 공을 들여가며 원래 올렸던 글에서 맨스플레이닝처럼 보인 풍자 글에 대해 해명하고, 험담으로 받아들여진 일부 내용에 대해 사과하고, 누군가의 죽음이나 이혼을 요구하는 것은 해로운 일이라는 점을 지적하려고 새 글을 써서 게시했다. 혹시 누가 "몽둥이와 돌을 가지고 뼈를 부러뜨릴 수 있을지 몰라도 말로는 결코 나를 상처 입힐 수 없다."라고 말했다면 그건 어리석고도 틀린 말이다. 사실 말도 내버려두면 우리에게 상처를 입힌다.

물론 아이러니한 점은 소셜 미디어에서 나를 파괴한 사람들은 내가 사과한 두 번째 게시물을 절대 안 읽었다는 사실이다. 키보드 워리어들은 소셜 미디어에서 다른 사람의 인생을 파괴하려고 계속 자리를 옮길 것이다. 또 다른 아이러니가 있다. 사랑하는 사람과 재정 문제를 의논했던 남녀 독자들로부터 수십 통의 이메일을 받았다는 사실이다. 내 글이 소기의 목적을 달성했던 것이다. 그러나 개인적으로는 엄청난 대가를 치러야 했다.

이 캔슬 컬쳐의 경험을 통해 중요한 두 가지 교훈을 얻었고, 이는 지금도 내게 도움이 된다. 여기서 공유하고 싶다. 첫 번째는, 인생에서 우리는 판단을 받거나 무시당하거나 둘 중 하나를 필히 경험한다는 것이다. 이를테면 온라인에 올라온 환자의 의료서비스 평가라든지, 소셜 미디어상의 대화에서 예상치 못한 쪽으로 흘러가서 일이 엉망이 될 수도 있다. 더욱이 입장이 양극화된 분위기에서 판단을 피하기란 불가능하다. 사실 이를 피할 수 있는 유일한 방법은 처음부터 그곳에 발을 들이지 않는 것뿐이다. 그러나 이 방법은 당신의 도움이 필요한데 당신이 거기에 없어서 당신의 존재조차 모르는 사람을 놓치게 된다는 것을 의미한다.

사람들은 언제든지 우리가 누구이고, 우리가 지지하는 가치가 무엇이며, 우리가 어떤 선택을 하는지에 대해 판단하고 비판적인 의견도 견지할 수 있다. 지금 이 책을 읽는 독자를 포함해서 그렇다. 그렇기 때문에 아직 그런 경험을 하지 못해봤다면 독자 수가 아직은 어느 정도 되지 않음을 의미한다. 그러나 어쨌든지 당신도 이런 판단과 그에 따른 수치심을 경험해봤을 것이다. 환자와의 관계에서든, 소셜 미디어 글이나 댓글에서든 말이다. 아니면 가족이나 친구와의 관계에서도 있을 수 있다. 사실 우리가 모든 일을 올바르게 처리하더라도 판단을 받는 것은 불가피하다.

이것은 두 번째 중요한 교훈으로 연결된다. 우리는 실패, 그와 연관된 판단, 그에 따르는 수치심을 잘 처리할 수 있어야 한다. 그러기 위해서는 수치심보다 호기심을 선택하는 방법을 배워야 한다.

호기심 선택하기

오랫동안 나는 다른 사람에게는 은혜를 베풀고 용서하고 연민을 가지면서도 나 자신에게는 완벽한 기준을 가지는 것이 나의 책임이라고 믿었다. 전공의 시절 책상에 붙여둔 글귀가 있다. 헨리 비처^{Henry} ^{Ward Beecher}가 한 말이다. "사람들이 기대하는 것보다 높은 기준을 지켜야 한다는 책임을 받아들여라. 자신에게 핑계 대지 말고 자기연민에 빠지지도 말라. 자기 자신에게 엄격한 주인이 되고 다른 사람들에게는 관대하라."

이때까지 자기연민을 조심해왔다. 사실 자기연민이란 빠져들기 쉬운 비생산적인 감정이라고만 믿고 있었다. 하지만 자신에게는 엄격하고 다른 사람들에게는 관대해야 한다는 생각은 아무래도 문제가 있다. 이 말은 어떤 사람으로 '되어가기' 프로세스를 불가능하게 만드는 생각이다. 왜냐하면 우리 중 누구도 매순간 원하는 방향으로 가는 과정에서 늘 제대로 살지 못하기 때문이다. 이러한 마인드셋은 우리가 가질 소속감을 아래에서부터 흔들 가능성이 있다. 다시 말해, 비처는 자기연민이란 핵심요소에 대해 무언가를 놓치고 있다.

비처와 달리 나는 우리가 내리는 모든 결정은 우리가 되고자 하는 사람과 가까워지게 하는 것이거나 멀어지게 하는 것이라고 생각한다. 그리고 우리 각자는 언제나 하나의 개별적인 행동 또는 결정

이상의 존재다. 우리는 목표를 향해 움직이는 복잡한 모자이크 같은 존재다. 그러나 많은 사람이 삶의 발전 그래프에서, 자기 계발을 위한 여정을 항상 45도 각도로 위쪽과 오른쪽을 향하는 직선과 같은 선형적인 상승 궤도라고 생각한다. 하지만 실제로는 그렇지 않다. 그런 기대는 인생이 방향을 확 바꾸었을 때 비처와 같은 마인드셋을 만들어낸다.

우리의 할 일은 우리가 바라는 유형의 사람으로 되어가는 방향으로 최대한 많은 표를 던지는 것이다. 자신의 실수에 엄격한 주인이 되라는 것도 아니고 절대 실패해서는 안 된다는 것도 아니다. 조금씩 나아지는 것이 관건이다. 위를 바라볼 수 있으면 된다. 그리고 우리가 원하는 유형의 사람에 점점 더 가까워지고 있다는 것을 알 수 있으면 된다.

이러한 작업이 많아지면 우리가 선택한 습관과 연관이 된다. 우리의 현재와 미래의 모습을 창조하기 위해 행동과 결정의 집합이 습관을 만든 것이다. 그런데 이만큼이나 중요한 다른 요소가 있다. 이 여정 중에 뒷걸음질쳤을 때 어떻게 처리할 것인가의 문제다. 지금 이 시점에도 어쩌면 당신은 식습관을 바꾸고, 운동을 더 많이 하고, 아마존 사이트에서 씀씀이를 줄이고, 스스로 믿는 가치를 위해 싸우는 능력을 키우고, 수면 시간을 늘리고, 일기를 더 자주 쓰고, 기도를 더 자주 하려고 노력 중일 수도 있다. 그리고 나쁜 습관을 없애려면 어떻게 해야 할지 숙고해보려는 중일 수도 있다.

그렇게 하려면 실수했을 때 코스를 바로잡을 수 있는 능력도 가지고 있어야 한다. 에디슨이 전구를 발명했을 때 그랬던 것처럼 말이다. 그렇지 않으면 소속감이 무너질 수 있다. 먹지 않겠다고 다짐했던 아이스크림이나 맥주를 먹었을 때 우리를 자신을 어떻게 대할 것인가? 충동적인 행동을 하거나 원래 습관대로 행동할 때 어떻게 해야 할까? 직장에서 변화를 시도했는데 생각만큼 잘 되지 않을 때는 어떻게 할 것인가? 이럴 때 내면의 비평가가 승리하도록 놔둘 것인가? 나 같은 완벽주의자라면 당연히 그렇다고 대답할 것이다. 그런데 꼭 이런 식일 필요는 없다.

식습관을 개선하기로 결심한 고객이 있었다. 그를 존이라고 부르겠다. 존은 의식적으로 자신과 가족을 위해 더 건강한 라이프스타일을 가져보기로 결심했다. 하지만 누군가가 음식을 앞에 놓으면 그 순간부터 그걸 먹지 않고는 못 배기는 것이 문제였다.

존은 계속해서 습관대로, 생각이 없는 듯이 음식을 먹는 자신을 보게 되었다. 그가 가진 의도치 않은 생각 모형은 먹고 싶은 충동, 그 충동을 충족시키는 행동 그리고 피자를 먹은 후의 도파민 분출의 결과물이었다. 우리는 존이 앞으로 24시간 동안 무엇을 먹을지 의도적으로 선택하는 작업을 수행했다. 이런 일이 성공 가능성을 높인다는 연구 결과가 있다. 그런데 여기서 그에 못지않게 중요한 작업은 존이 예전의 습관으로 돌아갔을 때 스스로에게 친절하도록 돕는 것이다. 바로 이럴 때 수치심 대신 호기심을 선택하라고 존에게 이야기해준다. 자신이 얼마나 잘못했는지, 예전의 일상으로 돌아갔다는 사실을 믿을 수 없다고 스스로 수치스럽다고 느끼며 자책하는 대신 질문하는 방식으로 내면의 내러티브를 바꾸는 것이다.

자기연민에 빠진 존은 수치심 대신 호기심을 택하는 방법을 배웠다. 이를 위해 존은 자신의 선택에 대해 어떻게 하면 호기심을 느낄 수 있는지 배웠다. 스스로를 칭찬할 만큼 잘된 일이 있었나? 피자 한 조각을 먹기로 결정했을 때 어떤 상황이었나? 앞으로 그런 상황을 어떻게 피할 수 있을까? 피하지 못한다면 자신을 어떻게 준비시켜야 성공할 수 있을까? 다음번에는 무엇을 다르게 해볼 수 있을까? 이 경험에서 배울 수 있는 것은 무엇인가?

이런 질문을 던지는 행동이 비의도적이고 판단하는 하위 뇌의 스위치를 끄고 의도적인 문제 해결의 뇌 스위치는 켜는 행동임을 당신도 금방 알아차렸을 것이다. 트버스키와 카너먼의 말로 하자면, 판단하는 자동적인 시스템1의 사고과정을 체계적인 시스템2 사고과정으로 바꿔주는 것이 호기심이다. 호기심을 선택한 존은 자신을 유혹하는 음식을 집에서 치워버림으로써 계획한 일을 더 쉽게 할 수 있었다. 그는 제대로 된 식사를 하자는 계획을 지킬 가능성을 높이기 위해 식단을 짜기로 결심했고, 가족들에게도 책임질 일을 정해주었다.

호기심을 선택하고 그 호기심이 만들어내는 질문에 답하면 비생산적인 수치심이 생산적인 호기심으로 바뀐다. 이 과정을 통해 목적지에 도달하기 위한 전진과 후퇴를 계속해 나갈 수 있다. 수치심 때문에 넘어지지 않고 코스를 바로잡을 수 있게 해주기 때문이다. 수치심을 선택하는 대신 '흠, 이거 재밌군……. 내가 왜 그랬는지 궁금하네.'라는 생각을 할 기회가 생긴다. 내가 블로그 포스팅으로 경험했던 비생산적인 수치심의 소용돌이에 빠져들지 않고 잡스, 에디슨, 레너드처럼 배울 수 있기 때문이다. 수치심은 침묵 속에서 자라고 부작위를 양산하는 데 반해 호기심과 호기심이 만드는 생각은 해독제 역할을 한다.

항공 및 의학 분야에도 이러한 호기심에 관한 생각이 작용하고 있음을 이미 알 것이다. 이 프로세스를 '디브리핑debriefing'이라고 하며, 이는 문제를 발견하고 개선할 부분을 찾는 데 활용하는 방법이다. '디브리핑'은 무엇이 잘 되었는지를 묻는 것으로 시작한다. 그런 다음 무엇이 안 되었고 왜 잘 안되었는지 묻는다. 마지막으로 팀이 함께 어떻게 움직이면 다르게 할 수 있는지에 대해 논의한다. 다른 사람에게 수치심을 느끼게 하고 비난하면서 손가락질하는 대신, 이렇게 '디브리핑'을 하면 팀의 소속감을 해치지 않으면서도 더 나은 팀으로 전진할 수 있다. 개인적인 삶에서도 수치심 대신 호기심을 선택하면 같은 과정으로 일이 전개될 수 있다. 우리 자신의 내적 소속감을 수치심으로 공격하지 말고 체계적인 개선을 선택하게 될 것이다.

스티브 잡스는 2005년 스탠퍼드 대학교 졸업식 연설에서 스무 살에 창립한 애플에서 해고당한 일과 그로 인해 공개적인 망신을 당한 것에 대해 이야기했다.

성인으로서의 내 인생 전체의 초점이 사라져버렸어요. 그야말로 파괴적이었어요. 몇 달 동안 뭘 해야 할지 정말 모르겠더라고요. 그때는 내가 전 세대의 기업가들을 실망시킨 것 같은 기분이 들었어요. 나한테 쥐어준 배턴을 떨어뜨린 것 같았다고나 할까요. 휴렛 팩커드의 데이비드 패커드와 밥 조이스와 만났어요. 그렇게 엉망이 된 것에 대해 사과하려고 했어요. 난 완전히 대중적인 망신이었어요. 그래서 실리콘밸리에서 아예 도망칠 생각까지 했었죠……. 그때는 몰랐는데 말입니다. 그런데 애플에서 해고당했던 일은 사실 내게 일어난 모든 일 가운데 최고의 일이었습니다.[65]

당시 잡스는 자기가 한 일에 대해 죄책감을 느꼈는데, 나중에는

---

65 "Steve Jobs' 2005 Stanford Commencement Address," YouTube, March 7, 2008, https://www.youtube.com/watch?v=UF8uR6Z6KLc.

자신이 그렇게 망쳐 놓은 상황을 어떻게 바로잡을 수 있었는지 호기심을 갖게 되었던 것이다. 잡스는 연설을 이 말로 마무리했다. "지난 33년 동안 거울을 보며 나 자신에게 물었어요. '오늘이 내 인생의 마지막 날이라도 내가 오늘 하려는 일을 진정으로 하길 바랄까?' 그리고 연속해서 며칠 동안 '아니다.'라는 답이 나올 때마다 지금 무언가 달라져야만 한다는 것을 깨닫곤 했습니다."

연속해서 며칠 동안 원하지 않는 방향으로 너무 많은 표를 던지고 있다는 것을 알아차린다면, 스티브 잡스처럼 죄책감의 힘을 활용하여 필요한 변화를 만들어내길 바란다. 그리고 인생길을 가다가 실수하게 되면, 잡스처럼 호기심과 실수에 수반되는 자기연민을 선택하는 방법을 배우길 바란다.

11

잃어버린 기술,
자기연민

The Lost Art of Self-Compassion

"자기돌봄은 이기적인 게 아니다.
빈 병에서 뭔가를 따라낼 수는 없는 노릇이다."

– 엘리노어 브라운(Eleanor Brown) –

오래 전 다짐^{tamping} 기계와 보링^{boring} 기계가 따로 없던 시절에는 철로를 건설할 때 철도 노동자들이 약 6킬로그램 무게의 다짐 막대를 사용해서 구멍에 화약을 넣었다. 이 막대로 소량의 화약을 구멍에 넣으면 점화되고 발파되면서 철로를 놓을 공간이 만들어지는 방식이었다. 피니어스 게이지^{Phineas Gage} 라는 노동자가 수차례 해왔던 작업이었는데, 1848년 9월 13일에는 일이 크게 잘못되었다. 게이지가 화약을 집어넣기 위해 다짐 막대를 구멍에 넣었는데 점화가 너무 일찍 일어났다. 갑자기 다짐 막대가 강한 힘으로 뒤로 튀어나왔다. 순식간에 다짐 막대는 게이지의 두개골을 관통하고 왼쪽 전두엽을 지나는 큰 부상을 입히고 말았다.

사고에서 살아남은 후 게이지의 성격에 큰 변화가 생겼다. 뇌에 부상을 입은 사고로 사회생활을 하는 데 필요한 심리적인 필터가 없어져서 입에 담지 못할 말을 하고 사람들 앞에서 감정을 폭발시켰다고 알려져 있다. 실제로 사고 전후로 게이지를 아는 사람들은 사고 후의 게이지는 그들이 알던 사람과 완전히 딴판이라고 말했다. 다짐 막대로 입은 게이지의 뇌손상으로 인해 의학계는 성격과 의사결정을 담당하는 전두엽의 기능에 대한 지식을 처음으로 얻게 된다.

그런데 뇌손상을 입은 사람이 피니아스 게이지만은 아니다. 뇌의 여러 부위에 손상을 입은 환자들에게서도 놀라운 일이 발생했다. 각각의 병소를 통해 우리는 인간 뇌의 해부학적 위치마다 가지는 본래의 기능을 알게 되었다. 그렇게 발견된 현상 중 하나가 질병불각증 ^{anosognosia, 질병자각결여, 질병인식불능}이라고 불리는 것인데, 이 병증을 가진 환자는 아주 심한 형태의 무시^{neglect, 방치}를 보인다. 실제로 이 병증으로 고통받는 환자가 자신의 장애를 전혀 인식하지 못할 정도로 강력한 형태의 방치다. 예를 들어, 완전히 실명된 질병불각증 환자는 증거가 확실한데도 자신이 실명되었다는 사실을 거부한다. 이들은 벽에 부딪히고, 주먹이 얼굴을 향해 날아와도 움찔하지 않으며, 밝은 빛에도 아무런 반응이 없으면서도 실명이라는 사실을 거부한다. 때로 질병불각증은 더 전형적인 무시를 수반하기도 하는데, 환자가 자신의 신체 부위가 자기 것이 아니라고 하는 것이다.

게이지가 전두엽 손상으로 의사결정과 성격의 변화를 경험한 것과 달리, 질병불각증은 우세하지 않은 뇌(보통은 우뇌)의 손상에 기인한다. 구체적으로는 두정엽의 병소 또는 전두엽-측두엽-두정엽 부위의 더 큰 병소 때문에 발생한다.

1999년에 발표된 '자신의 미숙한 상태를 인지하지 못하고 부풀려서 잘하고 있다는 생각을 하는 심리 현상'에 관한 논문Unskilled and Unaware of It: How Difficulties in Recognizing One's Own Incompetence Lead to Inflated Self-Assessments 에서 연구자들은 '일상적 삶에서의 질병불각증'이라고 불릴 만한 흥미로운 현상을 보고했다.[66] 이 현상은 '무엇을 모르는지 모를 때' 발생한다. 찰스 다윈이 표현을 빌리자면 "무지가 지식보다 더 자주 자신감을 낳을 때" 발생한다.

1999년 이 연구를 발표한 데이비드 더닝과 저스틴 크루거라는 두 명의 연구자 이름을 따서 이런 현상을 더닝-크루거 효과Dunning-Kruger

---

66 Justin Kruger and David Dunning, "Unskilled and Unaware of It: How Difficulties in Recognizing One's Own Incompetence Lead to Inflated Self-Assessments" Journal of Personality and Social Psychology, 77, no. 6, 1121-1134, https://doi.org/10.1037/0022-3514.77.6.1121.

effect라고 부른다. 더닝-크루거 효과는 사람들이 특정 영역에 대한 자신의 지식이나 자신감을 과대평가할 때 발생하는 인지적 편향 또는 사고 오류를 말한다. 이 개념은 현재 잘 알려진 더닝-크루거 곡선에 가장 잘 나타나 있다.

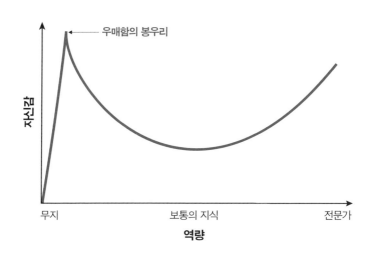

X축은 '역량'(때로 '경험'이라고 표시할 때도 있음)이고, Y축은 '자신감'이다. 사람들은 대개 자신의 자신감과 역량(경험)이 증가함에 따라 비례해서 늘어난다고 생각하는데, 사실은 그렇지 않다. 그리고 이것은

번아웃된 의사들이 데시와 라이언의 자기결정성 이론에서 말하는 역량을 마스터할 때 깨닫는 중요한 사실이다. 실제로는 보통 학습 과정에서 초보자로서 역량을 높이고 있을 때 자신감이 크게 높아지는 것을 경험한다. 전공의 1년 차를 마치던 시점에 나도 그랬다. 분명히 기억한다. 처음에는 모든 것에 노력이 필요했지만, 1년이 지나자 꽤 능숙해지고 자신감도 생겼다. 자신감은 역량에 따라 높아졌고 결국 과신하는 지점까지 갔다. 더닝-크루거 곡선으로 보면 왼쪽 꼭대기에 도달한 것이다. 이를 '우매함의 봉우리Mount Stupid'라는 귀여운 이름으로 부르기도 하는데, 이것이 바로 우리가 '무엇을 모르는지를 모르는' 지점이다.

걱정할 일은 아닌 것이, 이 순간은 그리 오래 가지 않는다. 나는 PGY-3postgraduate year-3이 되었고, 이 시기는 시련의 도가니를 지나면서 겸손해지는 시기로 유명하다. 이 시기의 첫 6개월 동안 나는 처음 배우는 세부전문과목을 공부하면서 보냈다. 그해 연말이 되고 우매함의 봉우리를 급히 내려왔을 때, 자신감이 바닥을 쳤다. 의학을 공부할 때 이 곡선의 바닥은 (내가 생각할 때) 의사들이 처음 가면증후군에 부딪히면서 경험하게 되는 것 같다. 여기에 도달한 의사는 마치 자기가 곧 붙잡혀서 들통날 사기꾼 같은 신세가 된 기분을 느낀다. 역량과 경험이 다 늘어났는데 자신감은 무너지는 것이다.

다행히도 이것은 보통 수련이 끝나면 회복된다. 이 단계를 지나면 의사들은 자신의 기술과 자신이 성취할 수 있는 것에 대해 꽤 기분이 좋아진다. 하지만 그렇다고 해서 가면증후군이 종지부를 찍은 것은 아니다. 사실 더닝-크루거 효과 곡선이 의학계에서 의사들이 걸어가는 여정을 제대로 묘사하지 못하고 있다고 생각한다. 가면증후군으로 어려움을 겪는 주치의들을 만나본 경험에 비추어보면 실제로 의사들이 경험하는 곡선은 다음과 같다.

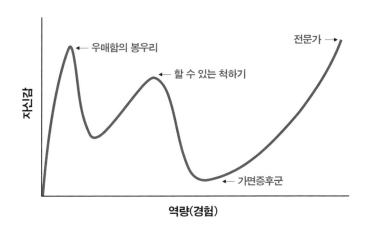

레지던트 과정이 거의 끝날 무렵이 되면 의사들은 자신의 실력에 상당히 만족한다. 하지만 주치의로 몇 달을 지내면서 많은 의사들

이 다들 하는 말로 "안 되고 있지만 할 수 있는 척하는Fake It Till You Make It" 단계로 진입한다. 그렇게 해서 다시 당분간 곡선에서 깊은 수렁으로 빠진다. 이렇게 되는 이유는 의사들이 의학 세계의 모든 지식을 절대로 다 알 수 없기 때문이다. 임상진료는 의학 지식이 늘어남에 따라 끊임없이 변화하고 우리도 전에는 마주하지 못했던 것들을 보면서 경험을 쌓아간다. 이러한 과정에서 우리는 '할 수 있는 척하는' 단계에서 천천히 미끄러져서 심연으로 빠져들기도 한다. 그건 실수나, 읽었어야 하는 걸 놓친 탓이거나, 환자의 결과나 평가가 나빠서일 수도 있다. 연민이 있는 의사로서 우리는 책임감을 느끼게 되고 이렇게 부정적인 경험이 축적되면서 결국에는 완전한 가면증후군의 나락으로 떨어질 수도 있다.

내 경우에 가면증후군이 절정에 다다른 것은 주치의 경력 초기에 레벨 1 외상 환자를 맡았을 때였다. 2교대 조로 근무하고 있었는데, 내가 일하던 웨이크에서는 마취과전문의에게 가장 바쁜 팀으로 통했다. 환자가 도착했을 때 우리 팀이 전해들은 이야기는, 환자가 십대 아이인데 마약을 싸게 사려고 하다가 복부에 총상을 입어 심하게 다쳤다는 것이었다. 처음에 환자는 외래로 왔는데, 거기 응급실 의사가 쇄골하정맥 중심관을 잡아서 수혈을 시작했고 혈관수축제를 주면서 우리에게 보냈다. 우리가 가장 가까운 데 있는 레벨 1 외상센터였기 때문이다.

수술실에 도착했을 때 환자는 이미 혈액을 여러 단위 수혈 받은 상태였고 삽관이 되어 있었으며, 외래 응급실에서 잡은 쇄골하정맥 중심관으로 혈관수축제를 받는 중이었다. 그런데 환자는 동맥라인arterial line, A-line이 없었고 비침습적인 혈압 커프는 혈압 측정에 시간을 너무 오래 잡아먹고 있었다. 계속 제자리였다. 그때였다. 아무 소리도 들리지 않았다. 이것이 마취과에서는 가장 위급하다는 신호다. 외상 환자에게서 소리가 안 나는 것은 아주 나쁜 징조다. 양카우어Yankauer 석션이 너무 많은 피를 빨아들이면 소리를 내지 않는 경우가 있고 환자의 혈압이 너무 낮으면 혈압을 숫자로 산출하지 못할 정도가 되어 혈압 커프가 조용한 사이클로 소리를 안 내는 경우가 있다. 이 환자는 두 가지 형태의 조용함을 모두 경험할 정도로 심각했다. 환자의 혈관수축제 요구량을 생각하면 환자의 혈류역학을 잘 모니터링하기 위한 동맥관을 잡기도 어려운 상황이었다. 여러 명의 팀원들이 동맥라인을 잡으려고 시도했고, 나는 그동안 환자 진료를 지시하고 있었다. 바로 그때 내가 개입해야겠다고 생각했다.

국소마취 펠로우십을 마친 마취과전문의로서 나는 초음파로 유도하는 절차에 능숙해야 한다. 초음파를 잡고 왼쪽 요골동맥에 그리고 결국엔 상완동맥에 라인을 배치하는데 너무 힘들었다(외과의사들이 대퇴동맥으로 해보려고 했지만 외상 때문에 별 도움이 안 되었던 것을 우리는 나중에야 알았다). 이때 처음으로 주치의로서 '고정 오류'를 경험했다. 나무

들만 보느라 숲을 지나쳐버린 나는 더 이상 환자 진료를 맡을 수 없었다. 나무 하나, 즉 동맥라인 잡는 데에만 열중했던 것이다. 비침습적인 혈압 커프는 두 번이나 돌아도 숫자가 뜨지 않았다. 혈압이 낮아서 측정이 어렵다는 뜻이다. 호기말 이산화탄소도 떨어졌다(혈액에서 세포로 산소 등이 빠져나가는 것이 제대로 안 되고 있다는 뜻이다). 환자 상태는 코드 방송을 해야 할 상황이었다. 소란스러운 와중에 몰래 들어온 마취과 동료가 이렇게 외칠 때까지 난 모든 상황을 전혀 알아차리지 못하고 있었다. "코드블루 상황이에요! 심장 압박 시작하세요!" 잠시 후에 환자는 맥박이 없었고, 회복하지 못했다.

친절하게도 나를 도와주던 마취과 동료가 환자 사망 후에 나와 함께 디브리핑을 해주며 말했다. "지미, 우리가 할 일은 안 보일 때까지 계속 큰 그림을 지켜보는 거야. 자넨 동맥라인을 고정했어. 다음에는 나무 하나 때문에 숲 전체를 잃어버리지 않게 조심하라고." 나중에 안 사실이지만, 총알이 환자의 하대정맥과 대동맥의 일부를 막아버렸기 때문에 내 '고정 오류'는 문제가 안 되는 것이었다. 그리고 그랬기 때문에 수혈을 그렇게 많이 해도 진전이 없었다. 혈액손실을 따라갈 수가 없었던 것이다.

그 외상은 생존이 불가능하게 만들 정도였지만 그날 나는 '고정 오류'는 치명적일 수 있다는 교훈을 얻었다. 진단이 아닌 증상에 초점을 맞추면 실제로 엄청난 피해가 발생할 수 있다. 그 오류로 인해

충격을 받았다. 나는 젊은 주치의였고 팀 전체를 실망시켰다고 생각했기 때문이다. 함께 일하는 마취과 레지던트들이 괜찮은지 보려고 이야기를 나눠봤다. 어린 생명을 잃는 걸 보는 것은 너무나 힘든 일이다. 내가 그랬기 때문에 레지던트들도 그럴 거라고 생각했다.

우리는 모여서 잘 된 것은 무엇이고 잘 안된 것은 무엇인지, 다음에 어떻게 하면 다르게 할 수 있는지에 대해 의논했다. 먼저 그들의 의견을 듣고 난 후, 나는 전공의들에게 이 환자가 입은 외상 정도를 감안할 때 우리가 할 수 있는 것은 거의 없었다고 말해주었다. 그리고 이 일을 배우는 기회로 삼아야 한다고 말했다. 우리가 느낀 감정적인 반응에 대해서도 이야기하면서 그게 바로 우리가 환자에게 연민을 느끼는 의사라는 증거라고 상기시켰다. 그리고 이렇게 말했다. "자, 고개 들어요. 위축되지 말고! 오늘 모두 잘했어요. 나한테 진료가 가장 필요한 순간이 오면 여러분에게 진료해달라고 부탁할 거예요."

하지만 솔직히 말하자면, 나는 그때 완전히 위선자였다. 내면의 대화에서는 스스로에게 '고정 오류'는 도저히 용납할 수 없다고 말하고 있었다. 그 오류 때문에 불면의 밤을 보냈고 수치심으로 힘들었다. 이 인지의 오류를 일반화해서 난 영 형편없는 마취과 의사라고 스스로에게 말하고 있었다. 인턴 때 저지른 중심관 실수 때와 같았다. 레지던트들에게는 떨쳐내라고, 위축되지 말라고 하면서도 나 자신은 완전 가면 쓴 사기꾼 신세가 된 기분이었다. 의학의 더닝-크루거 곡선에서 외로운 두 번째 골짜기로 떨어지기 시작했다. 나는 완전히 가면증후군으로 치닫고 있었다. 완벽주의 성향 때문에 실수할 때마다 예외 없이 헨리 비처가 말하는 내적인 자기비판이 따라다녔다. 난 수치심을 내면화해서 침묵 속에서 고통받는 쪽을 택했던 것이다.

가면증후군과 번아웃의 상승효과

매슬랙 번아웃 척도Maslach Burnout Inventory를 만든 크리스티나 매슬랙 Dr. Christina Maslach과 마이클 라이터Dr. Michael P. Leiter는 번아웃에 대해서 '직장에서의 만성적 대인관계 스트레스에 대한 장기적인 반응으로 표출되는 심리학적 증후군'이라고 설명했다. 이 반응에는 세 가지 요소가 있다고 말하는데 첫 번째는 압도적인 소진, 두 번째는 냉소주의와 업무로부터의 거리감, 세 번째는 성취감 부족과 무력감이다.[67] 이 정의에서 '성취감 부족과 무력감'은 우리가 이야기하고 있는 가면증후

---

67 Christina Maslach and Michael Leiter, "Understanding the Burnout Experience: Recent Research and its Implications for Psychiatry," *World Psychiatry* 15, no. 2 (2016): 103-111, https://doi.org/10.1002/wps.20311.

군과 비슷해서 익숙하게 들릴 것이다. 사기 치는 것 같은 기분, 내가 가진 기술이 효과가 없는 것 같은 느낌, 잘 안된 것에만 주목하고 성취는 무시하는 것 같은 기분과 비슷하기 때문이다. 안타깝게도 이런 상태는 상당히 흔한 것으로, 일부 연구에 따르면 가면증후군을 겪는 의사의 비율이 20%에서 60%에 이르는 것으로 나타났다.[68]

가면증후군이 자기결정성의 핵심요소 가운데 하나인 역량 인식을 직접 공격한다는 점을 생각하면, 가면증후군과 번아웃 사이에 관련성이 있다는 해석도 일리가 있다. 실제로 고틀립Gottlieb과 동료들은 체계적 문헌고찰을 한 결과를 〈의학교육Medical Education〉에 발표했는데, 가면증후군이 임상의와 전공의 두 군 모두에서 번아웃 및 높은 자살률과 연관성이 있다고 했다. 그뿐만 아니라 열악한 의료계 문화와 자존감이 낮은 의사들에게서 가면증후군이 많이 발생하는 것으로 나타났다.

인생 대부분의 시간 동안 나는 자존감self-esteem(또는 자신감自信感, self-confidence, 자기믿음)을 자신(자신自信 있음confidence), 거만arrogance, 자부심pride과 사실상 거의 같은 의미로 생각했다. 그런데 코칭 자격증을 받는 과정에서 자신감self-confidence과 자신confidence이 어떻게 다른지에 관한 개

---

68 Gottlieb, "Impostor Syndrome," *Medical Education*, https://doi.org/10.1111/medu.13956.

념을 알게 되었다. 자신confidenc에는 대부분의 사람들이 이 단어에 적용하는 전형적인 내포가 있다. 구글 사전에는 "자신의 능력과 자질에 대한 자기 인식으로부터 나오는 자기 확신의 감정"이라고 정의하고 있다. 달리 말하면, 자신confidenc은 수백 수천 번 무언가를 해냈을 때 갖게 되는 자기 확신이다. 이미 수천 번을 해봤기 때문에 야구공을 칠 수 있다는 사실을 알면서 타석에 들어서는 빅 리그 선수가 경험하는 것이다.

그러나 자신감self-confidence의 근원은 성취나 경험과는 별개로 내가 누구이며 어떤 사람인지에 대한 깊은 정체성에서 비롯된다. 더닝-크루거 곡선에서 표현된 것처럼 경험에서 나오는 것이 자신confidence이라면, 자신감self-confidence은 깊이 뿌리박힌 정체성 인식에서 비롯된다. 이것은 다른 사람의 말이나, 성취한 공적인 업적, 또는 어떤 일을 해낸 횟수와는 별개로 내가 누구이고 어떤 사람인지 아는 것이다. 어떤 의미에서 자신감self-confidence이 내적인 것이라면 자신confidence은 외적인 것이다.

의사는 하나의 숙련된 기술에 자신confidence이 생기기까지 수백 수천 번 해봤을 것이다. 그렇더라도 자신감self-confidence이 거의 없을 수 있다. 다르게 말하면, 경험과 반복으로 터득한 자신의 기술은 신뢰하지만 자존감이 낮고 자신감이 결여되어 자신이 그다지 좋은 의사가 아니라고 생각할 수 있다는 것이다. 자존감이 낮으면 가면증후군이 따른다.

그렇다면 〈의학교육〉에 실린 체계적 문헌고찰 논문의 저자들은 어떻게 하면 가면증후군을 개선할 수 있다고 했을까? 개인 및 집단 성찰이 도움이 된다고 설명하고 있다. 개인 및 그룹 코칭을 받은 의사들이 번아웃과 정서적 소진을 줄이며 삶의 질을 높을 수 있다는 것이 같은 맥락이다.[69] 자기결정성이 높은 의사의 ABC로 돌아가 생각해보면, 의사들의 성공적인 삶은 깊은 공동체의식과 소속감을 느끼며 거기에서 자기 자신으로 존재할 수 있다는 기분을 느끼기 때문에 가능하다. 같은 길을 간 다른 의사들의 살아 있는 경험을 공유하는 것도 도움이 될 수 있다. 〈의학교육〉의 그 논문에서 저자들은 성공을 인정해주고 사회적 지지를 제공하며 긍정 확언을 하는 것도 가면증후군의 개선에 도움이 된다고 했다.

이것을 언급해야 할 이유가 있다. 이 책에서 논의해왔듯이 긍정 확언이나 자신이 진실이라고 택한 믿음을 스스로에게 상기시키는 과정이 도움이 되기 때문이다. 코비, 만델라, 로자 파크스의 사례에서도 보았다. 또한 에픽테토스, 평온을 비는 기도Serenity Prayer 그리고

---

69 Liselotte Dyrbye et al., "Effect of a Professional Coaching Intervention on the Well-being and Distress of Physicians: A Pilot Randomized Clinical Trial," *JAMA Internal Medicine* 179, no.10 (October 2019):1406-14, https://doi.org/10.1001/jamainternmed.2019.2425.

코칭에도 같은 전통이 나온다. 자신이 누구이고 어떤 사람인가에 대한 믿음을 확언하는 것은 가면증후군과 싸울 때 강력한 힘을 발휘한다. 이런 것을 해줄 친구나 동료가 있다면 당신에게 큰 도움이 된다. 그러나 이만큼이나 중요한 것은 우리가 내면에 있는 이 힘을 기르는 방법과 우리가 친구에게 했을 법한 위로를 우리 자신에게 하는 방법을 배우는 것이다.

자기연민

앞서 연민compassion의 영단어를 이루는 두 개 어근 중에서 pati-는 '고통을 당하다'는 뜻이고 com은 '함께'를 뜻한다고 언급했다. 보통은 연민을 다른 사람을 향한 외적인 투사projection, 투영라고 생각한다. 다른 사람과 함께 고통을 공유한다는 뜻이다. 그러나 연민을 활용하는 방법은 이것만이 아니다. 우리 내면을 향해서도 연민을 가질 수 있는데, 이것을 '자기연민'이라고 한다.

《자기연민Self-Compassion》을 쓴 심리학자 크리스틴 네프Kristin Neff는 자기연민의 세 가지 요소를 '자기친절self-kindness'과 '공통의 인간성common humanity'과 '마음챙김mindfulness'이라고 했다. '자기친절'이란 자기 자신을 객관적인 3인칭 관점에서 바라보는 능력이다. 예를 들어, 우리는 우리가 처한 상황이나 일어난 일 때문에 스스로에게 비판적일 수 있다. 동맥라인을 잡으면서 저지른 '고정 오류', 그건 내가 저지른 실수다. 내가 그런 실수를 했다는 것을 믿을 수가 없다. '고정 오류'를 저질렀다는 것은 내가 환자를 제대로 진료하지 못하는 의사라는 뜻이라고 스스로에게 말했다. 그런데 난 이러한 내면의 비판을 들을 필요가 없었다. 그 사건 이후에 한 친구와 이야기하면서 '고정 오류'는 다른 의사들도 겪는 일이라는 것을 깨달았고, 덕분에 스스로에게 조금 더 친절할 수 있었다. 꽤 쌀쌀하고 황량한 날로 끝날 뻔했는데, 자기친절이라는 불씨 덕분에 포근한 기분을 느낄 수 있었다.

그 후로 다른 사람과 대화할 기회가 없는 경우에도 이 자기친절의 기술을 사용할 수 있다는 것을 알게 되었다. 힘든 하루를 보내고 평소 주량보다 한잔 더 마실 때도 사용할 수 있다. 휴대전화를 사달라고 13번이나 조른 아이들에게 소리를 지를 때도 사용한다. 심지어 지금처럼 이렇게 앉은 자리에서 이번 장을 처음 쓰느라 고생할 때도 (정말이다!) 사용할 수 있다.

이 기술을 활용하려면 어떻게 해야 할까? 간단한 질문을 스스로에게 해보면 된다. 내가 겪은 일을 다른 사람이 겪었다면 난 그 사람에게 어떤 말을 해주게 될까?

예를 들어, 직장에서 고된 하루를 보낸 친구가 맥주를 한 병도 아니고 두 병을 마셨다면 뭐라고 말할 것인가? "가끔은 우리 모두가

짐을 좀 내려놓을 필요도 있어. 사실 나도 그런 적 있어."라고 말해 줄 것 같다. 자녀에게 같은 말을 반복해서 하다가 소리를 냅다 지르는 사람에게 뭐라고 말했을까? "부모도 사람이고 누구나 똑같은 경험을 하고 있어요. 우리가 잘하지 못하는 모습도 아이들이 좀 봐야 해요. 그래야 아이들이 후회와 용서, 화해가 어떤 것인지 알 수 있지 않을까요."라고 말해줄 것이다.

이처럼 비슷한 상황을 겪는 사람에게 우리가 어떤 말을 건넬 수 있을지 자문자답해 보면 자기에게 연민을 갖기가 훨씬 수월해진다. 완벽주의적인 내면의 비평가를 침묵하게 만드는 데 도움이 된다. 자기연민의 첫 번째 요소인 자기친절이 의사의 세계에서는 드물다는 게 안타깝지만, 그룹 코칭 등을 통해서 계발할 수 있는 기술이다.

네프는 자기연민의 두 번째 요소는 '공통의 인간성'에서 찾을 수 있다고 말한다. 우리는 사람이고 '사람이니까 실수한다'는 생각이 그것이다. 레지던트들이 실수하고 자책하고 있을 때 나도 이 생각을 한다. 이 상황에서 나는 종종 그들에게 "그거 알아요? 내가 그런 실수를 한 번만 한 줄 알아요?"라고 빈정대듯이 말한다. 이 말에 그들이 웃으면 난 또 이렇게 말한다. "여러분이 나한테서 뭘 배울 수 있을 것 같아요? 나 같이 불완전한 사람도 좋은 마취과전문의가 될 수 있다면 여러분도 할 수 있어요. 주눅들 것 없어요. 우리는 실수와 실패에서 배우니까요. 괜찮아요."

이런 말은 가면증후군을 일으키는 완벽주의 성향에 강력한 타격을 가한다. 우리는 모두 날마다 실수를 한다. 궂은 날이 있지만 100% 살아남는다. 솔직히 그런 날 많이 배운다. 이렇게 우리가 다 사람이라는 생각 그리고 사람으로서의 경험을 공유하기 때문에, 실패했을 때나 인간적인 실수를 했을 때 자기연민을 좀 더 가져도 될 일이다. 이것을 배우면 앞에서 봤던 토머스 에디슨, 라밋 세티 그리고 슈거 레이 레너드에게서 배운 교훈을 안고 살 수 있다.

자기연민의 세 번째 요소인 '마음챙김' 역시 의사들 세계에서 중요하지만 드물게 나타난다. 코칭에서는 마음챙김의 과정을 자신을 위한 '홀딩 스페이스holding space'라고 표현한다. 여지를 준다고 할까? 내가 누구를 위해 여지를 준다는 것은 그에게 비판적이지 않은 거울로 쓰인다는 뜻이다. 누군가가 우리에게 인간적일 수 있는 여지를 줄 때 우리는 인생이 힘들 수 있다는 사실을 인정할 수 있다. 그러면 자주 느끼는 부정적인 감정도 허용하면서 살아갈 수 있다.

실제로 마음챙김이란 인생이 때로는 힘들다는 사실을 받아들이는 것이다. 마음챙김은 감정을 부정하거나 피하려고 애쓰는 게 아니다. 앞에서 설명했지만, 부정적인 감정에 저항하거나 버퍼링하는 것은 도움이 안 된다. 대신 마음챙김을 하면 부정적인 감정을 허용할 수 있고, 우리가 다른 사람에게 공감하듯이 자기 자신에게도 공감해줄 수 있다. 힘든 환자가 있었는데 진단을 못했다는 말을 하는 친구를 보며 "야, 너 완전 엉터리 의사 아니니?"라고 말하겠는가? 물론 안 그럴 것이다. 대신 마음챙김의 말을 해줄 것이다. "이 사람아, 그 거 힘들어. 나도 그랬어."라고 말할 것이다. 인생이 호락호락하지 않 다는 것을 받아들일 수 있다면 인생이라는 싸움에서 절반은 이긴 것 이다. 앞서 이야기했듯이 사실 우리는 인생이 힘든 것도, 부정적인 감정도 원하지 않는다. 그렇지만 부정적인 감정이나 느낌은 우리의 삶에서 중요한 역할을 한다. 우리 존재에 대해 마음챙김을 한다면 이 진리에 한 발짝 더 다가설 수 있다.

역사적으로 자기연민은 의사들에게 쉽지 않다. 다행인 것은 다른 기술처럼 자기연민도 연습하면 배울 수 있다는 사실이다. 진찰과 수 술을 하면서 익히듯이 자기연민도 꾸준히 해보면서 배울 수 있다. 그러나 자기연민을 진정으로 이해하기 위해서는 연민이 무엇인지 아는 것 이상의 것을 해야 한다. 또한 '자기self'라는 말이 무엇을 의 미하는지 알아볼 필요가 있다.

정체성에 대한 생각

자기연민은 가면증후군을 극복하고, 자기결정성이 높은 의사의 자신감과 역량을 키우기 위해 핵심이 되는 요소다. 그러나 자기연민만으론 부족하다. 모든 지식과 지혜의 원천(일명 위키피디아)에 따르면, 가면증후군imposter syndrome, impostor phenomenon, impostorism은 한 개인이 자신의 기술, 재능, 업적을 스스로 의심하면서 이것이 사기로 노출될 수 있다는 두려움이 내면화된 채 지속되는 심리 현상이라고 정의한다.[70]

가면증후군을 극복하기 위해서는 실수를 저질렀을 때 자신을 용서하는 방법을 배우는 것 이상으로 노력이 필요하다. 우리의 연속선에서 자기결정성이 높은 삶 쪽으로 방향을 바꾸기 위해서는 자기연민이 핵심인데, 우리가 더 알아야 할 것은 다른 사람이 몰라주더라도 자신의 역량을 인정할 수 있어야 한다는 것이다. 다시 말해, 가면증후군 때문에 자기가 사기꾼인 것 같은 기분이 들 때 우리 자신이 누구인가에 대한 깊은 인식을 가지고 그 기분을 대체해야 하는 것이다. 나는 정말로 주변 사람들의 눈을 속이려고 하는 것인가? 정말로 내가 자격도 없으면서 성취나 인정을 부당하게 주장하고 있는가? 이 책을 읽는 의사들은 분명히 모두 "아니오."라고 답할 것이다.

사기꾼이 된 것 같다는 내러티브를 이겨내는 데 유용한 훈련은 허구에서 사실을 골라내는 것이다. 외과의사 키샤를 코칭할 때였다. 환자 예후가 좋지 않다는 이유로 키샤는 수술과 의사결정 면에서 자

---

70 Wikipedia, s. v. "Impostor syndrome," last modified May 10, 2022, 16:44, https://en.wikipedia.org/wiki/Impostor_syndrome.

신의 능력을 의심하고 있었다. 환자는 수술 후 상처가 잘 낫지 않아 수차례 수술을 받아야 했고, 키샤는 이것이 자신의 책임이란 생각에 자책하고 있었다.

좋은 의사라면 환자의 결과에 대해 책임감을 느끼기 때문에 쉽게 생각할 수 있는 내러티브다. 그렇다고 안 좋은 결과가 모두 의사의 잘못이 아닐 텐데 키샤는 자기 잘못이라고 자신을 몰아붙이고 있었다. 나는 그녀의 이야기 중에서 사실을 분리함으로써 그녀의 눈을 가리고 있던 것을 치울 수 있게 도와주었다. 키샤와 함께 수술 환자 사례를 처음부터 끝까지 상세히 검토하면서 주어진 상황에서 사실만 따로 구분했고, 그녀가 스스로에게 하는 이야기 중에서도 사실을 분리했다.

검토 결과 추려진 사실은 환자는 수술이 필요한 두경부 악성종양으로 내원했고, 당뇨가 조절되지 않고 있었으며, 헤모글로빈 A_1C 수치가 올라간 상태였고, 흡연 습관이 있었다. 암 진단을 받은 상황에서 수술 전에 환자의 상태를 최적화할 방법이 없었다. 그렇다고 마냥 기다리는 것도 대안이 아니었다. 그 과정에서 키샤는 동료 의사의 의견을 구했고 그들도 그녀의 판단과 진료 계획에 동의했던 것이다. 이 모든 것에도 환자는 상처치유가 여의치 않아 수술을 여러 차례 받아야 했던 것이다.

나는 키샤가 하는 이야기를 세세히 모두 적고 그녀에게 사실을 공유했다. 그리고 그 사실 그대로를 동료 의사가 했다고 가정한다면 그를 어떻게 생각했을지 물어봤다. 키샤는 그가 환자를 잘 케어했다고 생각했을 거라고 답했다. 이 외과의사의 가면증후군은 기술이나 성취 또는 교육의 부족 때문이 아니었다. 키샤의 가면증후군은 결과가 좋지 않으면 모두 자기가 잘하지 못한 거라는 그녀 자신의 내러티브에 기인했던 것이다. 코칭은 심각한 가면증후군을 극복하는 데 도움을 주는 가장 효과적인 방법 중 하나이지만 스스로 극복하는 방법을 배울 수도 있다.

다음에 혹시 자신의 결정을 의심하게 되거나, 가면증후군으로 고통받게 될 때 혹은 생각이 정리가 잘 안 된다면 글로 적어보기를 권한다. 이것을 '생각 다운로드'라고 하며, 그 방법은 다음과 같다.

먼저, 5-10분 정도 시간을 내서 당신이 겪은 상황을 머리에 떠오르는 대로 모두 적는다. 종이(또는 키보드)에 나오는 내용을 제한하거나 검열하지 말고, 생각나는 그대로 적는다. 이렇게 '생각 다운로드'를 한 다음에는 한번 읽어보면서, 내용 가운데 사실에 해당하는 부분에 동그라미를 치거나 밑줄을 긋는다. 사실관계란 법정에서 양측 변호사가 동의할 수 있는 부분이라는 것을 기억하라. 객관적이고 입증이 가능한 것이 사실관계다. 의견이 일치되는 것이다. 예를 들어 "나는 일을 잘하지 못했다."라는 진술은 사실에 관한 진술이 아니다. "그 환자는 수술을 여러 차례 받았다."라는 진술은 사실에 관한 것이다. 이제 마지막으로 '생각 다운로드'에서 사실에 해당하지 않는 부분, 즉 이야기 부분만 따로 살펴보라.

이렇게 연습해보면 사실에 해당하는 것이 얼마나 적은지 알 수 있다. 그리고 나머지는 모두 그 사실에 관해서 당신 자신의 내러티브, 관점, 패러다임, 이야기라는 것을 알 수 있다. 이 내러티브가 하는 역할은 우리가 가진 몇 개 안 되는 사실들의 간격을 채우는 것이다. 당신의 내러티브는 당신에게 달려 있다. 그 내러티브를 끌어안은 채 그것이 만들어내는 감정을 받아들일 것인지, 당신에게 도움이 안 되는 생각이라면 바꿀 것인지, 당신의 선택에 달린 문제다.

이상과 같이 허구로부터 사실을 골라내는 과정은 우리를 위해 여지를 남겨주는 코치 역할을 하는 객관적인 제삼자가 하든지, 펜과 종이를 가지고 직접 하든지 모두 자기연민을 갖는 데 도움이 된다. 친구와 우리의 고통을 나누듯이 나도 그렇게 나 자신과 함께 고통을 나누도록 해준다. 이것은 더닝-크루거 곡선에 반대 작용을 하며 의사들의 역량 인식을 높여준다. 또한 번아웃된 의사들에게서 볼 수 있는 성취감 부족을 완화시킨다. 하지만 이를 위해서는 스스로에게 하는 기만적인 내러티브에 '아니오'라고 말하는 방법을 배워야 한다. 그렇게 할 수 있어야 우리 자신에게 가장 중요한 것에 대해서는 '당연히 예'라고 말할 수 있다.

12

상위 우선순위에
'당연히 예'라고 말한다는 방침

The Hell Yes Policy

"당신 스스로가 삶의 우선순위를 정하지 않으면
다른 누군가가 정해버릴 것이다."

— 그렉 맥커운(Greg Mckeown) —

마이크로소프트를 창립자이자 선구적인 리더인 빌 게이츠가 규칙적인 업무 일정 중에 두 번의 일주일을 '생각 주간think weeks'으로 엄수한다는 것은 잘 알려진 사실이다. '생각 주간'에는 전자 제품 및 기타 다른 업무와 연결을 끊은 채 '생각'을 한다. 그는 수상비행기나 헬리콥터로 이동할 때 새로운 아이디어나 혁신에 관한 직원들의 보고서 몇 박스를 챙겨간다. 이 '생각 주간'에 대한 일부 기록을 따르면, 게이츠는 매일 15시간 이상을 혁신적인 아이디어들을 읽으며 시간을 보낸다고 한다. 그래도 '휴가'인데 너무 심하지 않은가?

　게이츠는 마이크로소프트를 위한 새로운 아이디어에 대해 생각할 시간을 할애하지 않으면 혁신은 일어나기 힘들다는 것을 알았다. 회사나 조직의 리더는 불 하나 끄면 또 다른 불이 기다리는 식의 일상이 이어진다. 마이크로소프트의 태블릿 PC와 1990년대와 2000년대 초반에 독보적인 웹 브라우저로 시장을 지배했던 인터넷 익스플로러에 대한 아이디어도 게이츠의 '생각 주간'을 통해 나온 것이다.

　빌 게이츠는 생각할 시간을 갖는 것을 최우선으로 했다. 게이츠는 "중요한 것은 스케줄 가운데에서 우선순위를 정하는 게 아니라 우선순위를 가지고 일정을 만드는 것"이라는 스티븐 코비의 말을 이해했다. 코비는 이런 말도 했다. "가장 중요한 일은 가장 중요한 일을 가장 중요한 일로 지키는 것이다."

　최고의 사상가 중에도 우선순위를 정하고 스케줄을 지배하는 것이 중요하다고 강조한 사람이 많다. 스케줄이 우리를 지배하게 두지 말라는 것이다. 그런데 왜 그렇게 많은 의사들은 자기에게 가장 중요한 것을 하는 데 필요한 시간을 찾느라 분투하고 있을까? 그 이유는 게이츠와 코비가 알고 있고 많은 의사들도 알고 있다. 달력이 우리의 우선순위를 반영해줘야 하는데 이건 저절로 일어나는 일이 아니기 때문이다. 《에센셜리즘Essentialism[71]》의 저자 그렉 맥커운은 '우선순위priority'라는 단어의 기원을 설명하는 대목에서 이 점을 강조한다. 맥커운의 설명이다.

'priority'라는 단어가 영어에 들어온 것은 1400년대였다. 그때는 단수형이었다. '첫 번째' 또는 '가장 앞선 것'을 뜻했다. 그리고 이후 500년 동안 단수형으로 쓰였다. 그런데 1900년대에는 이것이 복수형 priorities이 되고 '우선순위들'에 대해 이야기하기 시작했다. 단어를 바꾸어서 실재를 비트는 것은 비논리적인 추론이다. 하여간에 우리는 여러 개의 '우선순위'를 가질 수 있게 되었다. 개인이든 회사든 늘 그렇게 하려고 노력한다.

한 리더는 어느 회사에서 'Pri-1, Pri-2, Pri-3, Pri-4, Pri-5'(우선순위를 1에서 5로 표시하면서)에 이야기했던 경험이 있다고 내게 말해주었다. "그 회사는 많은 일이 우선순위라고 말했지만, 실제로는 아무 일도 우선순위가 아니라는 것이 내가 받은 인상이다."

우선순위에 관한 이런 오해는 비즈니스에 국한된 것이 아니다.

---

71 그렉 맥커운, 《에센셜리즘》, 알에이치코리아(2014)

사라는 응급의학 전문의로서 소속 부서의 리더였다. 그녀는 내 코칭 고객이었는데 자신이 중요하다고 생각하는 일을 할 때 겪는 어려움에 대해 전화로 의논하기를 원했다. 그래서 내가 물어봤다. "일주일을 어떻게 계획하고 있나요?"

사라는 자기가 지금 보고 있는 달력에는 이미 정해진 약속과 업무가 차 있다고 설명했다. 그녀는 달력에 적힌 아젠다 외에도 일이 생기는 대로 달력에 추가하고 있었다. 그런 다음 남은 시간은 불가피하게 생기는 불을 끄는 데 보내고 있었다. 통화하면서 그녀는 그 모든 일을 하려면 주간의 근무시간으로 부족하다는 사실을 깨달았다. 이렇게 몇 달 동안 살다보니 운동이나 8시간의 수면, 남편과의 데이트 같은 일들은 달력에 낄 틈이 없었던 것이다.

일의 중요도와 관계없이 급한 일을 처리하느라 시간을 보내면 이렇게 된다. 이메일 답신도 해야 하고 갑자기 열리는 회의에도 참석해야 한다. 병리검사지가 나오거나 환자 메시지가 오면 우리가 직접 답을 해야지, 알아서 답이 보내지는 일은 없다! 사실 이 모든 일이 본질적으로 나쁜 건 결코 아니다. 이 사안에 대해 나와 옥신각신할 의사가 당장 내 머리에 한둘 떠오르는 정도다. 그런데 늘 그렇게 끄고 있는 모든 불 때문에 의사들의 개인적 자율성과 개인적인 시간은 공격을 받는다. 개인의 자율성이 보장되지 않는다면 많은 의사들이 원하는 일과 삶의 균형은 영원히 이룰 수 없는 허황된 꿈처럼 느꺼질 것이다. 여기에는 두 가지 교훈이 있다.

첫째, 당신이 한 가지 일에 '예'라고 말할 때 사실은 그와 동시에 가장 중요한 일에는 '아니오'라고 말하고 있는 경우일 때가 많다.

그러므로 '예'라고 말하기 전에 그 새로운 기회가 그만한 대가를 치를 만한 것인지 먼저 생각해보라. 시시때때로 생기는 불을 끄느라 시간의 대부분을 쓰고 있을 때는 스케줄이 우리를 지배하는 힘을 휘두르고 있는 때다. 그 행진은 우리를 위해서 일어나는 게 아니고 우리에게 일어나는 것으로 보이는, 비의도적인 삶을 향해 나아가고 있다. 장기적으로 가장 중요한 것을 지키기 위해서는 최우선순위가 무엇인지 결정하는 데 시간을 들이고 그다음에는 그 최우선순위를 지키는 데에 시간을 써야 한다. 영어의 가장 강력한 단어인 '아니오'를 말함으로써 모든 대가를 치러야 한다.

이것은 두 번째 교훈으로 이어진다. 인생은 모든 것이 선택이다. 퇴근 전에 온라인 모듈을 하고 의무기록에 서명하는 것도 선택이다. 그런데 많은 의사들이 자신의 선택을 자기 것이라고 생각하지 않는다. 이들은 자신의 자율성을 고용주, 상사, 집단에 양도한 것이다. 의사들이 자신의 힘과 가치를 깨달을 때 비로소 삶에 필요한 변화를 요구하는 일을 시작할 수 있다.

직장에서 어떤 것이든 모든 일에 '예'라고 말할 때 우리는 중요한 무언가에 대해 '아니오'라고 말하고 있는 것이다. 다행히 그 반대 경우도 있다. 우선순위가 아닌 일에 '아니오'라고 말할 때, 우리는 가장 중요한 것에 대해 '당연히 예'라고 말하고 있는 것이다. 이때가 바로 당신의 일정표에 우선순위가 반영되기 시작하는 시점이지만, 이는 우연히 일어나는 일이 아니다.

상위 우선순위에 '당연히 예'라고 말한다는 방침

2000년대에 온라인을 통해 널리 퍼져 잘 알려진 비유담이 있다.[72] 그 이야기는 이것이다.

한 철학과 교수가 강의를 하고 있었다. 그의 앞에는 유리병 한 개와 한 무더기의 돌, 작은 자갈 한 자루, 모래가 든 작은 통 하나, 그리고 물이 든 병 하나가 놓여 있었다.

그 교수는 일단 돌로 유리병을 채우기 시작했다. 유리병의 주둥이까지 도달하자 그 병을 들어 보이며 학생들에게 병이 찼는지 물었다. 더 이상 돌을 넣을 공간이 없이 찼다는 데에 다들 동의했다. 차 있었다.

---

72 찾을 만큼 찾아봤는데 이 우화의 원출처를 찾지 못하고 있다. 혹시 찾으면 알려주기 바란다. https://www.clairenewton.co.za/my-articles/the-rocks-pebbles-and-sand-story.html 본문에 실은 우화는 여기에서 찾을 수 있다.

"병이 찼다고요?" 그가 물었다.

그는 그다음으로 자갈 자루를 집어 들더니 유리병에 붓기 시작했다. 자갈이 돌 사이로 들어가도록 흔들어주었다. "이제는 병이 찼나요?" 그가 물었다. 학생들은 서로의 얼굴을 보며 병이 찼다는 데에 동의했다.

"진짜로 찼어요?" 그가 물었다.

교수가 이번에는 모래가 든 작은 통을 집어 들었다. 돌과 자갈 사이에 모래를 쏟더니 병을 들어 보이면서 학생들에게 다 찼는지 물었다. 이번에도 학생들이 다 찼다고 동의했다.

"확실합니까? 다 찼어요?" 그가 물었다.

마지막으로 그는 물이 든 병을 들어서 물이 유리병 안으로 잘 들어가게 기울이면서 모래 사이의 빈 공간으로 물이 적셔 들어가게 했다. 학생들이 웃었다.

그때 교수는 돌, 자갈, 모래, 물이 담긴 유리병이 인생의 모든 것을 상징한다고 설명했다.

이 이야기는 인생의 우선순위를 아는 것이 중요하다는 것을 증명하는 강력한 비유다. 먼저 큰 돌을 넣고 그다음에는 작은 자갈, 그리고 마지막으로 모래와 물을 넣으면 모든 것을 다 병에 넣을 수 있다. 그러나 물부터 붓고 그다음에 모래와 자갈, 그리고 돌을 넣으려고 하면, 아마 엉망으로 끝이 날 가능성이 크다. 안 그런가? 인생도 이와 똑같다.

우선순위 정하기 연습

간단한 연습으로 이 점을 익혀보자.

우선 종이 한 장을 꺼내라. 그리고 당신 인생에서 중요하다고 생각하는 열 가지를 중요한 것부터 아래로 나열하라. 더도 말고 덜도 말고 딱 열 가지만이다. 가능하면 구체적으로 적는다. 예를 들어서, 결혼해서 자녀가 있다면 우선순위에 '가족'이라고 하지 말고 '결혼' '아이들'이라고 따로 따로 적어보라. 왜냐하면 배우자와 데이트를 하는 것은 온 가족이 식탁에 둘러앉아 보드게임을 하는 것과는 다른 결과를 가져온다는 사실을 익히 알기 때문이다. 둘 다 중요하지만 5년 동안 보드게임만 하고 데이트는 전혀 하지 않는다면 우리가 원하는 장기적인 결과는 생기지 않을 것이다.

자, 이제 당신 차례다. 시간을 좀 갖자. 잠시 쉬어라. 그리고 자신 있게 펜과 종이를 꺼내라. 만약 종이가 없다면 아래의 공란을 활용해도 좋다. 상위 10개 우선순위 목록을 완성해보라.

1. _____

2. _____

3. _____

4. _____

5. _____

6. _____

7. _____

8. _____

9. _____

10. _____

목록을 완성했으면 한번 훑어보자. 더 구체적으로 고칠 수 있을까? 그렇다면 더 구체적으로 적어보라. 그러나 여전히 가짓수는 열 가지로 제한된다. 가족, 결혼, 자녀를 제각기 별도의 순위에 적었다면 몇 가지 다른 항목은 삭제해야 할 것이다.

여기까지 했으면 우선순위에 관해 맥커운이 가르쳐준 것을 기억해보기 바란다. 우선순위가 많다는 건 사실상 최우선순위가 없다는 것을 의미한다. 이제 상위 열 가지를 다섯 가지로 줄여서 우리 내면의 맥커운에게 길을 내보자. 시간을 내어 지금 해보라.

1. _____

2. _____

3. _____

4. _____

5. _____

사실 이 연습이 좀 어렵지 않은가? 스스로를 속이며 대충 하고 있다면 일단 멈추라. 어디 딴 데로 새지 말고 지체 없이 이것부터 해결하라. 숨을 돌리고 다시 펜을 집어라. 이건 중요한 일이다. 시간은 괜찮으니 걱정 말라. 당신이 다 할 때까지 난 기다릴 수 있다.

이 연습은 나도 어려웠다. (사실 계속해서 어렵다). 처음 목록에 들어간 것은 결혼, 아이들, 신앙, 친한 친구, 건강, 임상연구, 환자 진료, 레지던트 교육, 책 쓰기, 고객, 팟캐스트 2개 매주 진행하기 등이었다. 여기서 열 가지만 골라야 하는 게 정말 어려웠다. 그런데 다섯 개로 줄이라고? 거의 불가능하게 느껴지지 않는가? 어떻게 선택하라는 것인가? 만일 상위 세 가지로 더 줄이라고 한다면 어떨까? 아니면 priority라는 단어가 영어에 들어온 1400년대의 용법대로 최우선하는 한 가지만 택하라고 하면?

요점은 이것이다. 우리는 실제로 유지할 수 있는 것보다 더 많은 우선순위를 말한다는 것이다. 대다수 사람이 그렇다. 일단 다 집어

넣으려고 한다. 그러다 정작 중요하다고 적은 일들을 할 시간이 없다는 것을 깨닫고 놀란다. 삐걱거리는 소리를 내는 바퀴에 연신 기름칠을 하면서 버티고는 있지만, 사실 우리는 바퀴가 완전히 고장나서 아예 소리가 안 날 때까지 무시하고 있다. 여기에는 보통 인간관계와 건강, 정신적 웰빙이 포함된다.

이런 불상사가 생기지 않게 하려면 어떻게 해야 할까? 프로세스를 거꾸로 뒤집어야 한다. 스케줄에 따라 삶이 좌우되도록 내버려두지 말고, 우리 스스로 의도적으로 우선순위를 정하고 이 목록이 스케줄에 확실히 반영하게 하는 것이다. 이것이 개인적 자율성과 직업적 자율성을 되찾아서 모두가 원하는 일과 삶의 균형을 이룰 수 있는 방법 중 하나다.

우선순위를 스케줄에 적절한 순서대로 배치함으로써 우리에게 중요한 모든 것을 채워 넣을 수 있다. 그렇게 하려면 인생의 유리병에 큰 돌부터 넣어야 한다. 우리 인생에서의 큰 돌은 당신의 '당연히 예'라고 말한다는 방침을 구성한다. '당연히 예'라고 말한다는 방침이란 가장 중요한 것을 가장 먼저 스케줄에 넣겠다는 약속이자 '당연히 예'라고 말한 것 외의 모든 일에 대해서는 '아니오'라고 말하겠다는 약속이다. 다시 말해, 최우선순위가 아닌 것에 대해서는 '아니오'라고 말함으로써 '시간'이라는 가장 중요한 가치를 최우선순위가 아닌 일에 낭비하지 않도록 하라. 그래야 유리병에 물을 먼저 채우고 나중에 돌을 넣으려고 하다가 물을 다 쏟고 마는 우를 범하지 않을 수 있다. 인생의 큰 돌에 대해서 자꾸 '아니오'라고 말하면서 살다보면, 지금으로부터 5년 또는 10년이 지난 어느 날, 시간이 나면 '언젠가' 해야지 했던 중요한 것을 죄다 미루며 살아왔음을 절감하게 될 수도 있다. 결국 그동안 '언젠가'는 오지 않았다는 것을 알게 될 것이다.

마취학에서는 환자 진료와 관련하여 위험/이익에 대한 대화를 할 때 두 가지 질문을 던짐으로써 재난적인 실수를 방지한다. 첫 번째는 "나쁜 결과가 생길 가능성이 어느 정도인가?"에 답하는 것이다. 나쁜 결과가 생길 가능성은 아주 낮은데 이익이 있으면 진행하는 것이 위험/이익을 따지는 학파에서 볼 때 합리적인 결정이다. 예를 들어, 척수마취 25만 건 당 한 명에게 경막외출혈이 생긴다는 통계가 있다. 이것은 신경학적 이상을 야기하기 때문에 신경외과적인 치료를 해서 뇌로 가는 압력을 줄여야만 한다. 이 위험이 어느 정도인지 다른 것과 견주어 표현하면, 미국 질병통제예방센터는 벼락에 맞을 확률이 약 50만 분의 1이라고 발표했다.[73] 즉, 경막외출혈의 위험은 꽤 낮다는 것이고, 이익으로는 산모가 출산 시기를 놓치지 않고 제

---

73 "Lightning: Victim Data," Centers for Disease Control and Prevention, last reviewed December 23. 2013, https://www.cdc.gov/disasters/lightning/victimdata.html.

왕절개 수술을 받을 수 있게 함으로써 아이를 잃을 위험이 생기는 것을 막아주거나 노인환자나 중환자에게 전신마취나 삽관 대신 마취를 받게 해주는 것이다. 따라서 척수마취 25만 건 당 한 명에게 경막외출혈이 생길 위험은 감수하는 것이다.

그러나 위험/이익 분석에서는 두 번째 질문도 해야 한다. "나쁜 결과가 생길 가능성보다 실제로 그 나쁜 결과가 발생했을 때 결과 자체가 얼마나 파괴적인가?" 하는 것이다. 예를 들면 실제로 벼락에 맞으면 치명적일 수 있다는 사실을 감안하는 것이다. 그렇기 때문에 잠재적인 다른 이익이 드물지만 치명적인 이 위험을 능가하지 않는 한, 벼락을 동반한 폭풍우 속에 걷는 위험은 감수하지 않는 것이다. 앞서 언급한 경막외출혈의 경우도 마찬가지다. 환자에게 경막외출혈이 실제로 발생하면 그 영향은 파괴적일 수가 있다. 수 시간 내에 진단하고 감압을 하지 않으면 영구적인 마비가 올 수 있기 때문이다. 그래서 항응고제를 투약하는 환자에게는 척수 마취를 하지 않는 것이다. 해야만 할 경우에는 투약을 중지하고 체내에서 약이 다 빠져나갈 수 있도록 시간이 충분히 경과된 다음에 한다.

우리의 스케줄에 적용해도 똑같다. '당연히 예'라고 답한다는 방침에 해당되지 않은 것에 '예'라고 답한다면 우선순위에는 나중에 어떤 결과가 초래될까? 우선순위에 미치는 위험에 대해서도 임상에서와 똑같은 질문을 해보는 것이다. 즉, 우선순위가 낮은 항목에 '예'

라고 답한다면 이것이 부정적인 결과를 가져올 가능성은 어느 정도 인가? 그리고 최우선순위가 아닌 일에 계속 '예'라고 답할 경우에 초래될 수 있는 부정적인 결과가 실제로 발생했을 때 이것은 어느 정도로 파괴적일까?

우선순위가 낮은 항목으로 스케줄이 계속 채워지면 부정적인 결과가 생길 가능성은 매우 높다. 이게 첫 번째 질문에 대한 답이다. 예를 들어 챕터 쓰기, 위원회 돕기, 프리젠테이션 준비, 온라인 모듈 마치기, 추가로 교대근무 하기 등 사실 이것들이 다 나빠 보이지는 않는다. 그런데 당신이 스케줄에 일 하나를 추가할 때마다 다른 어떤 것이 나가야 한다는 걸 생각해야 한다. 어떤 것에 '예'라고 답할 때 실제로는 중요한 것에 '아니오'라고 말하는 셈이다. 어쩌면 당신은 인생이라는 유리병에 큰 돌을 넣기 전에 물과 모래를 붓고 있을지도 모른다. 한 번으로 치명적이진 않지만 수천 번의 상처로 야기되는 죽음에 비유할 수 있다. 8시간의 수면과 운동, 배우자와의 데이트, 아이들과의 시간에 대해 계속 '아니오'라고 하면서 5년, 10년, 20년을 지낸다면 당신의 인생은 어떻게 될까?

이것이 최우선순위에 부정적인 영향을 미칠 가능성이 높을 뿐만 아니라 결과 또한 파괴적일 것이다. 그래서 이것은 이중의 재난이 된다. 사회과학 연구도 이 사실을 뒷받침하고 있다. 부모와 양질의 시간을 더 많이 보낸 아이는 학교에서 문제 행동을 일으킬 가능성이 적은 것으로 나타났다. 또한 이 아이들은 알콜과 약물의 사용 비율도 낮았고 신체적으로 활동적일 가능성은 높았다.[74]

동기부여에 관한 명연사 지그 지글러^{Zig Ziglar}가 "아이에게 사랑이라는 단어의 철자는 T-I-M-E이다."라는 지혜로운 말을 한 것도 이 때문일 것이다. 양질의 시간을 비싼 장난감이나 전자제품으로 대체할 수는 없다. 아이들과 시간을 보내지 않은 대가는 돈으로 치를 수가 없다. 아이들은 우리의 돈을 원하는 게 아니다. 아이들은 우리 자체를 아주 좋아하는 것이지, 우리의 능력이나 재능을 원하는 게 아니다. 아이들은 우리가 그들과 함께 할 시간적인 여유를 원한다. 아이들과 양질의 시간을 규칙적으로 보내지 않으면 결과는 파괴적일 수 있다.

여기까지 해서 최우선순위를 최우선으로 해야 할 필요성에 대해 당신에게 입증이 되었기를 바란다. 그렇다면 이제 '당연히 예'라고 답하여야 하는, 상위 다섯 가지 우선순위 목록으로 돌아가보자. 이 항목들을 의도적으로 당신의 스케줄에 넣어보자. 그렇게 해서 자기결정성 이론에서 말하는 대로 자기결정성이 높은 삶을 사는 의사가

---

74 Catherine Jones, "What Are the Benefits of Spending Quality Time with Your Kids," 10 Minutes of Quality Time(website) 2017, https://10minutesof qualitytime. com/what-are-the-benefits-spending-quality-time-kids/.

되자.

나의 상위 다섯 가지 우선순위 목록은 결혼, 아이들, 건강, 임상 업무, 지금 쓰고 있는 이 책이다. 지금 이 순간은 그렇다. 철학적 유리병에 넣는 큰 돌처럼 달력에도 이것들을 처음 적어 넣는다. 나는 아내와의 데이트 시간을 계획에 넣는다. 그다음으로 가족 시간을 넣는다. 예를 들면 일요일에 함께 교회에 가는 것과 금요일 밤에 보드게임을 계획한다. 그리고 일주일에 세 번 내지 다섯 번은 운동도 넣는다. 운동이 그냥 되는 게 아니니 따로 시간을 만들어야 한다. 그리고 이 책을 쓸 시간도 따로 울타리를 쳐둔다.

이 외의 다른 일에 대해서는 시간이 있으면 '예'라고 하겠지만, 일단은 '당연히 예'라고 답한다는 지침에 있는 항목이 스케줄에 다 들어가 있을 때로 제한한다. 그게 안 되어 있으면 그냥 간단히 '아니오'라고 말한다. 이것이 내가 이 책을 쓰는 10주 동안 팟캐스트에 '아니오'라고 말한 이유다. 그렇다고 다른 일이 전혀 중요치 않다는 뜻이 아니다. 내 말이 믿어질 것이다. 중요한 일의 목록은 길고도 광범위하다. 그렇지만 '당연히 예'라고 답한다는 지침이 지켜진 다음에만 그 목록으로 갈 수 있다. 일단 최우선순위를 최우선으로 한 다음에나 생각해볼 수 있다는 뜻이다. 우리의 최우선순위가 타격을 받는 경우라면 대답은 간단하다. 예를 들어, 이 책을 쓰는 동안 누가 나에게 기조연설을 해달라고 요청하거나 자기 소속기관에 와서 조직문화를 컨설팅해달라고 요청하면, 나의 대답은 단연 '아니오'다.

시간 경과에 따라서 '당연히 예'라고 답한다는 지침 자체도 바뀔 수 있다는 말도 해두고 싶다. 내 경우에 지금은 이 책을 쓰고 있고 매주 일정 시간을 여기에 할애한다. 그런 식으로 해서 두 달여 시간 동안 6만 단어 이상 집필했다. 이 책이 끝나고 나면 다른 것이 이 순위에 들어올 것이다. 그러면 기조연설을 할 수도 있고 컨설팅 일도 할 수 있을 것이다. 아니면 드디어 MDFU를 가동해서 온라인으로 개인금융 커리큘럼과 커뮤니티를 전공의들에게 제공할 수도 있다. 또 팟캐스트 '의사철학자'에 에피소드를 업로드할 수도 있을 것이다.

이제 마지막으로 언급할 중요한 사항이 남았다. '당연히 예'라고 답한다는 방침을 지키는 것은 지속적으로 진행하는 일이라는 점이다. 완벽하게 잘 해내기까지 몇 달이 걸릴 수 있다. 몇 주 동안 우선순위를 해치는 일에 '예'라고 답할 수도 있다. 이런 일이 살금살금 일어나고 있다는 것을 알아차렸을 때 바로 주목하고 변화를 꾀할 수 있다. 우선순위를 스케줄에 넣는 일은 반복적인 프로세스다. 앞에서 논의한 대로 잘 안 되었다고 해서 자기 자신을 수치심 쪽으로 밀어붙이는 것은 답이 아니다. 배우는 과정이기 때문이다. 오늘 이 시간까지 나는 여러분 옆에서 배우기를 계속하고 있다. 우리가 최우선할 일을 최우선으로 하지 못했다면 수치심보다 호기심을 선택함으로써 앞으로 당신이 사랑하는 삶을 어떻게 만들어나갈지 숙고하라.

빌 게이츠가 '생각 주간'을 위한 시간을 만들기 위해 달력에 큰 돌을 넣을 필요가 있었다면, 우리가 달력에 큰 돌을 의도적으로 넣어야 할 필요도 그 정도는 되지 않을까. 그러려면 '당연히 예'라고 답한다는 지침에 없는 것에는 '아니오'라고 말해야 한다. 이는 연습으로 배양할 수 있는 기술이다. 일단 배우면 개인적 자율성과 직업적 자율성을 지금보다 잘 성취할 수 있다. 이 기술을 가장 빨리 배우는 방법 중 하나는 '생각 다스리기'의 힘을 활용하는 것이다. 그러나 이를 위해서는 우리 의사들이 저지르는 가장 흔한 실수, 즉 혼자서 이 일을 하려는 것을 피해야 한다.

결론

결론

'생각 다스리기'의
치료역[75]

The Therapeutic Window of Thought Work

"세상에 좌절한 사람에게는 1파운드의 설교보다
1온스의 도움이 낫다고 생각한다."

– 에드워드 불워-리턴(Edward Bulwer-Lytton) –

존 우든(John Wooden)은 스포츠 역사상 가장 위대한 코치로 알려져 있다. 우든이 1940년대에 UCLA 팀을 맡을 당시 그 팀은 무명이었다. 그러나 우든이 정년을 맞이할 때까지 UCLA는 1966년부터 1973년까지 7연승 한 것을 포함하여 전국 우승을 10번이나 그 기간 동안 UCLA는 204전 6패의 기록을 달성했다. 7년 동안 패배가 단 6번이

---

75   therapeutic window; 효과가 나타날 가능성은 높고 부작용이 생길 가능성은 적은 용량 범위를 말함.

었다는 뜻이다. 그가 맡은 기간 동안의 전체 기록을 보면 620승 147패다. 우든의 코칭 이력이 어떻게 보더라도 역대 최고GOAT, the greatest of all time인 이유는 쉽게 알 수 있다.

우든은 이기는 것에 대해서는 말을 거의 하지 않고 노력에 초점을 맞추었다고 회자된다. "성공은 자기가 될 수 있는 최고의 자신이 되기 위해서 최선의 노력을 했다는 것을 아는 데에서 온다."라는 그의 말은 유명하다. 그가 정의한 성공의 개념에는 우승하거나 상을 받거나 개별 경기에서 이기는 것에 대한 언급이 없다. 성공은 최선을 다해서 잠재력의 한계까지 갔다는 것을 아는 것이다. 목적지보다 여정이 중요하다는 개념이 떠오를 것이다.

우든은 마인드셋의 명인이다. 선수들에게 자기가 할 수 있는 최선을 다하라고 주문한다. 그리고 잠재력만큼 해내지 못한다고 생각되면 훈련을 취소한다. 우든은 또 사소해 보이는 디테일이 결과에서 큰 차이를 만들어낸다고 생각했다. 그래서 선수들에게 농구 경기를 하는 방법뿐 아니라 물집이 안 생기도록 양말 신는 방법도 가르쳤다고 한다. 우든은 선수들에게 작은 일을 잘 챙기면 큰 성과가 더 잘 따라온다고 가르쳤다.

그런데 내가 생각하는 우든의 최고의 가르침은 내면에 초점을 맞추는 것이다. 우든은 "내가 하는 최선의 경쟁은 나 자신을 상대로 해서 전보다 나아지기 위한 경쟁이다."라고 말했다. 그는 내면에 초점을 맞춤으로써 다른 사람과 비교하는 데 주의를 뺏기지 않았다. 그리고 선수들에게도 그렇게 하라고 요구했다. 우든은 적에게 집중하는 대신 자신의 게임에 집중하도록 독려한 것으로 유명하다. 그는 또 상대팀을 분석하지 않는 것으로도 잘 알려져 있다. 대신 선수들이 자기의 최고 버전이 되도록 하는 데 시간과 에너지를 썼다. 이처럼 프로세스에 초점을 맞춤으로써 UCLA 팀은 NCAA 남자 농구 챔피언십에서 열 번이나 우승을 거머쥘 수 있었다. 그리고 이 우승 기록은 앞으로도 절대 깨지지 않을 것이다.

자기결정성 높이기

우든으로부터 우리가 배울 점은 무엇인가? 아무리 의료시스템이 열악해도 자기결정성이 높은 의사가 되는 일은 가능하다. 이 책의 1, 2부에서 나는 의사들을 괴롭히는 체계상의 문제와 개인적인 문제에 관해 논의했다. 도착 오류와 피해자 마인드셋, 번아웃 그리고 학습된 무기력에 대해 검토했고 가면증후군에 대해서도 소개했다. 그리고 자기결정성이 높은 의사의 ABC(자율성, 소속감, 역량)를 살펴보았다.

이 모든 게 다 좋게 들리긴 하지만, 안타깝게도 우리가 소속한 의료기관 중에는 사람보다 이익을 우선하는 현재의 모형을 바꾸려고 하지 않는 데가 여전히 많다. 이것이 바로 의사들을 번아웃되게 만들고 '의료계 전체에 존재하는' 체제적인 손상이 유발되는 원인이다. 바로 이 시스템상의 문제가 우리의 '적'이다.

우리에게는 두 가지 미션이 있다. 첫 번째는 의료계를 괴롭히는 시스템상의 문제를 고치는 것이다. 두 번째는 우리의 적에게 초점을 맞추는 대신 우리 자신의 게임에 초점을 맞출 수 있다는 것을 깨닫는 것이다. 우든처럼 우리도 내면에 초점을 맞추고 관리자와 보험회사, 그리고 다른 이해당사자의 주도하는 게임에 집중하기를 거부하고 우리 자신의 이야기에서 주인공이 되는 방법을 배울 수 있다. 우리가 가진 마인드셋의 힘과 돈과 시간을 활용하면 시스템에 지지 않고 이길 수 있다.

3, 4부에는 어떻게 하면 그 게임에서 이길 수 있는지 그 방법을 배우는 데 도움이 되는 내용을 담았다. 경영 방식을 바꾸려 하지 않고 이익 우선의 초점을 고수하고 있는 의료기관에서 일하고 있더라도 당신 스스로가 사랑하는 삶을 만들어낼 수 있는 힘을 실어주려고 했다. 하지만 여러분을 여기에 남겨둔다면 우리의 일은 완성되지 못할 것이다. 물론 여러분 스스로 할 수는 있다. 그런데 혼자 해야만 하는 것은 아니다.

코칭의 이점

NCAA 챔피언십에서 우승하든지, 임상에서 진료하는 방법을 배우든지, 번아웃을 이겨내기 위해서 노력하든지, 자기결정성을 높이든지 등등 구체적인 목표가 무엇이든지 길을 보여주고 프로세스에 집중할 수 있게 도와주는 사람을 옆에 두는 것이 열쇠다. 이 책에 설명된 많은 것은 혼자서도 할 수는 있지만, 기억할 점은 혼자서 다 해야만 하는 것은 아니라는 사실이다. 농구, 골프, 레이싱, 연기, 노래 그리고 인생, 이 모든 것의 작동 방식은 동일하다. 당신의 현재 상황에서 코치들이 거울 역할을 해준다는 것이다.

번아웃 때문에 미국 의료계가 치르는 비용도 언급했다. 2019년 미국내과학회American College of Physicians에서 수행한 연구에 따르면 미국 의료시스템에서 번아웃이 초래하는 비용은 50억 달러에 이른다고 한다.[76] 메이오 클리닉에서 낸 연구 논문이 미국의사협회저널〈JAMA〉에 실려 있다.[77] 이 연구팀은 전문적인 코칭이 번아웃된 의사들에게 도움이 되는지 알아보는 연구를 했다. 총 88명의 내과, 소

---

76 Han et al., "Physician Burnout," *Annals of Internal Medicine*, June 4. 2019, https://doi.org/10.7326/M18-1422.

77 Dyrbye et al., "Effect of Professional Coaching Intervention," *JAMA Internal Medicine*, https://doi.org/10.1001/jamainternmed.2019.2425.

아과, 가정의학과 의사들을 두 군으로 무작위 할당해서 실험을 했다. 실험군은 전화로 여섯 개 세션의 전문적인 코칭을 받았다. 첫 번째 세션은 한 시간, 나머지 다섯 세션은 30분이 소요되었다. 5개월에 걸친 기간 동안 총 3시간 30분의 전문적인 코칭을 받은 것이다.

이 실험군이 코칭을 받는 동안에 임상 일이 줄어들어서 코칭에 효과가 있는 것처럼 결과가 나온 것이 아닌가 하는 문제 제기가 있을 수 있다. 진료한 환자 수가 줄어들었을 거라는 뜻일 텐데, 이런 걱정은 필요가 없다. 연구팀에서도 이것이 혼란 변수로 작용할 가능성을 충분히 인식하고 있었기 때문이다. 실험군에 속한 모든 의사는 코칭을 받는 동안 줄어든 환자 수만큼 나중에 진료를 하도록 했다. 따라서 이미 바쁜 일정에 코칭이 추가된 것이다.

연구진은 실험군의 결과를 코칭을 받지 않은 대조군과 비교했다. 결과적으로 5개월의 기간에 걸쳐서 총 3시간 30분의 전문적인 코칭을 받은 의사들은 대조군에 비해 정서적 소진 정도가 30% 낮았다. 또한 번아웃은 20% 정도 줄었고 삶의 질과 회복탄력성이 좋아졌다. 간단히 말해, 코칭은 효과가 있었다. 기존의 업무량에 코칭을 추가하였으니 이런 지표들이 더 나빠질 것이라고, 더 좋아지지 않을 거라고 생각할 수 있는데 코칭은 효과가 있었다. 코칭은 의사들이 도덕적 손상을 입히는 기관으로부터 번아웃을 경험하면서 위축된 직업적 자율성과 개인적 자율성을 회복하는 데 도움을 준다. 클리블랜드 클리닉도 코칭의 힘을 경험한 사례다. 의사들에 대한 코칭으로 의사의 이직이 감소함으로써 이 병원에서 절감한 비용은 1억 3천 3백만 달러로 추정되었다.

코칭은 의사가 개인적 및 직업적 자율성을 개선하는 데 도움이 된다. 성취감 증가에도 도움을 준다. 그런데 코칭이 번아웃된 의사들에게 도움이 되는 세 번째 이유가 있다. 많은 코칭 프로그램은 그룹 코칭을 경험하도록 하고 있는데 이를 통해 번아웃된 의사들이 소속한 기관에서 소속감을 느끼게 해줌으로써 더 깊은 공동체 의식을 갖게 해주기 때문이다. 의사들이 다른 동료 의사들도 동일한 경험을 하고 있음을 그룹 코칭을 통해 공유함으로써 같은 팀의 구성원이라는 의식을 갖는 것이다. 논문에서도 번아웃 의사들의 동료 간 상호작용에 이점이 있다고 설명하고 있다.

자기결정성이 높은 의사들에게 필요한 소속감은 두 가지로 구성된다. 하나는 팀에서 자신도 가치가 있는 구성원이라고 느끼는 것인데 그룹 코칭으로도 얻을 수 있다. 다른 하나는 더 깊은 목적에 연결되어 있다는 의식으로, 그룹 코칭은 의사들이 하나의 팀에서 서로 연대하고 있다는 의식을 갖게 해준다. 의료계에 존재하는 도덕적 손상을 야기하는 문화를 함께 불식시키는 팀이라는 의식 말이다. 이렇게 코칭은 의사의 자기결정성의 ABC 즉, 자율성과 소속감과 역량 인식을 높여주는 것이다. 코칭은 의사들이 삶에서 개인적 자율성과 직업적 자율성을 회복하게 하고, 경험의 공유를 통해서 소속감을 높이고, 의료계 문화 속에서 더 깊은 목적의식에 연결되어 있다는 의식을 갖게 하고, 실제 역량과 역량 인식을 높이는 데에 도움을 준다.

앞에서 이미 언급했지만 내가 볼 때 의사들이 저지르는 가장 흔한 실수는 이 모든 여정에서 자신이 혼자라고 생각하는 것이다. 변화를 거부하는 기관에 불만을 표현하기도 하고, 그나마 위안을 얻기 위해서 자기계발 서적을 탐독하기도 하고, '생각 다스리기'를 하며 감사함을 가지고 일해보려 하는데 결국엔 전과 다름없이 번아웃을 느끼는 의사들이 많다.

의사에 의한, 의사를 위한 코칭

의사를 위한 '생각 다스리기'의 최고 이점은 완전히 고장 난 의료 시스템에 속해 있으면서 시스템이 변화해서 고통을 덜어주길 기다리고 있지 않아도 된다는 사실을 깨닫게 하는 데 있다. 의사 자신이 개인적 자율성과 직업적 자율성을 회복할 힘이 여기서 나온다. 그것은 의사들이 가면증후군을 이겨내는 데에도 도움을 준다. 희망이 있다. 컴컴한 터널과도 같은데 그 끝에 빛이 보이는 것이다. 의료계 안에 갇힌 기분이고 자신이 처한 상황에서 완전히 무력감을 느끼고 있었는데 이제는 그 어느 때보다도 자기 자신에게 힘이 있음을 자각하게 된다. 자신의 이야기에서 피해자였다가 주인공이 되는 기술을 연마하는 데 시간을 들인 덕분이다. 내가 이 책을 쓴 것도 이 때문이다.

나의 바람은 이 책이 넬슨 만델라와 로자 파크스, 루빈 '허리케인' 카터처럼 되기 위한 출발 지점에서 하나의 입문서 또는 기본서로서 도움을 주는 것이다. 당신의 삶을 개선하는 아주 실제적이면서도 확실한 길을 떠날 수 있게 하는 데 도움이 되기를 바란다. 거기서 멈추었더라도 축하를 보낸다! 아직 이런 일을 인지조차 못하는 의사들이 너무나 많은 상황에서 그 정도라도 했지 않았는가!

코칭이 목표에 더 빨리 도달하게 도와주는 촉매 역할을 할 수 있다는 사실을 알게 된 의사들에게 도움이 될 코치와 코칭 프로그램을 찾는 방법을 알려주고 싶다. 코칭은 많지만 다 똑같지는 않다. 혼자서 어떻게 해보겠다는 생각이 아니라면 우선 자신의 필요에 맞는 코치를 찾아보길 권한다.

코치를 찾을 때에는 공명할 수 있는 누군가를 찾는 것이 중요하다. 예를 들어 프로 골퍼가 되길 원하는 경우라면 노래 코치가 아니라 프로 골프선수와 함께 연습하는 것이 도움이 될 것이다. 마찬가지로 비즈니스를 일으키려는 경우에는 기업가와 일하는 것이 도움이 될 것이다. 의사 코칭도 그렇다. 의사인 당신의 입장에서 함께 건고 당신의 상황에 대한 통찰을 줄 질문을 던져주는 코치를 만나면 크게 달라질 수 있다. 내 경우도 의사가 아닌 전문적인 코치에게 코칭을 받지는 않았다. 나를 코칭하는 사람에게 FTE^full-time equivalent, 전일 근무자수, EMR, 레벨 1 트라우마 등을 설명하는 데 시간을 들이지 않고 코칭을 받고 싶었다. 또한 내가 현재 있는 곳으로부터 내가 가기 원하는 곳까지 잘 옮겨가도록 성공적으로 도와줄 코치를 원했다.

마지막으로 코치를 찾을 때 아주 중요한 사항이 있다. 잠시 이야기했던 인과 코칭이다. 먼저 적절한 진단을 통해서 가장 중요한 문제가 무엇인지 판단하는 것이 성공에 결정적인데, 이 과정 없이 무엇을 어떻게 해야 하는지에 대해서만 끝없는 목록을 건네는 코치가 아주 많을 것이다. 인과 코칭에서는 진단을 한다. 고객은 문제를 바로잡기 위해 무엇을 해야 하는지 알려줄 것이란 기대를 하고 오는 경우가 많은데 그것은 해결책이 아니다. 이미 당신은 아주 지적이고 성실하며 교육받은 의사다. 코치로서 내가 당신의 인생에서 무엇이 최선인지를 당신보다 잘 안다고 할 수 있을까? 내가 만일 나의 의사 고객들에게 더 많이 명상하고 더 잘 먹고 운동하고 수면 위생을 더 잘 실천하고 일은 줄이라는 등등의 이야기를 한들 문제를 해결하는 데 도움이 될 거라고 생각하는가? 그렇지 않다. 그것은 질병을 치료하는 게 아니라 증상을 치료하는 것이기 때문이다.

그렇기 때문에 '좋은' 코칭은 인과 코칭과 동의어다. 또 좋은 코칭은 코치가 당신의 감정, 행동 그리고 당신의 세상에서의 모습까지를 인과적으로 결정하는 근본 생각들이 무엇인지를 판단할 수 있게 도와주는 코칭이다. 인과 코칭은 진단하게 돕는 작업이지 반창고를 붙여서 증상을 치료하는 것이 아니다. 모든 코치가 인과 모형을 활용하고 있지는 않다. 따라서 뭘 해야 하는지 알려주는 데 치중하는지, 진단을 내리는 데 치중하는지 꼭 확인하도록 하라.

여정을 계속 가기 위한 방법

여기까지 읽은 독자 중에 내가 왜 30달러도 채 안 되는 가격으로 이런 걸 다 알려주는지 의아해 할 사람이 있을지도 모르겠다. 가장 중요한 이유는, 나는 사람을 돕는 일을 진정 즐긴다는 것이다. 나는 아직도 의사들이 의료계를 바꿀 수 있다고 믿는 '미친' 사람 가운데 한 명이다. 맞설 힘이 있는 의사들이 충분히 있어야만 고장 난 의료 시스템이 바뀔 수 있다. 팟캐스트 '의사철학자'에서 우리가 하는 모든 일의 실질적인 목적도 그것이다. 의료계라는 이 난장판을 고쳐나가기 위해 함께 연대할 동지 의사들의 팀이 만들어지게 하는 것이 목적이다. 자기결정성이 높은 의사로서의 삶을 위한 이 여정을 함께 할 의사들이 많을수록 좋다.

지겨워하고 진저리 내기조차 지겹고 진저리난다는 사람들에게 난 그 작업이 쉬울 거라는 약속을 못한다. 그러나 가치 있는 일이라는 점만은 약속할 수 있다. 이 책의 첫머리에 인용한 아인슈타인의 말처럼 "문제를 일으켰던 사고방식으로는 결코 그 문제를 해결할 수가 없다." 이 여정의 다음 단계를 시작한다면, 그게 어디로 이어지든 간에 이 책이 당신의 생각에 도움이 되길 바란다. 이 책이 실패와 자기연민을 끌어안고 '생각 다스리기'를 하면서 그 여정을 즐기는 방법을 배우라고 당신을 격려했기를 바란다. 스스로 할 수 있겠지만 꼭 혼자서 해야만 하는 것이 아님을 기억하라. 길을 떠날 만한 완벽한 시간을 기다리지 말라. 준비가 안 되었더라도 출발하라. 출발함으로써 남은 여정을 시작하라. 지금 출발하라.

감사의 말

이 책을 쓰고 편집하고 출판까지 하는 일이 1년 이내에 이루어졌다. 순전히 주변 사람들의 도움 덕분임을 고백한다. 이 책의 완성을 가능하게 해준 사람들의 이름을 여기에 언급하고 감사의 말을 전하지 않는다면 그런 태만도 없을 것이다.

크리스틴Kristen(E-N), 당신은 나의 훨씬 더 나은 반쪽이오. 내가 중심을 잡고 있을 수 있게 해주었소. 길을 잃으려고 할 때마다 십자가 앞으로 끌어다 주었죠. 당신의 은혜와 용서 그리고 이해가 없이는 이런 책이 가능하지 않을 것이오. 특히 내가 우울증으로 껍데기만 남았을 때 반석이 되어주어 감사하오. 나를 절대 포기하지 않았어요. 나는 당신에게 자격 없는 자이지만 당신으로 인하여 날마다 하나님께 감사합니다. 당신을 사랑합니다.

그레이스, 웨슬리 그리고 안나 루스, 그 많은 이야기들 고맙다. 몇 가지 이야기는 감사하게도 책에 들어갔어. 기억하렴. 내가 말로 할 수 있는 것보다 너희를 더 많이 사랑한다는 걸 말이다. 내 실수들을 보고 너희도 은혜와 용서와 자기연민이 어떤 것인지 알았기를 바란다. 완벽과는 거리가 아주 먼 아버지를 이렇게 사랑해주어 고맙다. 너희를 위해서라면 난 어떤 어려운 일이라도 해낼 거야. 너희가 내 세상이니까.

크리스틴Kristin(I-N), 팟캐스트 '의사철학자'의 모든 것이 돌아가게 해주어 감사해요. 마치 비밀 소스 같아요. 노력을 절대 잊지 않을 거라는 걸 알아주길 바랍니다. 놀라운 비즈니스 관리자가 되어준 것을 감사해요. 훌륭한 비즈니스 관리자가 되어주어 고맙고요. 그보다도 남동생이 부탁할 수 있는 누나가 되어주어 더욱 더 감사해요. 나는 이 비즈니스를 하면서 즐거운 가장 큰 이유가 누나와 함께 일하면서 성장할 수 있는 기회를 얻었다는 점 때문이에요. (추신: 아, 랜스, 곧 만나요! 누나가 여기서 일하게 해줘서 고마워요. 다음에 시애틀에서 만나면 맥주 한잔 같이 해요. 이번엔 내가 쏠게요. 아마 계속 내가 내야 할 텐데 말이죠.)

그리고 나의 가족, 거기에 있어주어 감사합니다. 내 머릿속이 얼마나 미친 세계인지 늘 이해할 수 없으면서도, 내가 그토록 열을 내며 세상이 어떤지, 어떻게 하면 나아질 수 있는지 장광설을 늘어놓아도 들어주려고 하죠. 필요로 할 때 이 삶 속에 함께 있어주고요. 내 우울증이 더러운 머리를 쳐들고 세상의 좋은 것들을 다 위협할 때에도 거기에 있어주었어요. 사랑과 지지에 감사합니다.

나의 친구이자 코치인 닥터 트리시아 제임스, 감사합니다. 이 책을 쓰는 동안에 코치로만 있었던 것도 아니었죠. *예, 맞아요, 여러분, 닥터 트리시아 제임스가 제 코치입니다. 그녀를 찾아가셔도 좋습니다!* 당신은 스테로이드 때문에 내 뇌가 말도 안 되는 말을 해도 여지를 만들어주고 들어주었지요. 당신은 내가 아직 많이 모자란 초고를 들고 가 읽어보라고 건넨 사람 중 한 명입니다. 생각을 공유해주고 이 책의 시작부터 항상 함께 해주었어요. 멋져요. 혹시 내가 필요하거든 언제든 말만 하세요.

웨이크 포레스트의 마취과에도 특별히 감사합니다. 이 책을 쓰는 동안 일한 곳이죠. 특히 닥터 랜디 캘리콧에게 감사합니다. 읽어봐주고 책에 시간을 낼 수 있게 예측 가능한 일정을 갖게 해주어 고마웠습니다. (추신: 아, 그리고 랜디, 계속해서 공명판 역할을 해주어서 이 책 곳곳에서 생기가 느껴지게 되었어요. 감사합니다.)

스크라이브 미디어SCRIBE Media에서도 특히 엘리스 풀, 출판 관리자로서 처음부터 함께 해준 것에 감사합니다. 내가 생각을 정리할 수 있게 해주어 고마워요. 니콜 욥, 타라 테일러 그리고 조시 랜에게도 감사를 전해요. 편집을 잘 해줘서 더 재미있고 좋아졌어요. 아이디어를 주고 내가 옆길로 새면 꼬집어주어 고마웠어요. 그리고 첼시 맥구킨, 놀라운 스타! 맨 처음 커버 디자인도 잘 챙겨두었어요. 나의 비전을 알아봐주고 이룰 수 있게 도와주어 감사합니다. 그리고 음지에서 도움을 준 다른 모든 편집자들께도 감사합니다.

마지막으로 알파코칭익스피리언스의 코치들과 고객들에게도 감사를 전하고 싶네요. 나에게 우리 공동체는 늘 감동이며 사랑합니다. 그래서 매주 여러분들과 만나고 있어요. 이 일은 정말 중요합니다. 여러분들이 있기에 내가 이 비즈니스에서 지금도 일하고 있습니다!

여기까지입니다, 여러분! 다음에 또 만날 때까지……, 준비가 안 되었더라도 그냥 출발하세요! 출발함으로써 남은 여정을 시작하세요. 지금 출발하세요!

의사의 번아웃

지은이 | 제임스 터너
옮긴이 | 강명신

펴낸날 | 1판1쇄 2023년 12월 8일

대표이사 | 양경철
편집주간 | 박재영
편집 | 지은정
디자인 | 박찬희

발행처 | ㈜청년의사
발행인 | 양경철
출판신고 | 제313-2003-305(1999년 9월 13일)
주소 | (04074) 서울시 마포구 독막로 76-1(상수동, 한주빌딩 4층)
전화 | 02-3141-9326
팩스 | 02-703-3916
전자우편 | books@docdocdoc.co.kr
홈페이지 | www.docbooks.co.kr

ISBN 979-11-93135-14-3 (03330)

• 책값은 뒤표지에 있습니다.
• 잘못 만들어진 책은 서점에서 바꿔드립니다.